科学家学术成长资料采集工程

中国科学院院士传记丛书

与远古对话

以澄净的心灵

吴新智传

席焕久　牛志民◎著

1928 年	1952 年	1958 年	1961 年	1965 年	1984 年	1998 年	1999 年	2013 年
出生于安徽合肥	上海医学院毕业	首部译著出版	研究生毕业留古脊椎动物与古人类研究所工作	去蓝田公王岭发掘	与沃尔波夫和桑恩共同提出"多地区进化假说"	把中国古人类"连续进化附带杂交"假说增加"网状"二字，形容进化结构	当选为中国科学院院士	获 2013 年度人类学终身成就奖

老科学家学术成长资料采集工程

中国科学院院士传记丛书

以澄净的心灵与远古对话

吴新智传

席焕久　牛志民◎著

中国科学技术出版社

上海交通大学出版社

图书在版编目（CIP）数据

以澄净的心灵与远古对话：吴新智传／席焕久，牛志民著 . —北京：中国科学技术出版社，2021.6

（老科学家学术成长资料采集工程丛书 . 中国科学院院士传记丛书）

ISBN 978-7-5046-8925-2

I. ①以… II. ①席… ②牛… III. ①吴新智－传记

IV. ① K826.15

中国版本图书馆 CIP 数据核字 (2020) 第 246966 号

责任编辑	杨　丽	
责任校对	吕传新	
责任印制	李晓霖	
版式设计	中文天地	

出　　版	中国科学技术出版社　上海交通大学出版社	
发　　行	中国科学技术出版社有限公司发行部	
地　　址	北京市海淀区中关村南大街 16 号	
邮　　编	100081	
发行电话	010-62173865	
传　　真	010-62173081	
网　　址	http://www.cspbooks.com.cn	

开　　本	787mm×1092mm　1/16	
字　　数	290 千字	
印　　张	18.75	
彩　　插	2	
版　　次	2021 年 6 月第 1 版	
印　　次	2021 年 6 月第 1 次印刷	
印　　刷	北京荣泰印刷有限公司	
书　　号	ISBN 978-7-5046-8925-2 / K·283	
定　　价	108.00 元	

老科学家学术成长资料采集工程
领导小组专家委员会

主　任：韩启德

委　员：（以姓氏拼音为序）

　　　　陈佳洱　　方　新　　傅志寰　　李静海　　刘　旭
　　　　齐　让　　王礼恒　　徐延豪　　赵沁平

老科学家学术成长资料采集工程
丛书组织机构

特邀顾问（以姓氏拼音为序）

　　　　樊洪业　　方　新　　谢克昌

编 委 会

主　编：老科学家学术成长资料采集工程领导小组办公室

编　委：（以姓氏拼音为序）

　　　　定宜庄　　董庆九　　郭　哲　　胡宗刚　　胡化凯
　　　　刘晓堪　　吕瑞花　　秦德继　　任福君　　王扬宗
　　　　熊卫民　　姚　力　　张大庆　　张　藜　　张　剑
　　　　周大亚　　周德进

编委会办公室

主　任：孟令耘　　杨志宏

副主任：许　慧　　刘佩英

成　员：（以姓氏拼音为序）

　　　　冯　勤　　高文静　　韩　颖　　李　梅　　刘如溪
　　　　罗兴波　　王传超　　余　君　　张佳静

老科学家学术成长资料采集工程简介

　　老科学家学术成长资料采集工程（以下简称"采集工程"）是根据国务院领导同志的指示精神，由国家科教领导小组于2010年正式启动，中国科协牵头，联合中组部、教育部、科技部、工信部、财政部、文化部、国资委、解放军总政治部、中国科学院、中国工程院、国家自然科学基金委员会等11部委共同实施的一项抢救性工程，旨在通过实物采集、口述访谈、录音录像等方法，把反映老科学家学术成长历程的关键事件、重要节点、师承关系等各方面的资料保存下来，为深入研究科技人才成长规律，宣传优秀科技人物提供第一手资料和原始素材。

　　采集工程是一项开创性工作。为确保采集工作规范科学，启动之初即成立了由中国科协主要领导任组长、12个部委分管领导任成员的领导小组，负责采集工程的宏观指导和重要政策措施制定，同时成立领导小组专家委员会负责采集原则确定、采集名单审定和学术咨询，委托科学史学者承担学术指导与组织工作，建立专门的馆藏基地确保采集资料的永久性收藏和提供使用，并研究制定了《采集工作流程》《采集工作规范》等一系列基础文件，作为采集人员的工作指南。截至2016年6月，已启动400多位老科学家的学术成长资料采集工作，获得手稿、书信等实物原件资料73968件，数字化资料178326件，视频资料4037小时，音频资料4963小时，具有重要的史料价值。

采集工程的成果目前主要有三种体现形式，一是建设"中国科学家博物馆网络版"，提供学术研究和弘扬科学精神、宣传科学家之用；二是编辑制作科学家专题资料片系列，以视频形式播出；三是研究撰写客观反映老科学家学术成长经历的研究报告，以学术传记的形式，与中国科学院、中国工程院联合出版。随着采集工程的不断拓展和深入，将有更多形式的采集成果问世，为社会公众了解老科学家的感人事迹，探索科技人才成长规律，研究中国科技事业的发展历程提供客观翔实的史料支撑。

总序一

中国科学技术协会主席　韩启德

老科学家是共和国建设的重要参与者，也是新中国科技发展历史的亲历者和见证者，他们的学术成长历程生动反映了近现代中国科技事业与科技教育的进展，本身就是新中国科技发展历史的重要组成部分。针对近年来老科学家相继辞世、学术成长资料大量散失的突出问题，中国科协于2009年向国务院提出抢救老科学家学术成长资料的建议，受到国务院领导同志的高度重视和充分肯定，并明确责成中国科协牵头，联合相关部门共同组织实施。根据国务院批复的《老科学家学术成长资料采集工程实施方案》，中国科协联合中组部、教育部、科技部、工业和信息化部、财政部、文化部、国资委、解放军总政治部、中国科学院、中国工程院、国家自然科学基金委员会等11部委共同组成领导小组，从2010年开始组织实施老科学家学术成长资料采集工程。

老科学家学术成长资料采集是一项系统工程，通过文献与口述资料的搜集和整理、录音录像、实物采集等形式，把反映老科学家求学历程、师承关系、科研活动、学术成就等学术成长中关键节点和重要事件的口述资料、实物资料和音像资料完整系统地保存下来，对于充实新中国科技发展的历史文献，理清我国科技界学术传承脉络，探索我国科技发展规律和科技人才成长规律，弘扬我国科技工作者求真务实、无私奉献的精神，在全社会营造爱科学、学科学、用科学的良好氛围，是一件很有意义的事情。采集工程把重点放在年龄在 80 岁以上、学术成长经历丰富的两院院士，以及虽然不是两院院士、但在我国科技事业发展中作出突出贡献的老科技工作者，充分体现了党和国家对老科学家的关心和爱护。

自 2010 年启动实施以来，采集工程以对历史负责、对国家负责、对科技事业负责的精神，开展了一系列工作，获得大量反映老科学家学术成长历程的文字资料、实物资料和音视频资料，其中有一些资料具有很高的史料价值和学术价值，弥足珍贵。

以传记丛书的形式把采集工程的成果展现给社会公众，是采集工程的目标之一，也是社会各界的共同期待。在我看来，这些传记丛书大都是在充分挖掘档案和书信等各种文献资料、与口述访谈相互印证校核、严密考证的基础之上形成的，内中还有许多很有价值的照片、手稿影印件等珍贵图片，基本做到了图文并茂，语言生动，既体现了历史的鲜活，又立体化地刻画了人物，较好地实现了真实性、专业性、可读性的有机统一。通过这套传记丛书，学者能够获得更加丰富扎实的文献依据，公众能够更加系统深入地了解老一辈科学家的成就、贡献、经历和品格，青少年可以更真实地了解科学家、了解科技活动，进而充分激发对科学家职业的浓厚兴趣。

借此机会，向所有接受采集的老科学家及其亲属朋友，向参与采集工程的工作人员和单位，表示衷心感谢。真诚希望这套丛书能够得到学术界的认可和读者的喜爱，希望采集工程能够得到更广泛的关注和支持。我期待并相信，随着时间的流逝，采集工程的成果将以更加丰富多样的形式呈现给社会公众，采集工程的意义也将越来越彰显于天下。

是为序。

总序二

中国科学院院长　白春礼

由国家科教领导小组直接启动，中国科学技术协会和中国科学院等12个部门和单位共同组织实施的老科学家学术成长资料采集工程，是国务院交办的一项重要任务，也是中国科技界的一件大事。值此采集工程传记丛书出版之际，我向采集工程的顺利实施表示热烈祝贺，向参与采集工程的老科学家和工作人员表示衷心感谢！

按照国务院批准实施的《老科学家学术成长资料采集工程实施方案》，开展这一工作的主要目的就是要通过录音录像、实物采集等多种方式，把反映老科学家学术成长历史的重要资料保存下来，丰富新中国科技发展的历史资料，推动形成新中国的学术传统，激发科技工作者的创新热情和创造活力，在全社会营造爱科学、学科学、用科学的良好氛围。通过实施采集工程，系统搜集、整理反映这些老科学家学术成长历程的关键事件、重要节点、学术传承关系等的各类文献、实物和音视频资料，并结合不同时期的社会发展和国际相关学科领域的发展背景加以梳理和研究，不仅有利于深入了解新中国科学发展的进程特别是老科学家所在学科的发展脉络，而且有利于发现老科学家成长成才中的关键人物、关键事件、关键因素，探索和把握高层次人才培养规律和创新人才成长规律，更有利于理清我国科技界学术传承脉络，深入了解我国科学传统的形成过程，在全社会范围内宣传弘扬老科学家的科学思想、卓越贡献和高尚品质，推动社会主义科学文化和创新文化建设。从这个意义上说，采集工程不仅是一项文化工程，更是一项严肃认真的学术建设工作。

中国科学院是科技事业的国家队，也是凝聚和团结广大院士的大家庭。早在1955年，中国科学院选举产生了第一批学部委员，1993年国务院决定中国科学院学部委员改称中国科学院院士。半个多世纪以来，从学部委员到院士，经历了一个艰难的制度化进程，在我国科学事业发展史上书写了浓墨重彩的一笔。在目前已接受采集的老科学家中，有很大一部分即是上个世纪80、90年代当选的中国科学院学部委员、院士，其中既有学科领域的奠基人和开拓者，也有作出过重大科学成就的著名科学家，更有毕生在专门学科领域默默耕耘的一流学者。作为声誉卓著的学术带头人，他们以发展科技、服务国家、造福人民为己任，求真务实、开拓创新，为我国经济建设、社会发展、科技进步和国家安全作出了重要贡献；作为杰出的科学教育家，他们着力培养、大力提携青年人才，在弘扬科学精神、倡树科学理念方面书写了可歌可泣的光辉篇章。他们的学术成就和成长经历既是新中国科技发展的一个缩影，也是国家和社会的宝贵财富。通过采集工程为老科学家树碑立传，不仅对老科学家们的成就和贡献是一份肯定和安慰，也使我们多年的夙愿得偿！

鲁迅说过，"跨过那站着的前人"。过去的辉煌历史是老一辈科学家铸就的，新的历史篇章需要我们来谱写。衷心希望广大科技工作者能够通过"采集工程"的这套老科学家传记丛书和院士丛书等类似著作，深入具体地了解和学习老一辈科学家学术成长历程中的感人事迹和优秀品质；继承和弘扬老一辈科学家求真务实、勇于创新的科学精神，不畏艰险、勇攀高峰的探索精神，团结协作、淡泊名利的团队精神，报效祖国、服务社会的奉献精神，在推动科技发展和创新型国家建设的广阔道路上取得更辉煌的成绩。

总序三

中国工程院院长　周　济

　　由中国科协联合相关部门共同组织实施的老科学家学术成长资料采集工程，是一项经国务院批准开展的弘扬老一辈科技专家崇高精神、加强科学道德建设的重要工作，也是我国科技界的共同责任。中国工程院作为采集工程领导小组的成员单位，能够直接参与此项工作，深感责任重大、意义非凡。

　　在新的历史时期，科学技术作为第一生产力，已经日益成为经济社会发展的主要驱动力。科技工作者作为先进生产力的开拓者和先进文化的传播者，在推动科学技术进步和科技事业发展方面发挥着关键的决定的作用。

　　新中国成立以来，特别是改革开放30多年来，我们国家的工程科技取得了伟大的历史性成就，为祖国的现代化事业作出了巨大的历史性贡献。两弹一星、三峡工程、高速铁路、载人航天、杂交水稻、载人深潜、超级计算机……一项项重大工程为社会主义事业的蓬勃发展和祖国富强书写了浓墨重彩的篇章。

　　这些伟大的重大工程成就，凝聚和倾注了以钱学森、朱光亚、周光召、侯祥麟、袁隆平等为代表的一代又一代科技专家们的心血和智慧。他们克服重重困难，攻克无数技术难关，潜心开展科技研究，致力推动创新发展，为实现我国工程科技水平大幅提升和国家综合实力显著增强作出了杰出贡献。他们热爱祖国，忠于人民，自觉把个人事业融入到国家建设大局之中，为实现国家富强而不断奋斗；他们求真务实，勇于创新，用科技为中华民族的伟大复兴铸就了辉煌；他们治学严谨，鞠躬尽瘁，具有崇高的科学精神和科学道德，是我们后代学习的楷模。科学家们的一生是一本珍贵的教科书，他们坚定的理想信念和淡泊名利的崇高品格是中华民族自强不息精神的宝贵财富，永远值得后人铭记和敬仰。

通过实施采集工程，把反映老科学家学术成长经历的重要文字资料、实物资料和音像资料保存下来，把他们卓越的技术成就和可贵的精神品质记录下来，并编辑出版他们的学术传记，对于进一步宣传他们为我国科技发展和民族进步作出的不朽功勋，引导青年科技工作者学习继承他们的可贵精神和优秀品质，不断攀登世界科技高峰，推动在全社会弘扬科学精神，营造爱科学、讲科学、学科学、用科学的良好氛围，无疑有着十分重要的意义。

中国工程院是我国工程科技界的最高荣誉性、咨询性学术机构，集中了一大批成就卓著、德高望重的老科技专家。以各种形式把他们的学术成长经历留存下来，为后人提供启迪，为社会提供借鉴，为共和国的科技发展留下一份珍贵资料。这是我们的愿望和责任，也是科技界和全社会的共同期待。

吴新智

吴新智与采集小组合影

［后左起：金颖（中央电视台）、房桂珍、吴新智、席焕久、牛志民。2013年李雅范摄于吴新智办公室］

吴新智与前线采访小组

（左起：李雅范、席焕久、吴新智、赵凌霞、牛志民。2013年临汾电视台摄于汾河丁村遗址）

目 录

图片目录

导 言

　　吴新智是中国科学院古脊椎动物与古人类研究所研究员。他没留过学，可 20 世纪 60 至 80 年代研究所有外宾来访进行学术交流，不论是否与他的专业有关，大都由他做英文翻译。他踏遍青山寻找化石，创立了中国人连续进化附带杂交，网状进化理论。刚参加工作，他在学校的寒假速成俄语班学习一个月就翻译苏联人类学家、史学家格拉西莫夫著的《从头骨复原面貌的原理》，在我国法医学上长期被应用。中国国家博物馆等很多博物馆的猿人头像都是在导师指导下按照此原理由他与老技师创作的。在调查野人之后写下了《长臂猿解剖》，开辟了我国灵长类大体解剖研究的新领域。他不畏权威，坚持真理。世界著名权威杂志《科学》（Science）、《自然》（Nature）上刊登过有关周口店用火、巫山人等文章，内容与事实不符，他都及时根据实地考察和科学分析提出更正。

　　战乱时，吴新智一边读中学，一边读大学，他的大学班级 23 名同学出了 4 位院士。吴新智申报院士两次失利，第三次让他申报时，他却说："别浪费机会，让其他同志报吧。"然而，发光的金子依然闪光，他被众多学者推荐为院士。可以说，吴新智是一位传奇人物，他用双手画出了一条独特的人生轨迹，他的成才之路值得人们借鉴与思考。

　　1928 年 6 月 2 日，吴新智出生在安徽省合肥县城内西大街（现安庆路）河平桥，四岁跟母亲学习"字干"，进私塾。"忠孝传家久，诗书继世长"的家风给童年的吴新智留下了深刻烙印。1938 年读五年级时为躲避日寇侵略经历千辛万苦至四川乐山，在乐山完成小学和中学学业，后考入武汉大学法律系。1946 年夏随父亲去上海后，起初在同济大学新生院学习德语，1947 年"5·20"大罢课后考入上海医学院学习。1949 年新中国成立后，国家扩大医学院招生规模，中央卫生部决定举办"高级师资进修班"，决定让学完基础课的医学生加强学习一门医学基础课，一年后充实医学院校师资。1952 年，吴新智被分配到大连医学院（现为大连医科大学）进修解剖学，有幸认识后来的导师吴汝康先生。1953 年，他从卫生部高级师资进修班结业。此后至 1957 年任大连医学院解剖教研室助教。1956 年，国家号召"向科学进军"，开始招收副博士研究生。1957 年，吴新智考取吴汝康先生的研究生，将山顶洞人类化石模型作为毕业论文研究内容。1961 年毕业后成为中国科学院古脊椎动物与古人类研究所助理研究员，其后历任副研究员、副所长、研究员至今。1982 年起历任《人类学学报》副主编、主编。1990 年起历任中国解剖学会副理事长、名誉理事长。1999 年当选为中国科学院院士。

我们从何处来？我们是谁？现代人起源于何时何地？这是人类学研究的重要课题，也是人们经常讨论的话题。对于这个话题有很多传说，中国就有女娲造人，西方比较流行上帝造人的故事。人的来源涉及两个层面的问题：其一是个体发育问题，其二是种系发育问题。前者已经解决，即人是由受精卵发育而来。学者对后者一直争论不休，对于这个问题，答案扑朔迷离，世界各国的科学家始终在探索。吴新智先生一生致力于这方面的研究，即人类学研究，以大量化石记录和一些古生物证据为基础，经过深入分析和高度总结，提出了一套理论。

20 世纪 60 年代初期，吴新智先后到周口店、广西多个洞穴及陕西蓝田公王岭等地进行调查和发掘。"文化大革命"开始后，主动率队去大同煤矿清理日本占领时期死亡的工人尸体及其遗物。1969 年到湖北沙洋中国科学院"五七干校"劳动，一年多后因病返京。70 年代，古脊椎动物与古人类研究所逐渐恢复业务工作。他先后在云南元谋、河南淅川、山西丁村、湖北郧西县白龙洞发掘，在淅川和白龙洞发现直立人和智人化石牙齿。80年代，他陪同吴汝康先生在河南发现12颗人牙化石。在澳大利亚访问期间，他研究了澳大利亚科阿沼泽（Kow Swamp）和蒙戈湖（Lake Mungo）发现的头骨以及库布尔溪（Coobool Creek）下颌骨化石的颏孔。此外，他培训了国内大批人类学工作者，培养了一批研究生，完成多部专业与科普著述，并且去云南西双版纳考察过传说中的"野人"。

吴新智先生经历了中国社会剧烈变动时期，面对种种情形，他始终坚定自己的理想信念，孜孜不倦地进行科学研究工作，在古人类学领域取得了卓越成就。但他淡泊名利，甚少宣传，媒体的报道也大都从科普角度向观众与读者介绍，外界对吴先生的科研创新等所知不多。在采集资料过程中发现，吴先生诸多优秀品质堪值后人学习与借鉴。

为了做好吴新智学术成长采集工程，采集小组从2013年11月17日在上海复旦大学参加上海人类学会授予吴新智院士人类学终身成就奖——"金琮奖"之日始，辗转到其出生地、读书地和工作地、化石发掘地及学术活动地等进行直接或间接采访，现场拍摄。采集小组并非将其作为任务完成，而是怀着深厚的感情采访，每采访一人都受到一次深刻的教育。特别是吴先生不顾85岁高龄，全程陪同采访，亲自到现场详细介绍当时情景并亲自打电话帮助联系采访事宜。吴先生记忆力惊人，这是所有接受采访的人员所不及的。

在湖北郧西县白龙洞，吴先生不顾危险，挂拐在崎岖小路上详细介绍化石发掘当时情境。为做好采访工作，吴先生特意安排其女婿金启伟先生作为家庭代表参加采集小组，主动与采集小组联系开展工作，还让出办公室给采集小组开会、存放资料，在历经上海、安徽、湖北、四川、重庆、山西、陕西、北京、辽宁等省市采访过程中与小组人员同吃同住同工作，不仅没有任何特别要求，还时刻关心采访组成员，使采访组同志感到特别温暖，深受教育。他的这些行为，深深地感染着采集小组每一位同志，激励着每一个成员努力做好工作。

吴新智先生没有正式出版过传记，本人又从未写过自传，仅在档案中有简略自传。被选为院士后，有关院士画册、院士回忆录、母校纪念文章等也仅仅做些简介，但这些都为我们提供了重要参考。由于吴先生对采集工作有很高的认识，他积极配合并协助采集小组工作。通过对九省市 31 个单位 51 个采访者的采访，获得了大量信息和资料，取得了重要的采集成果。采集小组以照片形式编写了《踏遍青山人未老——吴新智院士的科技生涯》《重返故地——记采访路上的吴新智》，还收集了他的论著，编成一部《吴新智院士选集》（含译文、译著与译校等）。收集到他与国内外同行、学生、领导、友人等提供的实物 924 件，其中有 397 件原件以及 149 件手稿等。包括上海医学院读书时的学习笔记、他写的电影脚本、大同整理万人坑登记表、人类研究测量记录、野外工作日记、手绘地图、发掘剖面图、人类进化图、国内外考察记录等，内容十分丰富。还有在丁村发掘时的发掘钩以及送给幼年的弟弟的望远镜和放大镜，几千张不同年代的照片等。这些珍贵的实物为研究吴新智的科技生涯具有重要意义。

本书共十一章，分三部分：第一部分是求学经历；第二部分是理论形成过程；第三部分是晚年生活与工作。本书结构多次修改，书名也数易其稿，现在的书名是《重庆师范大学学报》副主编兼编辑部主任李若溪教授的创意并经白长青教授修改。本书按时间顺序编排。吴先生亲自对书名、结构及章节题目、内容做了多次修改，有一次，他提出的意见竟多达 17 页，体现了他一贯的高度负责、严谨求实、虚心好学的风格。

尽管采集小组先后到多点、对多人进行现场采访，收集实物，但因水平所限及对史料掌握程度尚浅，写作水平不高，加之事件发生时间久远，难以全面、准确地反映吴新智院士光辉灿烂的人生经历，展示其传奇色彩。肯定存在一些对史料领会不够深刻，细节掌握不全，语言表达不准，文字推敲不到位等缺点毛病，恳请诸君批评指正。

第一章
书香门第世家

合肥吴氏家族

合肥古称庐州、庐阳，东西肥河汇合而称合肥。地处长江中下游江淮丘陵中部，巢湖之滨，以"三国故地、包拯家乡"闻名遐迩，素有"淮右襟喉，江南唇齿""江南之首，中原之喉"的美称。合肥水路、陆路交通便捷，常常是商贾云集，带动经济发展的同时，也促进了文化繁荣昌盛。人杰地灵，名人不胜枚举。远者有宋朝的包拯，近代以降，有官至直隶总督兼北洋通商大臣并授文华殿大学士的清朝重臣李鸿章，国民党爱国将领、中国远征军司令卫立煌，抗日英雄王亚樵，诺贝尔物理学奖获得者杨振宁等。[①]李鸿章、卫立煌、王亚樵[②]、杨振宁的旧居都在今天的合肥安庆路。

吴新智 1928 年 6 月 2 日出生于当时的合肥县城内西大街（现安庆路）

---

① 徐承伦：《安徽近现代历史与人物论集》。合肥：安徽大学出版社，2009 年。
② 王亚樵（1889-1936），合肥人，抗日志士，民族英雄。

河平桥与卫衙大关之间的一座宅子里。吴姓是合肥县比较大的一个家族，据家谱记载，吴姓先祖是部落首领古公亶父的大儿子泰伯，按照当时的"嫡长子继承"制度，是当然的法定王储，他非常谦恭和礼让，和他的二弟仲雍发现三弟季历特别聪明，于是与二弟带着家人从宝鸡迁到了无锡。无锡当时还是蛮荒之地，人们不知道怎么耕作，他们就教人耕作，子孙就在那里繁衍下来。后来，因为王储地位没废，又把他请回去，他仍然表示还是回到"吴县"，让三弟继承王位。因此无锡梅村泰伯庙供奉着泰伯和仲雍。每年 4 月 12 日是泰伯文化节，也是吴氏家族聚会的时候。按照传说，吴姓自古就有种谦让的文化精神传承。

先祖中有位吴克俊，一生致力于学问，诗书画曾是合肥一绝，独具匠心，炎炎夏日反而画傲雪梅花，并配诗："不畏严威暑在何，解衣磅礴自高歌。梅花可做清凉伞，况有南风拂面多。"诗以言志，体现先祖为人处事的品格，奋发图强、勤勤恳恳的家风家教由此形成，严谨求学的作风无形中灌输给后代。

吴新智的曾祖父吴大椿育有两个儿子。祖父吴道甫，1862 年（推测）出生于寿春，是以教书为业的秀才，在刘铭传部下一淮军将领家中教私塾。1922 年祖父六十寿辰自咏诗教导后生：茫茫尘海一闲身，六十年华一刹那；有砚为田不患贫，可能将寿补蹉跎；往事已归蕉鹿梦，要知濠濮鱼能乐；平生漫忆葛天民，依旧山房雀可罗。还有一首：可堪门户独萧条，容颜虽改性难更；幸有琴书破寂寥，处世仍遵古道行；自笑持竿类高凤，坐拥诗书儿辈读；何须投笔学班超，兴修谱牒自观成。

吴新智祖父的弟弟也就是叔祖父，长期在江苏临泽给盐商做账房，收入颇丰，家境日趋殷实。所以家族的房产相当多，包括在赵千户巷的老宅子和西大街的新宅子。新宅子包括沿街店面 12 间和其后的 5—7 进①房屋，属于大户。祖父将赵千户巷的老宅修葺一新，七进五间朝南，大门口有石头雕刻的鼓和小狮子。门房、客厅、书房俱全。院后林木葱茏，绿树成荫，松柏翠饶。祖父去世前后分家，鼎字辈各家分开单过，祖母

---

①　在合肥，一排房子（一般三间）叫一进。

与尚未娶亲的幼子鼎祥同住。

家谱设定辈分按照"大道鼎新英彦毓启"排行。光绪晚年，祖父吴道甫修谱增加"学以承家，才惟经世"八个字 [①]。

祖父吴道甫，育有六个儿子、两个女儿。吴新智大伯吴鼎麟的外孙宓泽如，长吴新智两岁，逃难时二人都在四川乐山乐嘉中学上学，因吴新智幼年身体差，曾于凌晨带领其到住处附近屠宰作坊，用搪瓷

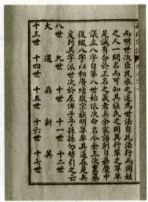

图1-1 《合肥吴氏宗谱》（吴英鹏提供）

缸接猪血趁热给吴新智喝，用以补血。三伯吴鼎芳的孙子吴英鹏，退休前是安徽电视台编导，曾编导过牛年中央电视台春节晚会《九牛二虎闹新春》，热播的电视剧《朱熹》也是其编导的。四伯吴鼎和，保定军校毕业后从军，任过团长。有一次兵变，他临危不惧，站在队伍前说服士兵，腕部受枪伤后离开军队，回合肥经营协和药房，是当时合肥唯一的西药房。他家过厅书柜中存有《儿童文库》《东方杂志》等书籍，吴新智经常去那里阅读。五伯父吴鼎祺，毕业于复旦大学新闻系，后经其导师邵力子引荐进入国民党中央宣传部，抗战时为养家在重庆中学兼过课。父亲吴鼎祥，字瑞庭，是祖父最小的儿子。祖父60岁时因伤寒过世，当时吴新智父亲17岁，入合肥鑫昌纱布号做学徒，后经营一家烟纸店兼兑换铜元，歇业后到太平银行当职员，又经姑父介绍到上海商业储蓄银行做出纳。以后在合肥、乐山、南京下关和珠江路上海商业储蓄银行做出纳，1949年以后转调到中国人民银行济南大观园分理处工作，直到1955年因脑溢血去世。

吴新智的大姑妈嫁给一个家境日落的人称"曹大派头"的绅士；大姑

---

① 吴英鹏访谈，2013年11月23日，合肥。资料存于采集工程数据库。

图 1-2　20 世纪 30 年代吴新智叔祖父（中）与家人合影（前排左起：吴新旋、吴新智；后排左起：吴鼎玖、吴鼎祥、吴鼎和、吴鼎芳、吴鼎祺、吴鼎灏。吴新智提供）

妈家哥哥曹启寿是附近有名的才子，很小就会为人写对联，后成为合肥市政协委员；妹妹曹德寿的丈夫郑为元，国民党中央军校八期步兵科毕业，后去台湾。二姑妈嫁给杨力磋，杨力磋曾任合肥县商会会长，新中国成立后曾任安徽省工商联秘书长。二姑妈长子杨振声曾任职于联合国善后救济总署，后赴美国密执安大学留学，毕业后进入美国商务部；次子杨振怀长吴新智一岁，上海交通大学毕业，曾任水利部部长。①

　　叔祖父的大夫人没有儿子，就将吴新智的四伯父过继为子。叔祖父又将家中的丫鬟收房为二太太，二太太给叔祖父生了四个男孩、一个女孩。四个叔叔依次排行老七、老八、老九、老十。十叔吴鼎式改名吴毓清，在中央音乐学院教授小提琴，后移民澳大利亚。七叔吴鼎灏抗战前经营合肥唯一卖教科书的书店——大智书局，在西大街东段四伯父经营的协和药房对门，距离吴新智家比较近。父亲吴鼎祥（字瑞庭）经常去大智书局，吴

---

①　吴新智访谈，2013 年 5 月 13 日，北京。资料存于采集工程数据库。

新智便跟去到店堂看书，长期熏陶养成爱好读书的习惯，《罗通扫北》《薛仁贵征东》等小说都是那时阅览的。四伯（吴鼎和）的儿子吴新奇（吴新智堂弟，小学时同班同学）等弟兄在堂屋里玩得热火朝天的时候，吴新智则会找个阴凉的地方看各种各样的课外书，司马光砸缸、木兰从军、王祥卧冰等故事都是在课外时间看的。①

　　1929年，吴新智的大弟弟吴新基出生，但后来夭折。1930年，吴新智的妹妹吴新清出生，在南京的学校学习助产士课程，学成后在江苏大丰县妇幼保健站做助产士，退休前为安徽南陵县妇幼保健站妇产科医生。1931年，弟弟吴新国出生，东北工学院（现东北大学）毕业后为浙江大学电机系教师，退休前为湖北襄阳建昌机器厂总工程师。1932年，父亲失业，但家庭迎来了二妹吴新华出生，受当地风俗和家庭生计影响，二妹被抱去郊区给王姓人家做童养媳。在后来的两年里，三妹、四妹相继出生，但都随后夭折。五妹吴新芳出生后同样被抱去农村郑姓人家做童养媳。六妹出生

图1-3　1939年秋（日军轰炸后的秋天）吴新智与家人在四川乐山合影（左起：蔡贤、吴新清、吴新智、吴新国、吴瑞庭。吴新智提供）

---

① 吴新奇访谈，2013年11月23日，合肥。资料存于采集工程数据库。

不久，一家就离开合肥逃难，父母给奶奶一笔钱，委托她将六妹带回其老家抚养，不久后被告知夭折。小弟抗战时期生于四川乐山，乐山旧属嘉定府，因此由叔祖父取名为吴新嘉，小名川生。

祖父遗留的在赵千户巷的老宅子分给大伯、二伯和三伯，在西大街的新宅子分给五伯和父亲。晚上，吴氏家人经常聚集在一起讲书，吴新民（五伯的独子，吴新智堂兄）、吴新智、吴新奇等坐在周围听书，还未认识很多字的时候，已经会背《千家诗》。按照新宅子新字辈的排行，1925 年 4 月出生的吴新民是老大，吴新智是老二，所以吴新民又叫大宝，吴新智也叫二宝。1931 年，吴新民的父亲到南京工作，便跟随家长从合肥迁往南京。

吴新智母亲蔡贤（原名蔡贤贞）是家庭主妇，略识字。外祖父经商，家境殷实。母亲及舅舅幼年都读私塾。四舅蔡继洪是小学教员，新中国成立后做过中学校长。吴新智的大姨父沈兰渠是中学的化学教员。整体而言，吴氏家族在合肥县城也是上层人家，不仅有商会会长，还有舅舅、姨夫家的社会关系。但到吴新智父亲这一代，经济情况有所没落。

当时合肥是不大的县城，吴家族人都很和谐。安庆路新宅，东边第一户是吴新奇家，有三间铺面房，是一个杂货店，经常有邻居来买生活用品。第二户是叔祖父家，有六间铺面房，有一个皮匠店，对面是一个来往旅客住宿打尖的客栈和一个制作和销售木器的店铺。第三户就是吴新智家，三间铺面房是染坊，撤粗布的，染黑色、蓝色、深蓝色。他家房子比较多，有一个敞厅，平时没有人，只有节假日或者过年用来接待客人。吴新智家西邻是旌德会馆①，其隔壁就是河平桥小学。四伯父家斜对过路北是卫立煌家，卫立煌家东数十米路北、河平桥以东是李鸿章公馆。再往西 100 多米是四古巷，是杨振宁旧居。

吴新智家这一支的堂号叫崇让堂，教育后人要忠厚为人，要熟读史书，要世世代代地传下去。吴新智祖父原住合肥赵千户巷西段，宅院坐北朝南。家中常挂对联"忠孝传家久，诗书继世长"，门庭灯笼上也都书

---

① 旌德会馆，在扬州、芜湖、合肥等地由旌德县客商官绅所建，合肥旌德会馆在今安庆路。

图 1-4　2000 年吴新智夫妇与杨振宁夫妇合影于清华园（左起：杜致礼、杨振宁、吴新智、蒋景仪。吴新智提供）

有"吴崇让堂"，家具上也都标这些字，崇尚谦让。吴家有"敬惜字纸"的传统，敬惜字纸就是对写字的纸张十分恭敬和爱惜，在家庭教育中素来非常尊重纸张，写过字后的纸可以烧掉，绝对不可以如厕用，表示对知识的敬重，也是对文化的发自内心的亲近感。这些从小感受到的中国传统文化的熏陶，让他牢记一辈子。

和谐的家庭

受家庭环境影响，父亲对新知识颇为热衷，曾在自家竖起高杆安装天线，用矿石收音机听广播，并且在后门安装电铃。父亲常带吴新智去东鼓楼巷的澡堂洗澡。父亲面对困难时常说"屁股抵墙墙开裂"，意思是天无绝人之路，遇到困难不应逃避，而是积极面对，探索解决的方法，从而使吴新智养成"集腋成裘、随遇而进"的忍耐乐观的心态。父母在家中从不吵架，也从未打骂过孩子，和谐的家庭环境熏陶着吴新智，促其养成温文尔雅的性格。

抗日战争前，每年收到的田租刚好够家用，后来父亲在银行的工资成为家庭唯一收入来源，为吴新智弟兄和妹妹学习提供经济基础。父亲供职的银行在抗战时为职工子女提供奖学金，吴新智依靠奖学金完成了从小学五年级到高中毕业的学业。

母亲作为家庭主妇，操持日常生活。家里所有人的鞋都是母亲手工做的，吴新智在帮忙过程中也逐渐学会了做布鞋。抗日战争期间物价飞涨，裁缝工钱也贵，学校规定要穿制服，吴新智就把旧制服拆下来做样板，贴在纸上，适当放大尺寸裁制成大样，据此剪裁布料，由母亲手工缝制。母亲只会做中式衬衫，不会做西式衬衫，都是由吴新智裁出来后再由母亲手工缝制。在三年困难时期，吴新智又用这套手艺将父亲的旧衣服改制成女儿们的衣服，也为自己缝制衬衫。

吴新智乐观向上的精神也是在家庭生活中逐渐养成的。这种和谐向上的心态一直保持终生。吴新智在和自己的爱人蒋景仪结婚时就约定不吵架，后来接近 59 年的共同生活真的从未吵过架，连脸都没有红过。吴新智自小看到家庭不富不穷的经济状况，加之母亲体弱多病，母子连心，作为家中长子，自幼便怀有学习医学为母亲治病的愿望，同时暗下决心承担起家庭的责任，为了全家人生活得更好，立志努力读书考学。他从小学五年级起一直考第一，中学后仅有一个学期考了第二。这种不甘于现状的向上信念支撑着他不断努力拼搏。

报考医学院成为医生为母亲看病，一直是吴新智的理想。温和的吴新智非常体谅人，从不与人发生矛盾。父亲一人挣钱养家实在不易，体弱的母亲独自一个人操持家务，又难以请医生看病，加之几个孩子的生

图 1-5 1940 年的吴新智
（吴新智提供）

活琐事让母亲难以承受。吴新智看在眼里，疼在心里，决心报考医学院，自己当医生给母亲及家人看病。当时社会奸商横行，物价飞涨，囤积居奇，诸多行业都充斥着乌七八糟的负面事情。医生作为自由职业者，不仅掌握技术，还能救死扶伤，与奸商贪官形成鲜明对比。父亲也曾指着门口修牙摊跟吴新智说："你好好干，像他这样，也能混口饭吃。"吴新智也不愿与当时黑暗的政治扯上关系。

吴新智祖父过世比较早，父亲在很小的时候就进入社会谋求生计了，因文化程度不高，后来谋得上海银行出纳的职位实属不易，所以他非常满足、十分高兴。日复一日地重复着简单的操作：有人存钱就收钱，有人取钱就付钱。即便一辈子没有升迁，他也十分满足。这种安于现状的做法也影响着吴新智，但是由随遇而安演变成的随遇而进成为其后来的座右铭。吴新智后来概括自己前半生的时候往往提到随遇而进，随着机遇努力奋进，但从没有对自身处境怨恨抱怨。父亲的平易近人，也影响了吴新智为他人着想、善于理解别人的性格。

启 蒙 教 育

吴氏家族读书氛围向来比较强，吴新智四伯比较有钱，家里订阅上海出的《东方杂志》，还有许多其他读物，他一有空就到四伯父家去阅读，他从《东方杂志》第一次知道地中海这个地方，看了以后还感觉非常奇怪，怎么海在地里头？吴新智的七叔父开了合肥唯一一家出售教科书的新式书店。吴新智也经常到他的书店去看书，养成了他爱好读书的习惯。

几家亲戚合伙请了一位私塾先生，名叫李斯民，私塾设在吴新智家染坊后的草房，私塾后是敞厅，也就是大客厅，吴家前面是门面房，往里是第二进三间房子，后身是深深的大庭院，庭院中部有一口水井。过年时在敞厅挂上祖先的画像和一些条幅，在此祭祖和接待贺客，这里也是平日小

图 1-6　2013 年 11 月 22 日吴新智于合肥安庆路幼儿园（新中国成立前吴新智家所在地。李雅范摄于合肥）

孩们玩耍和骑三轮自行车的场地。四伯父家的弟弟吴新奇等都到私塾跟先生读书，学习《三字经》《百家姓》《千字文》等。后因四伯父在外面工作，经常在外走动，消息比较灵通，认识到私塾所学知识有限，孩子的视野和思维都受到局限，发现新式教育讲授数学等课程，对孩子教育作用更大，而私塾只开设传统的国文知识。所以家族子弟在私塾学习三个月后，便停办私塾，1934 年秋进入安徽合肥巫景云主办的私立河平桥小学，因已经在私塾中学过很多国文，所以直接进入三年级，但后来吴新智数学课跟不上，就退回到二年级学习。课程有国文、算术、音乐和体育。

　　私立河平桥小学的位置即是现在安庆路幼儿园所在地的西边，私立河平桥小学有个方形的院子，西方、南方、北方三面都是教室，北方东部是不大的门厅。吴新智从二年级入学，1935 年升入河平桥小学三年级，1936 年升入四年级。三年级在南面的教室读，四年级在西面的教室读，1937 年秋，校舍向南扩大，五年级在南院的新教室读了半个多学期。

　　河平桥小学每个班级都用民国烈士的名字命名，吴新智 1935 年三年级时班级名是执信级，为了纪念国民革命烈士朱执信[①]；四年级是英士级，纪念陈英士。每周周一早上都举行"总理纪念周"活动，有校长训话，学校大门的屏风上也写着国民党的党歌，"三民主义，吾党所宗，以建民国，以进大同……一心一德，贯彻始终"。学生们并不能全部理解歌词中文字的真正意思，甚至有的字都没有学过，但唱歌是必须的。

1935年以后开始唱《义勇军进行曲》《大刀进行曲》，后来才知道都是左翼作曲家编作的，还有《大路歌》《我们在太行山上》等。学校里也有童子军团，吴新智所在团的番号是2058，并需穿着制服。

学知识和抗战成为有远见的家长关注的重点，所以家长们纷纷将孩子送来学校读书。1938年年初学校扩大，将校园后面的院子也买来建教室，老师办公室增购了一台油印机，专门用来印刷教材。

吴新智的好学在邻里是出名的，吴新奇等同学在放学后一般都在自己家的厅堂玩耍。吴新智极少跟他们一起玩儿，而是躲到家里读书，不仅读自己的课业书，也读课外书籍，在四伯父家或七叔父的书店中读过各种书籍和杂志，包括《幼童文库》等故事书对他心理的塑造都起了不小的作用。有的书不能完全认识其中的文字，他也一知半解地看。

暑假也是如此，吴新奇等小朋友在一边玩得满头大汗，吴新智也不为所动，就找一个阴凉的地方看书，所以在学习成绩上一直是第一，无论是国文还是数学，他的成绩都远远高于其他同学。小学有三门课，一门是国文，其他两门是算术和常识，吴新智爱好广泛，他不仅喜欢学校里的功课，还经常阅读课外的读物。当时课后作业不多，他比同龄孩子读书要多很多。

他和吴新奇都有一辆三轮车，前面一个小轮子，后面两个大一点的轮子，两人偶在吴新智家敞厅骑车玩耍，而吴新智将此作为学习中的一种小憩。偶尔也带白薯到学校吃，你一口，他一口，大家相处得非常好，有好东西都互相分享。

---

① 朱执信（1885-1920），名大符。中国近代资产阶级革命家、思想家。

第二章
战乱中求学

离乡逃难到乐山

日本的铁蹄踏入中国的版图，战争的硝烟彻底打破原本平静小康的童年生活。

1937 年 7 月 7 日发生卢沟桥事变，夜间日本军队以有日方士兵在北平西南卢沟桥附近演习时失踪为借口，要求进入宛平县城调查。遭到中华民国驻军拒绝后，日本军队于 7 月 8 日凌晨向宛平县城和卢沟桥发动进攻，中华民国国军抵抗。驻守在卢沟桥北面的一个连仅余四人生还，余者全部壮烈牺牲。卢沟桥事变是日本全面侵华开始的标志，也象征着第二次世界大战亚洲区域战事的起始。北平、天津失陷后，日本在中国的军队更加嚣张，其占领中国打通南亚的欲望日益强烈。

1937 年 8 月 9 日，驻上海日本海军陆战队中尉大山勇夫率士兵斋藤要藏，驾军用汽车强行冲击虹桥中国军用机场，被机场卫兵击毙。事件发生后，中国上海当局当即与日方交涉，要求以外交方式解决。但日军无理要求中国军队撤离上海、拆除军事设施，同时向上海增派军队。8月13日，日军便以租界和停泊在黄浦江中的日舰为基地，对上海发动了大规模进攻。上海中国驻军奋起抵抗，在上海和全国人民的支持下，开始了历时三个月之久的淞沪抗战。

上海鏖战时，吴新智五伯在上海工作，怕家人遭难，打电报要求吴瑞庭去上海将其独子吴新民接回合肥。吴瑞庭兄弟情深，不顾战场凶险，孤身通过封锁线到上海带吴新民撤离战区，回到合肥。这件事加深了吴新智对亲情的认识，此后吴新智对亲情愈加重视。

日本侵略军飞机不停轰炸上海、安徽重要城市，合肥作为小县城并没有被日本侵略军轰炸。但有一天放学时，突然听到远处传来轰轰的飞机发动机响声。吴新奇和同学们都很好奇，奔跑着喊"飞机来了，飞机来了"，满街人都出来看飞机，飞机飞近，看到两个大翅膀，嗖嗖地飞过头顶。很快，飞机飞往机场方向并投下了炸弹，响声吓得人一下全躲藏起来，有的躲到桌子底下，有的躲到床下面。等飞机发动机声消失了人们才出来查看动静，后来听说炸死了人。家长商量后感觉形势紧迫，无法上学了，为了确保安全就决定先躲避到合肥县城南90里三河镇对面的汪家湾村。因消息闭塞，人们对战争的发展态势并不了解，也对日本侵略中国的野心无所知，所以抱着战争不能打起来的想法，过两三个月和平安全了就搬回县城。①

三河镇成立了红缨会，成年男子手持带有红缨子的长矛在三河河堤上来回走动巡逻。又读书两个多月后，抗日局势日趋紧张，战事逐渐逼近合肥，春末至夏初，母亲带着兄妹三人跟随四伯一家逃难到安徽六安城外。后合肥告急，父亲不得不撤离到六安，与四伯一家坐汽车经潢川到信阳，再改乘火车到武昌，住湖边街二层楼房。夏天，吴新智一家从武昌乘英商太古公司白色吴淞号轮船到万县，在宜昌转渡民生公司红色民权号轮船，在重庆换乘民生公司民治号轮船至四川乐山。

战争局势日趋恶化，到处都是逃难的人，船票十分难买。大船上面的客舱票根本就买不到，便只好购买船舱底下的货舱票。货舱的门平时是关闭的，但是舱内坐了许多人，因需进出货，所以舱门不能一直关闭着，船

---

① 吴新智访谈，2013年5月13日，北京。资料存于采集工程数据库。

图 2-1　2013 年 12 月 3 日吴新智于乐山（李雅范摄于四川乐山）

舱上面的人根本无所顾忌，将痰盂中的脏物倒下来，有时甚至直接将马桶内污物倒下来，各种臭味随风飘到货舱内，令人十分恶心。

吴新智在乐山插班入梁荣誉主办的私立乐嘉小学五年级，1938 年 9 月开学，因战争耽搁学业，吴新智五年级不得不多读一年，校舍在嘉州公园。抗战局势紧张的形势下，武汉的国立武汉大学为保存实力，将学校部分设备运到乐山，在乐山继续办武汉大学。原来在武昌时，武汉大学的附属小学是珞珈小学，因小学没有一同搬迁到乐山，为安排师生员工子弟上学，武汉大学的师生员工组织起来在乐山成立乐嘉小学，借用嘉州公园空闲的房子，分散在三个地方办小学，分初级班、中级班、高级班。因为乐山归属嘉定府管辖，所以起名为乐嘉，与珞珈谐音。

日军炸弹下逃生

在抗日战争初期，吴新智十岁的时候就能够写信了，那时候母亲带领孩子们流亡到六安，父亲在合肥留守，母亲就叫吴新智替她写信。母亲本身很节俭，各方面都不浪费，受母亲的影响吴新智也是非常节约的。寄信的时候都是把用过的信封翻过来再使用。弟弟吴新嘉就没看到哥哥穿什么好的衣服，都是非常普通的衣服，哥哥还教育弟弟和妹妹要勤俭朴素一些。20 世纪 60 年代，粮食定量供应，一个月只有 25 斤，但是吴新智母亲临终前还存有许多粮票，可见在口粮上非常节约。这种精神教育了吴新智兄弟，在生活各方面都比较节约。

跟随家人辗转来到四川乐山的吴新智本以为在中国的大后方能继续安心读书，但日军飞机频繁的骚扰和轰炸却从未停止过。在一场突如其来的轰炸中，吴新智一家险些丧命。

日军飞机来之前，大后方都会发出空袭警报。最初人们都按照防空警报提醒及时躲避，当时称为"跑警报"，一般跑出城找个地方躲藏起来。但乐山毕竟是小县城，对比重庆等大城市而言，其军事战略地位并不重要，并且警报区域非常广，人们不堪其扰。后来由于日军飞机长久没有轰炸乐山城，所以许多人就不再跑警报了。

1939 年春天，为父亲上班近便，全家由府街搬至东大街天棚居。1939 年 8 月 19 日中午，吴新智和弟弟吴新国还有妹妹吴新清在家帮助母亲打扫卫生、做午饭，一家人忙得不可开交，准备饭后上学。突然响起了空袭警报，但大家都习以为常。父亲一般中午都忙于业务无暇回家，但那天父亲恰好回家来，一入家门就听到了紧急警报，他立刻大喊"赶紧躲到外面去"。听到父亲的喊声，一家人赶快跑出房子，刚刚躲到大墙根下，就看到越飞越近的日本飞机投下炸弹，炸弹在强烈阳光下闪闪发光，瞬间灰尘飞扬，伸手不见五指。

大家惊呆了，不知所措，不知道过了多久，忽听得九岁的妹妹叫"妈"。这时仍旧天昏地暗，父亲只得挨个儿呼喊着孩子们的名字，得到回应后才放下心来，此后不久才能看清人影。幸运的是，吴家五口人都没有受伤，回头发现自家的木头房子已经全部坍塌，生活用品都被压在房梁底下。天棚居是个死胡同，这时胡同口已经被街上的大火封死，居民们纷纷涌向巷子尽头的小学操场。父母亲将刚从废墟中抢出的小皮箱交给三个孩子看守，自己返回废墟打算再抢救出一些衣物。不久，居民们推倒巷子尽头的土墙，蜂拥而出，吴新智和弟弟妹妹抬着那个小皮箱糊里糊涂地跟着大伙儿逃了出去，辗转到了一个小山坡休息。傍晚时分，吴新智带着弟弟妹妹走向市区，打算寻找父母，走了不久幸好遇见也在四处寻人的父亲。父亲领着三个孩子到临时住处与母亲团聚。

日本侵略军飞机除了扔下炸弹外，还扔下很多烧夷弹，实际就是燃烧弹。那时四川都是木头房子，因此乐山城燃烧起大火，硝烟弥漫，不堪回首，大半城区都烧光了。

第二天，吴新智等回到被炸后的废墟，只见到处是烧焦变黑的尸体，听说了许多惨不忍睹的故事。有人被困在四面高墙的院子里，虽然大火烧不进去，但是抵不住滚滚热浪，全身抓得伤痕累累，最终被活活烤死。还有人的妻子被压在房梁下无法动弹，丈夫搬不动房梁，因大家都四散逃命找不到人帮忙，只能眼睁睁看着妻子被活活烧死。这在吴新智幼小的心灵打下了深深的烙印。

后来看到相关资料报道才知道，多达 28 架日寇飞机轰炸了乐山县城，此前大家都不认为日本轰炸机会轰炸小县城乐山。这次突然轰炸，造成巨大人员伤亡和财产损失，人们认识到绝非小县城就安全，所以为防范再次轰炸，除加强防空警戒外，大家纷纷搬离城市中心区。此后，大家对警报再也不敢不重视了，有条件的纷纷到乡下或者郊区找居住地，暂时安排生活。上海银行也出资在距离乐山几里的乡下马蹄冲租地皮盖了茅草房，业务都搬到城内比较边缘的陕西街办理。

这个新家的邻居有武汉大学英语教师 Rainer、土木工程学主任余炽昌和笪远纶教授家，Rainer 独居于此，欢迎客人为他写汉字贴在墙上，吴新智有时去他家玩耍。在四川乐山避难，年仅 11 岁的吴新智目睹了日军的狂轰乱炸，广大无辜平民百姓尸横街头，救国救民、报效国家的爱国之志也由此萌生。此后在人生道路上，当他遇到一些不如意的事情，一回想这个场面，一切就都释然了。

边读中学边上大学

1940 年，吴新智小学毕业，入读乐山县立中学。乐山本来有两所中学，一所是省立乐山中学（嘉属联立中学），现在是乐山一中。另一所是乐山县立中学，现在是乐山六中。为躲避日军轰炸，省立乐山中学只好搬迁到眉山县，因眉山县要比乐山小，被轰炸的概率小；乐山县立中学也移到乡下，所以城里没有初中。吴新智考取了两所初中，省立中学距离乐山县城 150 里，交通十分不方便，需要长期住校，回家的时间很少，在兵荒马乱的年月不安全，经过和家长商量后没去省立中学，上了乐山县立中学。

县立中学 1930 年成立，为防止日军轰炸，县立中学搬到乐山北郊距县城大约 20 里的毛锅厂，将民居改作校舍。此外新盖了教室，把竹竿锤扁，然后一片一片地编成墙，编的时候中间留空，以便通风和采光。在学校住 30 多人排成大通铺的小寝室。吴新智随身携带一个竹编手提箱，在手提箱外，父亲画了个空心红五角星，中间写了一个"智"字。

因师资力量匮乏，学校整体教学水平和管理都很差，初中一年级应当教两册英语，但只学了一册。那时候，学生的水平参差不齐，因小学都不记笔记，所以很多字只是认识会读但不知道怎么写，初中后要求记笔记。有一堂国文课，就是现在的语文课，老师在前面讲，语言有各种各样的文体，有散文、寓言等，因有的同学不知道寓言，在笔记中写成了"鱼眼"。

体育老师倪寿椿兼管学校校医室，校医室非常简单，根本没有太多的药品，仅准备点化学试剂而已，偶尔上化学课拿出来简单演示一下，但从来没做过实验。倪寿椿老师爱人体质差，后来患病去世了。倪老师非常压抑，曾投河自杀，校长知道后就派一个他喜欢的学生陪伴他。后来他从自己掌管的校医室拿出毒药服毒身亡。同学们对倪老师非常怀念，跟随他逃难到乐山的仆人将他们夫妇葬在乐山，抗战胜利后，那位仆人将其尸骨挖掘出来回老家合葬。

倪寿椿老师如此痴情，在学生中广为流传。吴新智也为倪老师的自杀感到惋惜，对倪老师的痴情也怀有深深的敬意。在当时社会动荡和经济衰败的环境中，国破家亡，人人自危，尚有人如此痴情，吴新智在理解中也多了一份社会责任感，决心努力学习，将社会的黑暗扫尽。

学校离家较远，只有周末才能回家。每个周六下午要徒步走 20 里回城，穿城再走 5 里，翻过一座小山梁才能到家，周日中午再从家徒步及时返回学校报到。如果回校迟到了，就会被禁假，也就是在接下来的周六不得请假回家。吴新智曾被禁假过一次，好在老师非常和蔼，并没有太多的责怪或训斥，都是和颜悦色地讲道理。

学校的生活非常艰苦，伙食很差，平时一律是水煮菜叶。学校每个星期打一次牙祭，吃回锅肉，放许多辣椒，吴新智此前是不吃辣椒的，但怕辣就无法打牙祭，所以硬着头皮吃辣椒。周末回家从家里带瓶酱油或者一小罐猪油，用来拌饭吃，这就是改善生活了。米饭是蒸的，一个大木桶放到锅上蒸，蒸熟了以后把木桶抬到操场上。因吃不饱，大家在打饭时很少相互礼让。一次，班级个子最小的同学在盛饭时被后面的同学拥挤，将饭盆掉落饭桶中，挤在前面的同学赶紧大喊不要拥挤了。由于生活艰苦，营养很差，老师说吴新智面如菜色，就是白菜那个样子，发绿的、发青的，营养严重不良。

吴新智喜欢做手工，曾做过一条小木船，很简陋，一块木板锯成船的形状，用木头雕成螺旋桨，底下用橡皮筋捆上做动力，因动力不足，所以放在水盆里不能前行。他利用自己学的物理知识，发现原因是摩擦力太大，为减少摩擦力，就到山上找植物的种子，用非常光滑的种子帮助螺旋桨减少摩擦力。类似的小玩具及衣服等，都是吴新智研究的对象。学有所用，培养了动手能力，也训练了思维。

1941 年夏，吴新智家住在马蹄冲，上学要翻个小山梁，再走几里田间小路。每逢下雨天就光脚穿草鞋，摇摇晃晃地踩着田间小路边上的野草，因为四川的土壤是黏土，雨天的地面很滑，踩着草不会滑倒。走到城墙外的小河边再脱去草鞋，把鞋洗干净，湿漉漉地藏在附近场子的木头堆里，换上布鞋进城上学。放学回来再换鞋，大冬天也是如此。

有一次吴新智在上学途中路过一个小村庄，有一条狗跟在他后面，他也不在意，突然之间那条狗就照着他的脚后跟咬了一口。被狗咬后，他腿疼得很，留下狗的两排牙印，出了血。当时也知道有狂犬病，但若打狂犬病疫苗得到重庆或成都这些大地方，乐山这样的小城市根本没有疫苗，兵荒马乱的，也根本难以支付交通费等支出。没办法，他只好一瘸一拐地走到城里，到父亲工作的地方找了点牙粉敷一下，最后留下了瘢痕。当时，对野狗咬伤潜伏期出现症状甚至导致死亡也只能听天由命，家长也都忐忑不安。

初中二年级的时候，吴新智转到私立乐嘉中学，即后来的武汉大学附属中学。

1938年年初，日军包围武汉，武汉岌岌可危。为躲避日军侵略，保护师生安全，国立武汉大学校务委员会决定西迁，并选定风景如画的乐山作为临时校区。4月29日，国立武汉大学迁至乐山，分住于城区各大庙宇内。国立武汉大学的教授们在抗战前的生活非常好，一般每个月有300元的薪酬，在当时生活可以安排得非常舒适，但抗日战争爆发后，飞机轰炸，民不聊生。武大老师的工资跟不上飞涨的物价，大学教授的生活也十分困难，"教授教授，越教越瘦"是当时对教授的形象描述。大学里很多教授为生存到外面中学等处兼职，赚取工资外收入以养家，其中有杨人楩教授、张远达、余先觉和曾宪昌等。由于这些教授到中学兼课，提高了附中的教学水平，使学生受益匪浅。

乐山城区经常受到日军飞机骚扰和肆虐，空袭警报频传。城内的各中学为了躲避日军飞机轰炸，纷纷转移至乡下，武汉大学教职工子女的就学也随之受到影响，极为不便。国立武汉大学的教授们对本校教师子女特别是女孩子到城外上学不放心，所以就多方奔走呼吁。

1941年7月，学校正式命名为"国立武汉大学附属乐嘉中学"（简称"武大附中"），后来改名为"国立武汉大学附属中学"，创校时设有初中一、二年级和高中一年级共三个班，学生164人，教职工12人。高一班的学生欧阳予后来成为中国科学院院士，武汉大学工学院教授涂允成任校长。1943年办齐了初中和高中的六个班。为解决校舍问题，高中部设在九

图 2-2　2013 年 12 月 4 日吴新智在乐山四中（原武大附中）留影（李雅范摄）

龙巷杨姓大院内，初中部设在铜河碥王爷庙，学生宿舍则分别设在杨姓大院和泊水街居民房内。学校设备设施十分简陋，仅靠武汉大学赠送的两台显微镜和部分木制黑板、课桌、座椅以及部分自制的简易教具，就开班办学。

武大附中以"教学认真、考试严格、学风自由、思想活泼"著称，在抗战时，教师几乎全是来自大学的教授、讲师。教过吴新智的有：国文教员杨人楩、李格非；数学教员张远达、夏振东；英语教员许海澜；生物教员余先觉等。新中国成立后，李格非任武汉大学中文系主任；张远达后来成为国内大名鼎鼎的数学家，曾任武汉大学数学系主任；许海澜后来是武汉地区的著名教授；余先觉曾任武汉大学生物系主任。当时老师们和蔼可亲，堪称楷模，对学生循循善诱，对工作认真负责。如张远达老师讲起课来，常常滔滔不绝，口若悬河，在黑板前来回走动，讲热了，把衣服一件一件地脱下，直到穿件衬衣还在出汗，声音沙哑了也不停止讲课。这些教师们给学生留下的印象是至深且厚的。

讲授英语的许海澜①老师在学生中非常出名，她是一位美国华侨的女

---

① 许海澜（1898-1997），女。武汉大学美籍华裔教授，祖籍广东新宁（今台山），生于美国纽约。1920 年毕业于美国康奈尔大学文学院，美国哥伦比亚大学博士。1925 年回国后，长期从事英语语音研究与教学，以友善爱国、淡泊名利著称，九三学社社员。

儿，母亲是美国人，弟弟是纽约工务局局长。哥伦比亚大学毕业后，她与在美国留学的桂质廷结婚，之后跟着丈夫回到中国。因为她刚刚回国，不怎么会说中国话，所以开始上课的时候全是英文，偶尔有听不懂的就用手势。许海澜对学生非常友善，因人施教，关心学生细致入微，关心大家的疾苦。同学们十分喜欢这位英语女老师，下课经常聊天，她也把自己所知道的和倡导的观念都传给大家。许海澜后来成为一位非常出名的老师，《人民日报》登过她的事迹，毛主席还接见过她。吴新智对许海澜老师也是念念不忘，1977年到武汉大学，79岁高龄的许海澜老师还领着吴新智在珞珈山上东走西走，到处找国立武汉大学附属中学时的老师张远达、余先觉和夏振东等。

国文课老师杨人楩教授，是研究法国大革命的专家，讲起课来十分有趣，吴新智很喜欢上国文课，甚至将上课作为一种享受。杨人楩教授在教古文过程中，讲解韩愈《答李翊书》的"惟陈言之务去"，给吴新智留下深刻印象。他倡导在创新中撰写文章，作文不要陈词滥调，一定要去掉人云亦云的内容，要求学生写文章、写作文要学习《大公报》，要像上海的《大公报》那样直抒胸臆，不要拐弯抹角、东拉西扯、不知所云，应惟陈言之务去，做到条理清楚，开门见山，去掉废话，不无病呻吟。"惟陈言之务去"后来也成为吴新智的座右铭，影响了他的一生，采访时他记忆犹新。此后，吴新智写文章或做讲演，都喜欢单刀直入，不说套话废话，正是受此影响。

在日本侵略中国的形势下，老师就讲科学救国的道理，那时候的学生对科学救国的印象特别地深刻，因为科学不发达就被人家欺负了，爱国的烙印打得特别深。学校那时候强调礼义廉耻。城里到处都有标语：礼义廉耻，国之四维，四维不张，国乃灭亡。教育学生明是非，爱国家。

武大附中的读书氛围非常浓厚，整个学校给人一种别致清新的感觉。虽然日常学习似乎很轻松，但要求非常严格，各科目中有两科不及格就降班，几乎每周都要测验，因进度比较快，必须及时跟上。教材水平也很高，初中英语文法用的是赖特迈尔（Rightmire）编的英文课本，高中代数用的是范氏大代数的课本，与大学的课程衔接或者直接就包含大学课程的内容，授课内容和水平远远超过国家要求的标准。同学们为紧跟课程，也都抓紧时间学习，何况将来还要参加高考读大学。大学自由民主、积极向上的学习精神无形中传到中学。

武大附中的学生如同大学生一样，上课来下课走，一切都靠学生自觉学习、主动学习，在课堂上消化知识，课后自找地方完成作业，期终通过严格的考试来检验学习效果。学校常在深夜刻印试题，制办试卷，防止学生试场舞弊。一旦发现，立即撤卷停考。招考新生时，只有通过严格的考试，才能进入学校。试卷用密码，考生姓名用浮签。交卷时拆去浮签。招生评卷给分当夜完成，在次日乐山报纸上公布录取新生名单。如此迅速地办理招生工作，也是为了防止舞弊。

正因为有了这么一批知识渊博、责任心强的老师，对工作一丝不苟，长期潜移默化的影响，形成了良好的学风，自觉学习、勤奋努力的学生比比皆是。再加上学校实行了严格的考试制度和升留级制度，因而教学质量相当高，远近闻名，涌现出了一大批成绩优秀的学生。

吴新智在中学的时候，因为父亲喜欢京戏，从小也就跟着哼哼。他耳濡目染，在经常熏陶中也喜欢上京剧。他还记得，父亲在家里哼哼《捉放曹》，"听他言，吓得我心惊胆颤"。吴新智中学同学李永定的叔叔也特别喜欢京剧，根据唱片抄写出五线谱，李永定就带过来一起学唱，往往是吴新智拉京胡，他们唱①。

有时候父亲带他去看戏，但机会很少。到中学的时候，特别是在高中，有几个同学很爱好京剧，柳绍铭、李永定等在一起，大家组织起来一起唱京剧。吴新智回忆说："我的嗓子不行，没有音乐天赋，拉胡琴手指头按到那个地方就出来一个音，稍微差一点就没有了，变不了音，所以就拉京胡，他们就唱。若没事，晚上就到校长家里，听留声机，听北平的广播。那是第一次知道张君秋，张当时才二十九岁。几个人还成了京剧迷。"吴新智的京胡技艺颇佳，常常应邀演奏。到了大学，因为很忙就放弃了。在高中的时候，吴新智还常打桥牌，也是这几个人打，他觉得打桥牌是一

---

① 吴新智访谈，2014 年 5 月 15 日，北京。资料存于采集工程数据库。

个很好的锻炼脑子的方法。

吴新智与同学彭大振、柳绍铭以及涂允成的儿子涂光凝等十一个人还组成排球队，起了个响亮的名字叫"士联"队，因"士"字拆开就是"十一"。

广泛的兴趣可能对他以后的成长起了不少的作用。

1941年秋天，上海银行搬回闹市区，家属也随之搬到陕西街。房子在山脚下，房子后山原来有山洞，银行雇人将两个山洞凿通，一旦防空警报响起，大家都跑到山洞里躲避，洞里阴冷潮湿，但是为躲避日军轰炸常常不得不在其中过夜。

1941年弟弟吴新嘉出生，平日吴新国取奶喂吴新嘉，星期六吴新智从学校回家，也一起去取奶。这时候，仅靠父亲薪水养家的生活更加困难，吴新智看到父母生活的艰辛，加之母亲体弱多病，常陪她去看病，懂事的他很少在放学后出去玩耍，而是在家帮做家务，也带弟弟妹妹们。此外，就是读书，很少走出家门。

12月，日本偷袭珍珠港后，美国放弃观望态度，陆海空等不同军种全面参加对日作战，1942年、1943年，美国的飞机以成都为基地轰炸日本飞机场，使日军飞机再也不能来袭扰大后方，所以乐山就没有再遭受到日军的轰炸。虽然不再受飞机轰炸的威胁了，但生活依然很艰苦。

1943年，吴新智进入高中一年级，高中课程包括国文、英语和数理化等。英语和国文每个年级都上，高一学生物、代数，高二学化学、几何和三角，高三学物理、立体几何、解析几何。高中一年级教室很大，90多人，比较嘈杂。吴新智一开始就发奋读书，刻苦学习。自小学到高中，吴新智的成绩大部分都是班级中第一名，仅在高中一年级上学期考了第二名，这是他首次考试失利。

高中以后，吴新智也不再一味将自己关在家里了，有时候出来打打桥牌、拉拉京胡。吴新智玩桥牌的时候很专业，每次出牌都要考虑、思考。还学会了骑自行车。有时瞒着家长与同学到河边游泳，但是不得其法，没有学会。国立武汉大学每年11月29日是校庆日，这一天开放所有的实验室，甚至连女生宿舍都开放，那时同学们戏称其为"白宫"。大家参观的主要是实验室。有望远镜及其构成原理展示、化学实验、静电反应，静电使人的头发都立了起来，这些都引导着学生对基本物理知识和科学知识的兴趣，更主要的是对知识的无限渴望和期待。

柳绍铭从 1941 年秋到 1946 年秋一直和吴新智是中学同学，二人在国立武汉大学一年级还是同学。这期间还有个小插曲。

武汉大学附属中学高中一二年级的时候，吴新智考虑到将来读大学，为了确保自己能不间断地获取上海商业储蓄银行的奖学金，以减轻家里负担，也为了不耽误自身学业，就想提前参加高考升大学。便跟同学柳绍铭说，想自学三年级的课程，高中二年级结束就考大学。柳绍铭本来没想过提前报考国立武汉大学的，吴新智将自己的想法说出后，受吴新智鼓动和影响，决定跟他一起提前预习，报考国立武汉大学。高中二年级刚结束，二人都报考了近在乐山的国立武汉大学。

吴新智本来预备报考医学院，将来成为自由职业者，也可以给母亲看病，但国立武汉大学没有医学院。当时距离乐山最近的医学院只有位于成

图 2-3　2013 年 12 月 4 日吴新智在乐山文庙（原武汉大学西迁纪念碑）留影
（1945 年吴新智高中三年级时曾经在武汉大学法学院学习。李雅范摄于乐山）

都的私立华西协和大学医学院和位于重庆的中央大学医学院，但来往参加考试需要一笔不小的费用，吴新智又不想给家里增加负担。他牢记父亲的教导：远离当时黑暗的政治，做自由职业者，保证自己生存，帮助穷苦人家。除医学外，法律是当时不错的选择，因其感觉法律出来可以做自由执业的律师，维护自身权利，也维护贫穷人的权利，又远离黑暗的政治。最终报考了国立武汉大学法学院的法律专业。因为没有高中毕业证书，所以只能以同等学力的资格报考。二人很害怕校长反对，所以不敢用自己的名字报考，吴新智便用夭折的弟弟吴新基的名字报考国立武汉大学法律系，柳绍铭以柳焯的名字报考了物理系。柳绍铭怕被认出来，买了副平光眼镜戴上照相。后来校长并没有强烈反对，二人顺利参加了考试。考试成绩榜出来后，吴新智考了第一，大家都奔走相告，赞不绝口。柳绍铭也如愿考取国立武汉大学。

本来吴新智好读书在职工院子里是有名的，这次考取国立武汉大学，

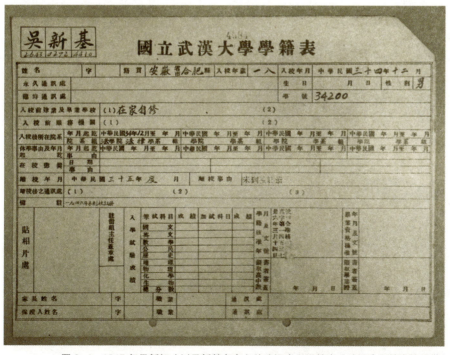

图2-4　1945年吴新智（以吴新基名字）的武汉大学学籍表（武汉大学档案馆提供）

在家长中更是轰动了。有很多同学知道他们考取大学后，都后悔没跟他们一起参加考试。1929 年出生在四川乐山的欧阳秋，高中一年级与吴新智同班。虽然当时男女生来往不多，但欧阳秋仍很了解吴新智，因他的成绩一直非常好。吴新智与柳绍铭报考国立武汉大学的事情传开来，欧阳秋还很后悔自己没有提前参加高考。

当时武汉大学的工资款存放在上海商业储蓄银行，父亲任出纳，每月按时到武汉大学给教职员工发放工资薪水，结识了不少教授。回家后经常对家人讲大学和这些教师的事情，使吴新智对这些大学教授等中国知识分子的品德和情操产生了崇敬的心情，在心中树立了无形的标杆。吴新智对武汉大学也产生了感情。每逢星期日，吴新智和家人一起到离家不远的武汉大学体育场观看学校组织的篮球比赛。

吴新智以吴新基的名字在大学自修法学课程的同时，还继续读高中三年级的课程，准备来年报考医学院。因不能同时参加听课，所以父亲就给吴新智出具了吴新基在家修法律课程的同意书，但与大家一样参加考试。他在国立武汉大学听课初期结识了一些同学，以后便向他们借听课笔记

图 2-5　2014 年吴新智与柳焯合影（李雅范摄于吴家）

来抄。

柳焯考取国立武汉大学后，不再回到高中上课，后来比柳焯高一年级的武汉大学同学劝他说，将来毕业不可能研究原子弹，就奉劝其一同转到工学院，他就转到工学院电机专业。抗日战争胜利后，国立武汉大学从乐山搬回武昌。1950 年毕业后，当时的湖北省人民政府主席李先念，亲自给武汉地区的高等学校学生做动员报告，希望大家服从组织分配，到祖国最需要的地方去，为建设社会主义新中国贡献自己的力量。柳焯先到哈尔滨工业大学跟苏联专家学习，后来就留到哈尔滨工业大学工作至退休。

吴新智读书的乐嘉小学、乐山县立中学、乐嘉中学及国立武汉大学附属中学，都没有三民主义青年团 [①] 的组织。初中设有童子军，每人发一根棍子，穿着制服，吴新智的制服是妈妈缝制的。吴新智因学习好，被老师指定为童子军的小队长。初中时，学生因师生矛盾曾组织过罢课，罢课期间同学要吴新智给同学们补课。吴新智和柳绍铭虽然没有直接参加进步组织，没有直接阅读传播辩证唯物主义、历史唯物主义等相关进步书刊，也不像进步学生那样直接参加马列主义的学习，但在进步学生和老师的带动下，也受到潜移默化的影响。

1944 年，吴新智与柳绍铭在备考国立武汉大学的时候，班级就十分活跃。学生在德智体美等方面都得到充分发展，讲授文史哲的老师也宣扬科学救国的道理，大家无形中都受到影响。

上海银行是私立银行，董事长陈光甫 [②] 是一个非常有名气和有眼光的资本家，经常教导员工要尊重顾客，他们的杂志也宣传顾客是衣食父母，这种回馈社会、报答社会的思想在吴新智内心深深扎根。后来这种思想演变成为行动，特别是吴新智当选院士后，经常有不同单位和人员邀请其讲课、做报告、讲演，吴新智认为这是对社会的回馈，从来不推托，有求必应。银行还给优秀大学生设有专门奖学金。抗日战争时，职工流离颠沛、

---

① 三民主义青年团，简称三青团，是国民党领导的青年组织，于 1938 年 7 月 9 日在武昌正式成立。

② 陈光甫（1881-1976），江苏省镇江人，原名辉祖，后易名辉德，字光甫，以字行世，是上海商业储蓄银行与上海商业银行的创办人，知名银行家、企业家。

图 2-6　晚年生活（2014 年李雅范摄于北京住所）

生计窘迫，生活十分艰难，所以银行也给本行的职工子弟中学习优秀的中小学生发放奖学金。吴新智为减轻家庭生活负担，便抓紧一切可以学习的时间，确保自己的学习成绩名列前茅，从小学五年级开始一直到高中毕业，都是依靠银行发放的奖学金读书和生活。

当时，生活的艰难使得人们天天期盼战争结束，早日过上和平的生活。所以都非常关注战争进展情况，武汉大学有学生将夜里从广播听来的内容记录下来，第二天公布到公园门口，供人们阅读。后来，乐山驻军办了份报纸——《诚报》。吴新智天天盼望抗战早日胜利，恢复和平，他关心战事进展，每天必看这些材料。爱读书的习惯是自小就养成的，读报纸的习惯是在乐山养成的，这个习惯一直持续到晚年。

1946 年暑假前，吴新智读完高中三年级后顺利获得毕业证书，也获得了大学一年级的学分和"复原护照"（帮助学生从四川回到武汉路途中无阻通行的证件）。此时父亲所在的上海银行正好要恢复和发展在沦陷区的业务，父亲奉调去上海，一家人就从乐山奔往上海。

第三章
踏上学医之路

同济大学新生院

1946 年夏天，上海商业银行收缩大后方的网点，将业务扩展到从日本铁蹄下收复的地区，吴瑞庭也被调往上海。全家便离开乐山，搬到上海。全家离开四川时正值高考季节，吴新智预计在路上报考大学，途经贵州、湖南，再从武汉乘船经南京去上海。本来沿路可以报考贵阳医学院、湘雅医学院，在武汉、南京等地可以报考中央大学医学院，但是由于交通困难，错过了在这些地方报考的机会。

银行租用的卡车烧木炭，电路、油路经常出现问题，所以时常需要检查维修部件，吴新智也学会了维修汽车。这样走走停停就耽误了行程，深秋才到达上海，大部分学校高考已经结束。仅剩沈阳医学院、同济大学医学院、山东大学医学院还可以报考。沈阳医学院在日本占领时期是南满医学院，抗战胜利后接管过程耽误了时间。同济大学医学院在上海原来的校舍于"一·二八"淞沪抗战①时烧毁了，抗战胜利后回到上海需临时找房子，开学招生考试就迟了。成绩优异的吴新智顺利通过了三所学校的考试，被三所学校录取了。沈阳医学院的设备当时比较先进，但离家过远，东北正在打内战，山东大学医学院也有点远，而同济医学院的名气大，离家又近，最终选择进入上海的同济大学医学院读医学。

开学已经是1947年的春天了，当时新生院的宿舍是战前上海市图书馆的书库，教室用的是现在第二军医大学校史馆所在的"飞机楼"，两者相距不远。

飞机楼造型似双翼飞机。在"一·二八"淞沪抗战后，国人深感航空落后被日本帝国主义欺压之苦，于1933年元旦在上海成立以"提倡国民航空事业，研究发展航空技术"为宗旨的中国航空协会，飞机楼就是1936年落成的该协会的办公和活动场所。

当时抗日战争刚刚胜利，物资匮乏，学生生活无法保证，所以学生就

图3-1　吴新智在原同济大学新生院宿舍前留影（2014年李雅范摄于上海）

---

①　1932年1月28日晚，日本侵略军突然向上海闸北的国民革命军发起进攻，十九路军在蔡廷锴军长和总指挥蒋光鼐的率领下奋起抵抗。

自发在上课的教室——飞机楼前开辟空地种植蔬菜，以补助伙食。

新生院的学生，也就是报考医学院、工学院、理学院等未学过德文的新生，就在飞机楼上课学习。其实当时很多高校是开设英文的，并非必须学习德文。同济大学的创始人非常注重自己的母语，所以学校整个教学过程及图书资料全部为德文。类似的还有法国人在上海创办的震旦大学[①]，需要开设法语。

新生院的全部学生都在工字形楼的书库住宿和在临时修建的平房就餐，工字形楼距离飞机楼不足 500 米。因抗战刚刚结束，伙食十分差。寝室里是上下铺，每个床铺宽度 1 米左右。

1947 年，随着人民解放战争的不断胜利，国民党统治区的经济、政治、教育危机日益严重。青年学生遭受着无穷灾难。5 月，学生们在共产党地下组织的领导下，分别从不同角度进行反对各种不合理问题的分散斗争，举行了"五四"纪念活动。上海学生进行了反内战、反压迫、反卖国的宣传。清华大学自 5 月 17 日起罢课 3 天，并发表《反饥饿反内战罢课宣言》，得到各校响应。北平学生在罢课期间，各校组织宣传队分赴市区向各界群众宣传反饥饿、反内战。

5 月 18 日，国民党政府发布《维持社会秩序临时办法》，严禁 10 人以上的请愿、罢课、罢工和示威游行。这个办法遭到全国学生的强烈反对。次日，上海学生 7000 余人欢送沪杭区国立院校学生"挽救教育危机进京代表联合请愿团"，并举行"反饥饿、反内战、反迫害"大游行。其他各地学生也纷纷派代表赴南京请愿。20 日，京沪苏杭地区 16 所专科以上学校 6000 多学生为"挽救教育危机"举行联合大游行。

同日，华北地区 21 所大中学校学生，在北平、天津举行"反饥饿、反内战"万人大游行。南京、天津的游行学生遭殴打，造成了震惊全国的"5·20"血案。国民党的暴行更激起了学生的愤怒，他们继续以罢课游行等行动同国民党反动派进行斗争。从 5 月下旬到 6 月中旬，"反饥饿、反内战、反迫害"的口号声，响遍了武汉、西安、长沙、重庆、成都、福州

---

① 上海震旦大学成立于1903年，是中国最早的天主教教会大学。1952年院系调整时被撤销。

等国民党统治区 60 多个大中城市。国民党统治区城市里几乎所有的大学生和大部分中学生参加了斗争，人数达 60 万。这次运动是中国学生运动史上规模最大的一次。全国各阶层人民也纷纷起来声援爱国学生的正义斗争。这次运动与人民解放军反击蒋介石反动军队的战争相配合，沉重打击了国民党的反动统治，为全国的解放作出了巨大贡献。

大罢课时，吴新智等同济大学新生院 46 级的学生刚刚学习德文和数学不足四个月。全市的学生罢课后，学习根本无法保证，德文课也无法开设了，接下来以德文学习医学就十分困难。吴新智等便考虑报考用英语授课的国立上海医学院。

入读国立上海医学院

1927 年，国立第四中山大学医学院在上海吴淞创立，是中国国立大学创办的第一所医学院，颜福庆 [①] 出任首任院长。1928 年 2 月，第四中山大学更名为国立江苏大学，1928 年 5 月再更名为国立中央大学，医学院先后更名为江苏大学医学院、中央大学医学院。1932 年，国立中央大学医学院独立为国立上海医学院，为当时中国唯一的国立医学院。1936 年，枫林桥新校舍和中山医院同时建成。1937 年抗战全面爆发，内迁至云南昆明白龙潭；1940 年辗转迁至四川重庆歌乐山，由朱恒璧任院长。1946 年抗战胜利后，迁回上海。

国立上海医学院是当时与协和医学院水平相当的医学院，颜福庆创建国立上海医学院的原因就是考虑当时中国自己开设的医学院校很少，协和医学院虽然名气很大，但毕竟是外国人开办的，并且招收的学生数量过

---

① 颜福庆（1882-1970），医学教育家，公共卫生学家。他先后创办湖南湘雅医学专门学校（湖南医科大学前身）、第四中山大学医学院（复旦大学上海医学院前身）、中山医院、澄衷肺病疗养院（上海第一肺科医院前身），并与中国红十字会订约合作，接办该会总医院（上海医科大学附属华山医院前身）等医学教育和医疗机构，为中国医学教育事业作出了卓越的贡献。

少，难以改变中国医学人员缺乏的状况。所以从国家命运考虑，四面筹款，聘请国内外著名的专家学者创办了这所学校。

当时学生录取率十分低，1946年近2000人报考，正取30人，备取15人。[①]严格控制招生人数是录取率低的重要原因，此前国立上海医学院的招生人数高于30人，因受政治影响以及高淘汰率的影响，前几届学生一年级要淘汰一部分，这样虽然提高了在校生的总体素质，但被淘汰的学生谋出路就很难，加之学生运动比较多，校舍有些不足，因此学校决定1947级仅招生30人。因正取的30人中有部分进入其他高校，后来备取的15人也都进入国立上海医学院。同济大学新生院中有多人参加国立上海医学院的招生考试，但仅有吴新智和贾士铨两人被录取，他们毕业后分别到大连医学院和山东医学院任教。

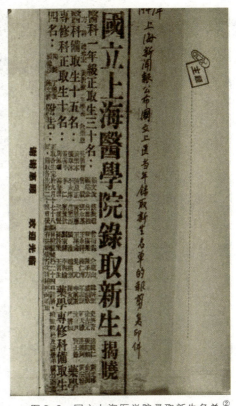

图3-2　国立上海医学院录取新生名单[②]（1947年《上海新闻报》公布，范维珂提供复印件）

国立上海医学院最初在红会医院，也就是后来的华山医院，后搬到枫林桥。枫林桥宿舍崭新漂亮，校门口的牌子书写着"国立上海医学院"。开学第一天，院长朱恒璧讲话强调："今天开学了，你们今天在座的有哪一位是想毕业以后去当开业医生的，请你现在就退学，我们学校不教这样的学生！我们就是要在国内培养一批很出色的人才，你们要为发展国家医学事业拿出你们的力量来，你们不是为了赚钱的，要培养一批优秀的医学人

---

① 申功述访谈，2013年11月29日，重庆。资料存于采集工程数据库。
② 报纸原件在颜文俊处，本件是范维珂复印的。

图3-3　院士同学（2004年院士大会。左起：吴新智、韩济生、沈自尹、曾毅。韩济生提供）

才，以后为我们国家的医学发展作出贡献！"

　　颜福庆办国立上海医学院，立誓将国立上海医学院办成一所国内高水平的自主医学院，要达到甚至超越协和医学院的水平。所以规定国立上海医学院的教授不能开业，必须专心致志教学。国立上海医学院的学生都能刻苦学习，后来在上海医学院文化座谈会上，大家回顾学校的文化氛围的时候，谈论最多就是认真，要求严格。正是这种认真严格的精神文化，造就国立上海医学院47级学生中有4位同学被评为中国科学院院士。

　　1947年是国立上海医学院建院以来招生人数最少的一届，1952年实习时被分到各个医学院校高级师资进修班进修，录取率低的最大好处是录取的人能力都很强，学习也都非常努力。后来该班走出多位院士专家，也是受益于国立上海医学院严谨的学风。当时国立上海医学院有18位一级教授，人数仅次于清华大学，一级教授学问涵养都非常高，并且这些教授都直接给学生上课，亲临教学第一线，如内科林兆耆（1907—1992）教授是

《实用内科学》的主编；外科沈克非（1898—1972）院长上课非常精彩，简明扼要，切中要害，自然同学们的收获就非常大。沈克非院长讲普通外科时讲治疗原则——有脓必排，就是外科遇见有化脓的情形一定要排掉。同样的原则在内科也适用，肺脓疡里的脓一定要排掉，支气管扩张，脓积在里面像一串一串的葡萄，治疗的原则就是杀菌、排脓。

中国科学院院士、北京大学医学部教授韩济生回忆国立上海医学院时，饱含深情地说："包括吴新智在内，我们班级走出四名院士，大家都很成功，这与国立上海医学院的文化熏陶和知识教育分不开。我也是有特别扎实的上医的根底，所以才能得心应手。"[1]

上海那时物价飞涨，吴新智至今还记得经常到学校附近建国路的一个菜市场购买"虾酱"罐头，那是将各种海产品的下脚料打碎制成的，因为特别咸，能帮助下饭。有时在晚饭后散步时还会顺便到附近的泰康饼干厂购买一些因为破碎不适合装桶而廉价处理的碎饼干作为零食，当时这些就是一种生活享受。

上海医学院的要求十分严格，生物、化学每个星期都有小测验，英语就是 quiz。起初同学们都很厌烦这种考试方式，因根本没时间玩耍，刚学完就要复习考试，一学期下来都在不断学习复习中，很紧张。但后来同学们反倒很希望能及时进行 quiz，因如果不及时进行 quiz，则下次考试的时候要考更多的内容，复习起来更困难。有的老师英文水平高，有的老师英语水平并不十分高，但上课全程用英语讲授，有时也会不知道翻译成中文怎么表述更好。前三年没有讲义或其他"教材"，同学们复习靠课堂上记的笔记和从图书馆借的英语参考书。在上海和苏、浙地区上中学的同学们英文底子好，对这种教学方式一般都能适应。幸亏吴新智在中学时学过英语，特别是听过许海澜老师的课，所以还能跟上课程。

1948 年 2 月，在苏州东吴大学[2]读英文系的申功述看到国立上海医学院招五名插班生，就联合其他两名同学报考，插班进入国立上海医学院学习，与吴新智同班，住在吴新智隔壁。申功述的家乡在苏州，抗战胜利后

---

① 韩济生访谈，2013 年 11 月 15 日，北京。资料存于采集工程数据库。

② 东吴大学：民国时期设立的教会大学，苏州大学的前身，是中国第一所西制大学。

就读国民党在南京建立的金陵大学[①]，一年后分到中政院，申功述不愿意从政，所以再次参加高考进入东吴大学英语系，读两年后发现国立上海医学院招插班生，便放弃报考北京医学院，参加国立上海医学院的招考并被录取。已经读过金陵大学和东吴大学的申功述仍旧感觉到国立上海医学院的学习紧张，一个年级只有30多人，上课全部用英语，不到5点钟时，天还没亮，学生就起床晨读，就连两节课中间的休息时间也很少有同学走出教室休息，大家仍旧是在教室内看书。晚上熄灯后还要学习，有的同学学习特别刻苦，宿舍熄灯后躲到厕所里看书。周末的时间也大部分用来学习，周日上午大家有事情需要处理的出外处理事情，中午前回校园吃饭，下午接着看书学习。刻苦学习已经成为国立上海医学院的校风并内化为文化和自觉。

丛铮是吴新智的同班同学。1948年，丛铮在交通大学的弟弟是学生会负责人，暑假的时候被国民党传信，即被通缉了。冬天，上海医学院的特务学生开始关注丛铮。寒假丛铮从上海回南通时，南通已经解放，南通到上海的交通中断。丛铮的父亲原来是中学老师，正在撰写文章，并且又正好生病，所以丛铮就留在南通代替父亲上课，等待上海解放才回国立上海医学院。但不能跟原来班了，就退到下一班，即吴新智班。正好新中国成立后有很多事情要开展，丛铮担任学生会主席和院务管理委员会委员，创始人颜福庆是管理委员会主任，华东卫生部副部长宫乃泉是副主任。丛铮后来到上海市宣联并作为上海市人民代表，班里活动有时候不参加，班长吴新智将班里团结得很好，互相照顾都很周到，吴新智也常常组织一些班里的活动。[②]

丛铮经常参加活动，晚上回来就晚，一般大家都休息了，其他同学早上都出去锻炼、做操，因知道丛铮回来得晚也不叫他，但在床头、书架、书桌上贴纸条提醒丛铮要注意休息，别睡得太晚。丛铮跟吴新智等同学开

---

① 金陵大学是美国基督教会美以美会（卫斯理会，Methodist Church）在中国创办的教会大学，前身是1888年在南京成立的汇文书院（Nanking University）。1910年，宏育书院并入汇文书院，成立私立金陵大学（Private University of Nanking），有"江东之雄"美誉。1951年9月，私立金陵大学与私立金陵女子文理学院（原金陵女子大学）合并为公立金陵大学。1952年院系调整，金陵大学和南京大学合并为新的南京大学。

② 丛铮访谈，2013年11月15日，北京。资料存采集工程数据库。

玩笑称这是贴大字报。

国立上海医学院与吴新智同时入学的同班同学中，有部分同学是在其他高校读过一年的，如吴新智和贾士铨就是从同济大学新生院过来的，曾毅在复旦大学化学系读过一年，颜文俊、陈星正和徐德芳分别在圣约翰大学[①] 医学院、震旦大学医学院和浙江医学院读过一年。也就是有的同学已经读过一个大学，再报考国立上海医学院，由此可见竞争的激烈程度和对上海医学院的向往。就生源区域而言，来自上海的同学仅五六名，大部分是来自其他省市的学生。

国立上海医学院经常举行临床病理讨论会，患者入住医院后经过各项检查、诊断、治疗，如果最终患者并没有抢救成功而死亡，做病理解剖后就在最大的阶梯教室召开临床病理讨论会，老师学生自由参加。首先由主管医生介绍处理患者的过程，包括初步诊断、检查事项、诊疗措施及效果；然后由参加讨论会的人员各抒己见，根据自身知识和思维对患者患病情形进行判断；最后由病理解剖人员将解剖结果及分析过程详细介绍给大家。通过这种多次预判断、分析、研讨的过程，不仅增长了医学知识，还提高了逻辑思维能力。

这种根据一定事实和现有知识进行逻辑推论判断的训练，大大提高了吴新智的逻辑思维能力，这对他此后的古人类学研究，特别是对古人类化石的判断大有裨益。与临床诊断治疗相似，对古人类化石的判断也是基于材料少、知识有限的情形下做出的判断，根据既有化石和信息，要推想到各种可能性及各种可能性之间可能存在的联系等，以及相互之间的材料印证或者否定何种判断，都需要严格的逻辑思维判断能力。后来吴新智回忆自身学习过程时，对打桥牌和临床病例讨论非常重视，认为这些活动都训练和提高了他的逻辑思维能力[②]。

在学校里由于学习比较紧张，同学之间交往不是太多，连讲话都很少，甚至有的同学之间没有讲过话。吴新智在学期间的合作伙伴是方干，

① 圣约翰大学（St. John's University），诞生于 1879 年，是中国第一所现代高等教会学府。1952 年院系调整中被撤销。

② 吴新智访谈，2014 年 2 月 6 日，北京。资料存于采集工程数据库。

当时用英文说是 partner，他们两人解剖一具尸体，一人解剖一边，做化学实验或其他实验也是一个小组，两人共同学习，互相帮助。

国立上海医学院一般都是教授上课，讲师很少讲课，更多是带实验。王永豪老师跟随齐登科老师学习，因齐老师感染肺病过世，王永豪老师就接替齐老师上解剖课，一边用英语讲授医学知识，一边用粉笔在黑板上画示意图。后来王永豪与吴新智都成为解剖学会的会员，王老师还谦虚地称他为新智教授，给吴新智留下深刻印象。

林国镐老师基本上每个星期都要测试，随堂突然袭击，并不预先告诉测验时间和内容，以此促使同学们课后努力学习。徐丰彦老师本来擅长消化生理和神经生理，朱壬葆 [1] 老师擅长内分泌，但老师们为提高自己不擅长专业的水平，交换原来负责授课的内容，由徐丰彦老师讲授内分泌，朱壬葆老师讲授消化生理和神经生理，以此拓宽自己的学识和改善知识结构。同学们从中意识到努力学习和不断进取的精神，不仅要发展自己的专长，还需要弥补自己的短处，进一步促使同学们刻苦学习。

国立上海医学院严谨敬业的学风深深印在学生们的头脑中，教会他们应如何做人，做什么样的人。班里 23 个同学，出了 4 位院士，没有当选院士的能人也很多，工作中做出骄人的成绩，分别在各自的行业中具有很大的成就，享誉国内外，这都得益于国立上海医学院的严格教育。

天亮前后的革命斗争

国立上海医学院的学生刻苦努力学习的同时，积极参加社会活动，积极进取、努力斗争的精神在学生运动中展现出来。班级里有很多进步学生，甚至非常要好的同学也互相不知道底细，申功述与曾毅关系非常好，晚饭后他们常一起散步，但申功述一直不知道他是共产党地下党员。

---

[1]　朱壬葆（1909-1987），浙江金华人。生理学家，中国科学院院士。

新中国成立前夕，4月25日，上海警方派人去国立上海医学院逮捕先进分子。晚上，大批军警开车突然闯进校园，将全校师生驱赶到男生宿舍工字楼一层中部的食堂中，排成两队，一个人一个人地检查，特务军警手握着逮捕名单和照片，抓出他们已经知晓的共产党员。当时曾毅就站在申功述的前排，当叫到曾毅后将照片砸向他，然后将曾毅等地下党员强行带走，先关押在建国中学，后转移到虹口的上海商学院等待审判或者直接枪毙。但出乎意料的是解放军解放上海的速度太快，5月下旬解放军攻入上海，国民党仓皇逃窜，根本来不及处理这些学生。那些被关押在上海商学院的学生发现看守他们的军警撤离了，便逃了出来，幸运地活了下来。

有一次，国民党士兵又来逮捕地下党员学生，当时地下党支部书记是女学生，女生宿舍在顶楼，也就是主楼上面的小亭子，女生就圈起来坐到楼梯口，将楼梯口塞满，阻拦国民党士兵抓人，支部书记躲在厕所里就躲过了这次抓捕。

1949年4月25日半夜，国民党军警特务突袭逮捕了十多个同学后，同学们都不敢再继续住在学校里。吴新智姑父的儿子杨振怀在交通大学上学，4月25日夜，反动军警在其宿舍搜捕他时，他机智地逃脱了。次日回家后不敢再返回学校，也不敢住在自己家里，到其伯父杨武之家住，吴新智就住在他家。

上海解放后，吴新智在参观一个配合镇压反革命运动的展览时看见展出的反动政府档案，其中有"蒋景文，勾引交大反动学生来校教唱反动歌曲，枪毙"的字样，才知道如果不是解放军行动迅雷不及掩耳打得反动军队仓皇逃窜，那些被捕人员就会被杀害。蒋景文是上医学生"福利会"的康乐股长，那时他不是共产党员，连地下党的外围组织枫林社的成员也不是，他只是负责邀请交通大学的同学来上医教唱革命歌曲就差一点被枪毙。他在新中国成立后才入党，后来成为我国著名的神经内科专家，1953年成了吴新智的内弟[①]。

福利会是新中国成立前夕上医为了能安全度过国民党反动当局被迫撤

---

① 吴新智访谈，2014年5月13日，北京。资料存于采集工程数据库。

离上海前的疯狂时期而自发成立的学生组织，又称应变会，吴新智担任其中的生活委员，负责组织同学将教学楼前面的空地开辟成小菜园，种些辣椒之类的蔬菜，以防上海战事胶着，菜市场无菜可买。

申功述等同学新中国成立后才知道自己同班同学还有很多进步人员并加入共产党组织的。与东吴大学和金陵大学等私立大学相比，国立上海医学院的学生不仅学习刻苦，而且克服困难的精神强，学生经济条件略差，但都知道只有努力学习才能实现自己的理想，才能通过知识改变命运。

此外，国立上海医学院的学生的革命精神也非常强，全校有不少共产党员，1949年大逮捕后有些同学放弃学业，直接到革命地区参加解放战争。在校的学生对国民党的斗争也是非常坚决的。这种努力刻苦学习的精神和强烈的革命精神鼓舞着大家，形成了学习加革命的氛围。同学们对贪污腐化无能的国民党恨之入骨，对共产党十分向往和渴望，即便有的同学没参加地下组织，但大家的思想都很进步。大家非常默契地配合掩护，从不揭发举报。女生住在东楼楼顶已经损坏的旧亭子里，几张双人床，十分简陋。亭子正对学校的铁大门，吴新智等人就私下告诉盛韵姑等女生，每天晚上要派人值班，大家轮流看着学校的铁大门，一旦发现国民党军队的士兵来就鸣锣示警。盛韵姑等女生就轮流值班，坚守岗位。

1946年、1947年反内战运动中，上海大学生的代表在国立上海医学院教学楼东部南侧的松德堂（也就是药科楼）成立国立大学代表会议，来参加会议的学生大多是外校学生。特务分子报告了国民党当局，随后就来了满满一卡车军警。明知无法将国民党军警阻挡在学校外，但为保护参会人员的安全，值班学生就关上学校的铁门，告诉军警人员不得入校。松德堂虽然距离校门口不足200米，几分钟后，里边迅速改变成联欢会，而且借用基督教的名义，国民党军警人员自然无法找到任何证据，只能是气急败坏，灰溜溜地撤离了。在国立上海医学院学生的预先安排下，给外校学生佩戴上校徽，两个人护送一个人，将他们护送到安全地带。

国立上海医学院学生功课繁重，加上要求十分严格，老师上课全程用英语，学生就集中精力听，记笔记，下课后必须及时整理笔记，还要将外文原版书看完，班级气氛非常好。大家除忙于学习以外，在政治上都反对国民党统治，反对国民党贪污腐化的行径，反对其独裁行为，要求授予公民自由权。吴新智作为班长，完全赞同，班级同学在吴新智带领下，团结一致，积极参加反对国民党的斗争。由于物价上涨，导致生活艰难，同学们的生活都非常俭朴。

1949年5月24日，枪炮声轰轰响起，战斗十分激烈，后半夜战斗声停止，天下起小雨。5月25日早上，吴新智到学校去，走过重庆南路时看见解放军在人行道上一排一排抱着枪露宿街头，没有一个人去打扰群众，当时非常感动，长期压抑在心口的郁闷烦躁瞬间消失了。

到学校后，正在组织人民保安队，一人发一个袖章，到街上协助做好安全保卫工作。吴新智积极参加人民保安队，领取袖章后按照指派与钱振超一同到普希金三角地指挥交通。当时虽然上海苏州河以南地区已经解放，但国民党军队仍旧盘踞以北，从台湾飞来的飞机随时轰炸上海已经解放的地区，为防止国民党飞机轰炸，要进行防空管制，禁止小汽车上街通行。吴新智在街上执勤时看到外国人开小汽车，就用英语告诉他现在防空

图3-4 吴新智在上海普希金三角地（1949年解放上海时吴新智曾与同学在这里巡逻。2014年李雅范摄）

管制，禁止汽车上街，为了他的安全，要求他将车开回去。外国司机就按照要求将车开回，吴新智他们感觉扬眉吐气，这才真正体会到，在中国自己的土地上做起主人的自豪。

上海解放前，吴新智不问政治，只想埋头读书。而现在，他的心态改变了，积极参加社会工作。

新中国成立前，因国民党腐败无能，难以控制金融，所以上海物价飞涨。新中国成立后这种趋势难以有效遏制，还有贩卖银元的贩子趁机投机倒把。政府要稳定物价就必须"反银牛"。正在酝酿举行群众游行反银牛时，吴新智在私下表示不参加游行。他的经验是，在上海解放前，满大街到处都是吆喝着"肚兜小兜"的兑换银元的贩子（百姓称之为银牛，他们用上海话声声吆喝"大头小头"，大头指有袁世凯头像的银元，小头指有孙中山头像的银元），每当收到家里汇来的钱，马上就在街上通过银牛将钞票兑换成银元，否则立刻就会贬值。他认为银牛能帮助老百姓少受钞票贬值的痛苦。

不久，政府宣布和实行了"折实储蓄"的措施，以后才举行反银牛大游行，吴新智就积极地参加了游行。"折实储蓄"的办法包括每天公布折实单位的币值，一个折实单位等于一斤米、一尺布和其他有代表性的生活必需品一个单位的当前币值，人们在银行存款时，银行将欲存的钞票换算成当天的折实单位的数目，计入存折，以后取款时银行按照当天的牌价换算成钞票付给储户。吴新智后来在医院实习时的生活津贴也是以折实单位计算，按照当天的牌价换算成人民币发放的。政府通过折实储蓄的措施和其他有效的经济手段打击了奸商，控制了物价。后来政府通过发行人民胜利折实公债①的手段控制了物价。

新中国成立后，同学们感到轻松了，来往也多起来。大家精神面貌焕然一新，压抑在心口多年的不顺一下释放出来，同学们都踊跃地参加各种

---

① 随着人民战争胜利，广大地区获得解放，使政府的财政支出大大增加，而财政收入却赶不上支出的需要。为了克服这一困难，1949年12月2日，中央人民政府召开了第四次会议，决定于1950年发行人民胜利折实公债，来弥补年度财政赤字。人民胜利折实公债的募集与还本付息，均以实物为计算标准，其单位定名为"分"。每分公债应折合的金额由中国人民银行每旬公布一次。

社会活动，再也无须担惊受怕。

学校的功课也轻松了很多，考试没有那么严格了。但小考前老师仍旧不事先提醒，一架一架的显微镜独立放好，不允许进行调整，老师出题后学生领题就去观察显微镜，一个人一个人地观察，不允许出声，直接将答案书写在纸上。这种突然袭击式的测验，促进同学们努力学习。期末考试总成绩由平时测验成绩一一累加起来。这种紧张的学习也是平时同学们没有时间逛街的原因。

1950 年上半年，班级增加了一批白求恩医学院的学员，这批学员是在解放战争期间第三野战军中培养出来的，他们在解放军部队一面战斗一面学习，学习时间少，都感觉需要再进修。上海解放后，上海军管会安排这批学员参加接管上海的卫生系统工作，他们更加感觉到自己的知识能力与工作需求差距太大，在完成接管工作的任务后就申请到当时上海医学教育水平最高的国立上海医学院进修。

经过组织安排，这批学员就从三年级下学期开始，插到吴新智所在班级。但因这批 20 人的学员水平参差不齐，有部分同学对课堂全程英文授课根本听不懂，所以就要求老师课后发中文的讲义。当时的大环境是，抗美援朝开始以后，要求老师们用汉语授课和查房，而老师们平时在处理业务问题时用惯了英文，不知道许多专业术语用汉语如何表达，一时难以适应。有的老师推说在病人和家属面前用汉语讨论病情会给他们产生心理负担，而说英语可以避免这种负面影响，拖延改用汉语的要求。老师们本来对英语比较熟悉，因全是英文原版的教材，中文的准确翻译很难，甚至只知道 pneumonia 不知道肺炎，所以翻译起来没那么快。尽管如此，老师们还是勉为其难，同意提供中文讲义。他们翻查《高氏医学词汇》，将他们熟用的英文词语译成中文，很费时间，而他们的日常工作又很忙，因此往往不能及时写出中文讲义。吴新智作为班长就只得经常追在老师身后，甚至追到家中索取讲义稿，然后与班级的学习股长孙家钧和油印组长贾士铨合作，组织同学们轮流刻钢板，油印讲义发给大家。后来老师们将这些讲义整理出来就由人民卫生出版社出版了中国的第一批教材。

防治血吸虫病

吴新智一直努力学习，总是表现出积极乐观、开朗豁达的性格，在他眼里没有忧愁的事情，没有解决不了的问题，认识事情都不是糟糕到无希望、不能处理的程度。他为人善良厚道，性格温和，同学们看到眼里。吴新智成为大家推荐的班长，他也乐于为大家服务。班长的工作并不好做，班长纯粹是为大家服务的人员，没有任何待遇，还耽误很多学习时间。更主要的是战争刚刚结束，学生活动比较多，游行示威等工作拖延了学习进度，所以大家都将时间集中在学习上，希望提高自身能力水平，为将来谋出路。吴新智虽然尚未加入任何组织，大家还是选他为班长。

吴新智热心、待人友善，担任班长后，班级管理得井井有条，各项活动都一马当先，对别人的不理解也从不辩解，能坦然地处理各种矛盾，所以大家都非常喜欢他。直至退休后，老同学见到他都还称呼他为"老班长"。

吴新智对班级里同学的信息也能及时掌握，新中国成立后及以后的岁月里，他有机会回上海就想法见见老同学，他都一一记得名字和曾经的往事。超强的记忆力也是大家敬佩的一点，吴新智对其几十年前上学时的事件、情节可以一一详细讲来，大学同学姓名、工作近况都如数家珍。采访他的时候，86 岁高龄的吴新智对班级过去发生的事情和同学的名字都记得非常清楚。大家也都很感激他对大家的牵挂。[1]

1949 年下半年，解放军为准备攻打台湾，就在上海郊区和南方开始练习游泳。但当时对防范血吸虫病没有预案，所以大面积感染了血吸虫，军队卫生人员难以满足防治需求，当时国内的医生数量也不多，所以将三年级至五年级的医学生调来到解放军驻地开展血吸虫病防治工作。国立上海医学院、浙江医学院等医学院校的学生被派往解放军驻地进行检验鉴定

---

[1]　韩济生访谈，2013 年 11 月 15 日，北京。资料存于采集工程数据库。

工作。

1950 年 1 月 5 日，上海医学院三、四、五年级的学生被分派到驻扎在南翔的解放军第 9 兵团（司令员为宋时轮）20 军（军长是廖政国）59 师。四、五年级同学负责临床治疗，三年级同学负责化验大便检查血吸虫卵，两个同学负责一个营。吴新智则在师部检查血吸虫卵，以便在必要时与分散在下面各营的同学们联系。由于各方面表现突出，3 月，他由高年级同学吴纬介绍加入中国新民主主义青年团[①]。

当时部队驻地相当分散，之间没有公共交通工具，距离又不近，来往都靠骑军马。有一次，吴新智晚上在司令部听报告，结束时已近深夜。当时上海郊区偶尔还有蒋帮潜伏的特务活动，吴新智第一次骑马飞奔，印象特别深刻，当时既害怕又兴奋，终于安全回到驻地。经过舆论宣传和大量的血吸虫病防治诊疗过程，官兵对血吸虫病防治有了初步认识。4 月 30 日，全体同学胜利完成任务，离开部队，回校继续学习。吴新智因工作突出，受记功奖励[②]。

1950 年的春天，吴新智参加了上海学生参加抗美援朝战争的动员会。因当时的市长陈毅指示：不接受医学院的学生报名参战，只招收医学院毕业的医生去前线，医学院的学生参与动员大会的筹备工作。

动员大会在上海跑马厅即后来的人民广场举行。跑马厅的一半是跑马场，一半是有顶棚的看台，看台与跑马场之间有深沟隔开，需要将两边连接起来作为开会时的通道，吴新智就负责找材料在壕沟上搭桥。当时上海刚刚解放，没有现成的木料或木板，吴新智就拿着军管会的介绍信到私人商业主家去借。商人看到军管会的介绍信都十分配合，将木板等材料借出，吴新智很轻松地完成任务。大会召开时，吴新智坐在看台上，看着斗志高昂的学生们通过他与同学们亲手搭建的木桥感到无比骄傲和自豪，因为这是他第一次作为"公家的人"办了"公家的事"。

---

① 中国新民主主义青年团是中国共产主义青年团的前身。1957 年，中国新民主主义青年团改名为中国共产主义青年团。

② 吴新智访谈，2014 年 5 月 13 日，北京。资料存于采集工程数据库。

选为校学生会组织部长

新中国成立前，吴新智厌恶当时政治的黑暗，同时受家庭环境的影响，特别是父亲不希望吴新智跟政治有任何联系，建议其学习医学，凭借自己努力工作吃饭。

1949 年 5 月 25 日看到解放军睡在大街屋檐下，与国民党军队对待群众的表现截然不同，形成鲜明对比，立即感觉到空气清新了。吴新智作为班长为大家作贡献的积极性更高了，大家也非常满意，组织也很满意。后来，上海医学院学生会成立组织部，上医党支部（当时上医还没有党委）书记陈华就找吴新智谈话，动员他竞选第一任组织部长。吴新智感觉自己做班长需要花费不少时间和精力将班级事情处理好，已经耽误了很多学习时间，并且进入临床课阶段，总耽误时间根本难以应付考试，想全身心地投入学习，不再担任社会工作，所以吴新智最初谢绝了陈华的好意。但是最后经过组织再三考虑，仍力劝吴新智参加竞选。吴新智勉强参加第一任组织部长竞选，顺利当选。

当组织部长后，首先就要进行调研，了解学生会的组织部应该做哪些具体工作。原来组织部的任务是掌握各个班级的思想动态，于是在每个班级安排一名组织委员，随时将班级相关事件和情况汇报到吴新智那里，吴新智再将其汇总整理向学生会主席汇报或在委员会会议上进行研究，决定下一步措施。

在吴新智担任组织部长期间，组织已经考虑将其发展为中国共产党党员，当时吴新智本人并不知道，后来在"文化大革命"期间及反右派等运动中，因遭受批判而被调查，才查出当初是受到党组织高度信任并确定为中国共产党党员发展对象。吴新智曾看到书上记载着斯大林说的话，"共产党员都是特殊材料制成的"。他认为，这需要有更高的境界和更高的觉悟，自己不仅身体难以达到"特殊材料"那么坚硬的要求，而且自己的觉悟尚未达到那么高的水平，所以当时入党的事情就搁置下来。^① 转眼即将离校，他的相关材料也转到新单位。

在红会医院实习

1951 年，全国高等医学院校很少，不是每个省都有医学院，为了解决医学人才短缺问题，中央卫生部决定要扩大医学招生规模。现有的老医生虽然可以教临床课，却难以教医学基础课。卫生部决定将全国各个医学院学完所有课程、当年应该进入医院做实习医生的所有学生抽调出来，参加高级师资进修班，分散到教学条件比较好的几个医学院进行为期一年的专科培训，结业后分配到各医学院充实其基础医学教师队伍。

上医比吴新智高一年级的同学就此脱离了临床工作，上医各个教学医院急需实习医生，因此学校决定由吴新智所在班的学生提前进入实习医生岗位。按照原来的教学计划，他们班应该在五年级学习公共卫生课和去医院见习。为适应新的情况，学校决定将这一班学生一分为二，吴新智这一半继续留校学习公共卫生，另一半学生先进入医院接替上一班同学的实习医生岗位。四个月后，完成了公共卫生课的学习和实习，进入医院实习，在医院实习的学生回到学校完成公共卫生课的学业。再过四个月，所有学生都在医院实习，担子就比先前轻多了。

1951 年冬到 1952 年夏，吴新智在上海红十字会第一医院（现华山医院）实习了八个月。2013 年重返故地时，吴新智实习时候的一部分病房楼只剩下其中一栋的南侧外立面，是前几年在拆楼时将南侧外立面的材料异地重建的。该楼建于 1903 年，在吴新智实习时，底部是妇产科，上部是内科，当时一般的常规化验都是实习医生亲自动手在楼里的小实验室做的。

在医院实习时，工作时间非常紧，一周只休息一个下午和一个晚上，

---

① 吴新智访谈，2014 年 5 月 13 日，北京。资料存于采集工程数据库。

当时称为 PM OFF，即便不是值班时间，半夜来电话需要上岗也必须立即到岗。吴新智因幼年身体较差，到各科轮转实习身体很吃力。幸运的是轮转的科室对他很有利，一般是先轮完非常忙的科室，然后就到相对比较清闲的科室，这个月在外科实习，下个月则被派到眼科，外科比较忙，需要手术，眼科相对清闲，手术少。如此，繁忙科室和清闲科室交替实习可以略微缓解一下。就这样实习了八个月，也将吴新智累得受不了。

进入临床实习后，吴新智感觉距离自己当医生的理想已经十分接近了，所以非常高兴。特别是在帮助病人治愈疾病后，看到患者快乐地离开医院，吴新智很有成就感，也对自己能实实在在地帮助别人很满意。

他记得，曾在病房为一位老年女病人用手抠大便，像羊屎蛋状的坚硬粪球掉进托盘发出清脆的响声。他还记得一位年轻女病人对他表示感激的笑容。有一次他路过曾经实习过的外科病房，一个女病人招手叫他过去，说她臀部的脓疡痊愈，就要出院了。原来是吴新智在那个病房实习时，每次为她剪腐肉总是尽量剪干净，直到她痛得叫骂才停止，而之前的实习医生怕挨骂，老是剪不干净，以致创口愈合很慢，拖延时日。经过吴新智 15 天的处理，并且嘱咐接班的同学也如此处理，病人的创口愈合很快，所以她心存感激，对吴新智露出感谢的微笑。

八个月的实习医生，吴新智做得很来劲。他觉得当医生，治好每一个

图 3-5　国立上海医学院 1952 届全体同学毕业合影（最后排右 4 为吴新智。吴新智提供）

病人，减轻其痛苦，阻止其死亡，可以及时地感受到医生的价值和获得感，心里特别高兴。

不料消息传来，由于刚刚结束的高级师资进修班仍旧不能满足当时的医学师资的需要，中央卫生部决定继续举办进修班，分派吴新智这一届的学生到不同的医学院进修医学基础课。吴新智不得不重新调整工作方向。

第四章
登上人类学的阶梯

响应号召去大连

1947 年 5 月,大连关东医学院改名为大连大学医学院。1950 年 7 月 23 日,按照东北人民政府的命令,大连大学正式撤销,大连大学医学院改名为大连医学院,时任院长的沈其震[①]到处网罗人才,先后从上海请来不少专家。当时的大连医学院办学,生源是一个大问题。自 1905 年日俄战争后的 40 多年,东北都处于日本的殖民统治下,推行的是奴化教育,没有自己的高中。东北解放后,学校根本招不到高中毕业生,大连医学院只好把实际不超过初中的所谓专科毕业的青年先编成预科班,补习高中知识。上海解放后,大连医学院决定南下去上海招收学生,同时招聘教师,此后去上海招生就成了大连医学院的惯例。

吴新智在上海红十字会第一医院实习结束,除儿科没实习外,其他所

[①] 沈其震(1906-1993),湖南长沙人,解放军卫生事业创始人之一,医学生理学家。1949 年 4 月,中央委派他去大连创建高等学府,任大连医学院院长。

图4-1　1953年8月大连医学院高级师资进修班结业照（前排左起：吴襄、陈立予、李震勋、魏曦、王辅民、张毅、吴汝康；二排左1为钱振超，左5为蒋景仪；三排左3起为薛兴文、刘方、吴新智；后排左4为冯家骏，右3为韩济生。吴新智提供）

有科室都轮转实习过了。1952 年夏，他和其他同学一样自费购买了美国出产的 BD 听诊器和为计数血球专用的带刻度的玻璃板，满腔热情地准备迎接多年梦寐以求的医者生涯，实现自己由来已久的愿望。

这时中央卫生部下令，1952 年大学五年级的医学生也参加高级师资进修班培训。按照中央卫生部的安排，吴新智所在班级都应当派往各个医学院校，进修后从事医学教学工作。

中央卫生部的命令下来后吴新智有点失望，但也快速调整自己的状态。他曾在报纸上看到宣传东北社会主义建设非常好，十分向往被称为"中国最早的社会主义地区"的大连 ①，就报了大连医学院作为自己的进修地。

———————————

　①　这是吴新智的说法。吴新智访谈，2014 年 5 月 13 日，北京。资料存于采集工程数据库。

当时的大连医学院有一批从美国、英国、法国和德国回来的骨干教师。解剖系的师资力量很强，有 3 位从美国学习回来的博士，吴汝康[①] 教大体解剖学，马秀权（吴汝康的夫人）和薛社普[②] 教组织胚胎学。还有从美国哈佛大学回来的微生物学教研室主任魏曦教授，从英国留学回来的药理学教研室主任张毅教授，及从美国留学回来的生理学教研室主任吴襄教授，他与吴汝康是师兄弟。

中央卫生部已经举办过一届高级师资进修班，各种手续办理起来就相对顺畅。去往大连医学院之前，吴新智并不知道跟谁进修学习。来大连医学院之后，有一天碰巧遇见了上海医学院比他高一届的林景明，他也来这里进修。他告诉吴新智，解剖学系的主任是研究人类学的。这是吴新智第一次听到"人类学"这个名词，以前根本就不知道有这个学科。虽然在办公室也碰到了吴汝康先生，由于吴汝康沉默寡言的性格，又不喜欢张扬，并没有给吴新智留下什么特别的印象。

1952 年 9 月 18 日，钱振超与韩济生从沈阳下车转车到大连报到。吴新智因需要到济南看望父母，在济南家中住

图4-2　19世纪60年代吴新智（左）与杨钟健（中）在周口店遗址合影（右为刘振扬。吴新智提供）

① 吴汝康（1916-2006），江苏武进人，解剖学家、人类学家。1940 年南京中央大学生物系毕业，1947 年获美国圣路易斯华盛顿大学硕士学位，1949 获该校博士学位。中国科学院古脊椎动物与古人类研究所研究员、副所长，从事人体解剖学和人类学研究。先后对蓝田猿人、北京猿人、马坝人、丁村人、柳江人、资阳人、禄丰古猿和巨猿等做了系统研究。专著《巨猿下颌骨和牙齿化石》提出从猿到人的过渡、人类体质发展的不平衡性、人类的新进化、人类特征产生的顺序等理论，创建"今人类学"的新学科，在国际学术界获得高度评价。1970 年起历任中国解剖学会副理事长、理事长、名誉理事长，1980 年当选为中国科学院学部委员（院士）。2020 年，"吴汝康星"就是以他的名字命名的。

② 薛社普（1917-2007），原名溥，广东新会人，教授。1948 年南京中央大学毕业，1951 年获美国圣路易斯华盛顿大学哲学博士学位，先后在大连医学院和中国医学科学院中国协和医科大学工作。1990 年后任中国解剖学会理事长、名誉理事长。1991 年被评为院士。

了几天，9 月下旬才到大连医学院报到。

吴新智了解到，1949 年年底，吴汝康夫妇是在沈其震的热情邀请下才来到大连医学院分别任大体解剖学教授和人体组织胚胎学教授的。当时的人体解剖学分为两部分，一部分是大体解剖学，另一部分是神经解剖学。吴汝康刚到解剖学系时的主任是台湾人，因为不是专门研究解剖学的行家，又没有海外留学经历，对西方的解剖学研究方法知之甚少，难以胜任工作，而吴汝康带来了西方解剖学研究的最新成果和最先进的研究方法，正适合当时学科建设的发展需求。不久，他被任命为解剖学系主任。吴汝康在大连期间，主要做教学工作，但他始终没有放弃人类学的研究。

据吴新智回忆："我们的解剖系主任吴汝康先生比其他国外回来的主任都年轻，在美国留学期间出了不少成果，在美国解剖学权威刊物上发表过文章，功底很深。"吴新智对自己的选择产生了几分庆幸。加之大连医学院坐落在依山傍海、环境优雅、风景秀丽的星海公园北侧，门口就有无轨电车，更产生喜欢之意。①

采集小组曾问吴新智，为什么选择解剖这个学科。他说："考虑到教师晋升需要发表学术论文，自己可以做些体质调查，与其他学科做实验写论文相比，解剖出论文比较有把握。同时，因害怕用活动物做实验，不想选其他科目，最后选择了大连医学院进修解剖学专业。"②

1952 年进入高级师资进修班后，同学们各奔前程，很少联系。1957 年，吴新智从大连去了北京。北京有 8 位上医 1947 级同班同学，盛韵姑毕业后成了方干的嫂子，盛、方二人张罗着北京同学在绒线胡同他们家中聚会，卸下一扇门板做案板，同学们一起包饺子，欢迎吴新智来到北京。以后因为大家都很忙，只是在有外地同学到北京时才聚会一次。

1990 年，丛铮 70 岁，吴新智组织同学在北京医科大学食堂为他庆寿。以后，国立上海医学院 1947 级在北京的同学每年聚会一次，都由吴新智召集。

20 世纪 50 年代，韩济生从哈尔滨医科大学生理系调到北京卫生干部

---

① 吴新智访谈，2014 年 5 月 13 日，北京。资料存于采集工程数据库。
② 大连医学院解剖科，1953 年改称"教研组"。

进修学院开生理课，卫生干部进修学院是应卫生部与教育部要求，培养从战争年代军队内卫生人员转业到管理工作的人员，地点设在永定门天坛，离吴新智家不远，经常往来。

韩济生评价吴新智时提到，吴新智人如其名，不仅有智商，还有智慧，将各种人际关系协调得非常和谐，在上海读大学的同学相互之间非常融洽，毕业后仍被尊称为老班长，负责班级联系沟通事宜，同学们都很敬佩他；吴新智也是一位善良、乐于助人的好人，在"文化大革命"期间能顶住压力，接受调查时都如实讲述真相，并不瞎编乱造，化解矛盾，保护同学；他为人温和，在其当选院士这件事上，吴新智两次提名都因为某种阻力没有当选，他从没有表现出任何怨恨和不满，仍旧努力埋头工作。[1]

丘比特的神箭已发射

国立上海医学院并不禁止男女生交往或谈恋爱，但吴新智将全部时间和精力都用在学习上，后来担任班长直至被选为组织部长就更忙了，虽然有不少与女生交往的机会，但是没有合适的对象，所以没有谈恋爱。

1952 年 9 月到大连医学院高级师资进修班后，在排队打饭时，吴新智认识了来自浙江医学院进修微生物学的蒋景仪。其实蒋景仪的弟弟是比吴新智低一个年级的上医同学，但在学校里并不熟悉。

两人交往了一段时间，蒋景仪对吴新智也很欣赏，但两人都很腼腆，羞于将恋爱关系挑明。有一次，吴新智拉着蒋景仪的手用手指在其手心写了一个"爱"字，蒋景仪心慌意乱。当时他们对相互的印象已经很好，就明确了恋爱关系。

1953 年 9 月 10 日召开了高级师资进修班结业典礼，吴新智因为吴汝康教授的中意而留在大连医学院教学，已经确定恋爱关系的蒋景仪也申请

---

① 韩济生访谈，2013 年 11 月 15 日，北京。资料存于采集工程数据库。

留在大连医学院任教。

9月11日早上，吴新智到学校带完实验，洗完手后跟教研组主任请假去结婚，教研室主任感到很突然，但也非常高兴地欣然准假。两人乘车到婚姻登记部门办理了登记手续，在学校借了一辆板车到集体宿舍拉上他们的全部家当：每人一个行李卷，一个皮箱。学校分配的一间在三角形屋顶上的阁楼，就是他们的新房，收拾停当，已经过了中午。二人再到附近小镇点了几个菜共进午餐，饭后到街上买锅碗瓢盆以及打气的煤油炉等生活用具，同时买了一大罐糖果。二人就这样简单地结婚了，从此开始了59年相濡以沫的婚姻。

其实，二人结婚的时间早就定下来了，本来可以在结业前结婚，但蒋景仪是个很腼腆的女孩子，怕同学们闹洞房，所以等结业送走同学后才结婚。

结婚时，也没有请客人，第二天将买的那罐糖果交给工会

图4-3　1953年9月11日吴新智与蒋景仪结婚照
（吴新智提供）

主席，请他帮助分发。事后，吴新智曾问过蒋景仪，结婚如此简单是否不满意，蒋景仪并不回答，只是相视一笑，吴新智也就会意地报以一笑。

当时，两人都是助教，工资不高，支出又很多，但二人从没有因金钱产生任何争吵。工资发放后取回来就放到家中抽屉里，谁用谁取，无须商量。偶尔买大的物件才商量一下收支平衡的问题。

蒋景仪父亲是医院的院长，虽然她家庭条件好，但从来不要大小姐脾气。蒋景仪不喜欢逛商场，婚后很多时候都是母亲请裁缝在家做好，然后将衣服邮寄到大连，自己很少买衣服。吴新智自幼家庭条件虽然不贫穷，但也养成了勤俭持家、艰苦朴素的作风，两人都过得非常温馨舒适。结婚

后第二年即 1954 年，大女儿吴航出生。有了孩子，吴新智就更忙了，孩子又不十分愿意吃奶水，所以需要买奶粉喂养，很麻烦。偶尔小孩身体不适，需要夫妻俩乘车到医院诊治，老人不在身边，夫妻俩自己带孩子没有经验，几乎每个月孩子都要生病，但都是小病，去一趟医院就能痊愈。

考虑到第一年要给孩子喂奶，带孩子辛苦，第二年要休养身体，两人计划第三年再怀第二胎。1957 年 4 月，次女吴桢出生。1969 年 1 月，三女儿吴东群出生。

到中国科学院后，吴新智每年到外地调查发掘，时间都不少于 3 个月，虽然出外发掘、考察，给家里节省了支出，但抚育女儿的重担全压向同在科研一线拼搏的妻子身上。吴新智有时给出差的同事送工资到家，有的同事的妻子见到吴新智向其哭诉家里的困难，吴新智在安慰同事家属的同时联想到自己的妻子从来没有向自己诉苦或抱怨，更加感受到她的贤惠。

在调查"野人"期间，吴新智的母亲在合肥妹妹处患肺结核病，胸腔积水，住进工人医院需要大笔住院押金。该院是吴新清的工作单位，医院特许她将一时交不齐的费用先欠着。因为弟弟妹妹经济都不富裕，妹妹是

图 4-4　吴新智全家福（吴新智提供）

个助产士，收入不高，没有积蓄，便向大哥求援。这时吴新智正在西双版纳调查"野人"，与单位和家人都断了音信。蒋景仪无法与丈夫商量，立刻将家中全部存款都寄给弟弟吴新嘉，让他给婆婆交住院押金。几个月后吴新智知道此事，万分感激妻子的贤惠。母亲这次住院治疗花费很大，幸亏妹妹吴新清在该医院供职，医院同意分期付清。以后吴新智每月在母亲生活费外再多汇些钱让妹妹交给医院，蒋景仪也毫无异议。他们的做法对孩子们也是一种言传身教，培养了吴航、吴桢、吴东群都孝敬父母、姐妹相亲、善待他人的良好心态。

蒋景仪长期患糖尿病，晚年又患上阿尔茨海默病。大女儿在企业，事务繁忙，工作责任重，二女儿和三女儿都在国外，都无法贴身照顾妈妈，所以大女儿吴航就跟家里人商量聘请一位保姆帮助照顾家，但吴新智不同意，他担心保姆照顾不好蒋景仪，所以决定除请小时工在自己上班时照顾蒋景仪外，无论出差还是外出开会都带着蒋景仪。每天吴新智安排好自己的时间，什么时间该打胰岛素和服药，什么时间应该解大便，都记录在家里的挂历上，一丝不苟。三天不解大便就给她服药以避免粪便停积在腹内伤身，有时她皮肤出现病变便及时用周林频谱仪治疗。后来她行动困难，每天起床后吴新智便倒退着拉着她的双手从卧室走到卫生间和厨房，帮助她洗脸刷牙和吃饭，每天下午都陪夫人出去晒太阳，将夫人照顾得非常好。他从不埋怨脏累，不以为苦，乐观地将此作为自己锻炼身体的方式。后来蒋景仪记忆模糊难以清晰分辨丈夫、女儿和他人，但其对吴新智的依赖没变，当吴新智不在身边的时候她经常寻找，问保姆："那个人去哪了？"

吴新智对夫人照顾得非常好，体贴入微。从1953年结婚到夫人去世，夫妻二人相亲相爱，和和美美，几十年如一日，从不争吵，感情极深。蒋景仪过世后，吴新智非常悲痛，很长时间不愿意提及此事。吴新智不愿意告诉别人，连朋友也不告诉，丛铮等老同学不知情，打电话的时候都关心地询问其夫人情况，吴新智又不愿意讲实话。他的小女儿知道后就给丛铮等打电话，告诉他们不要再询问妈妈的事情了，免得引起父亲伤心。当别人问夫人健康状况时，吴新智敷衍一下，简言应付，不愿意提起伤心的话题，说："咱今别谈这个话题。"[1] 蒋景仪去世以后很长时间，吴新智的思念之情都不曾消减。

五载助教打基础

1953 年 9 月高级师资进修班结业后，吴新智留在大连医学院解剖教研组任助教，因吴新智担任过班长、组织部长，为人善良友好，工作扎实，组织分派其担任团支部副书记，并且是被推荐入党的优秀团员。

学校的学风非常好，晚上开设四门课程：中国共产党党史、联共（布）党史（苏联共产党布尔什维克历史）、政治经济学、哲学。吴新智就利用晚上的空闲时间去听课，受到了系统的思维训练，特别是辩证唯物主义的讲解使他受益匪浅。吴新智将学到的理论应用到自己的教学科研中，他发现这种认识问题的哲学方法非常实用，所以一边学习一边应用，并为后来的科学研究奠定了坚实的哲学基础。

20 世纪 50 年代，是一切学习苏联的年代。东北与苏联毗邻，大连学习苏联的热情很高。当时掀起了学俄语的热潮，也是一种时尚。

1953 年 8 月结业，为了提高学校师资队伍的俄文水平，大连医学院利用寒假，组织俄文专业阅读速成班（也称"突击俄文""突击俄语学习"）。一般老师都要参加学习，吴新智也参加了这个班。

每人发一本简明扼要的俄语语法的油印讲义，也就几十页纸。一个月的突击学习，其他什么事情都不做，白天黑夜就一件事，学习俄语。培训只教专业俄语的阅读，不要求能听会说，老师讲授最实用的、简单的语法，要求学员反复记忆常用的和与医学有关的大量词汇，达到借助词典能够阅读医学文献的程度。也不包含日常用的俄语或者说公共俄语。

每天要记 200—300 个单词，第一天还可以，第二天累计要记 400—

---

① 席焕久访谈，2014 年 6 月 5 日，北京。资料存于采集工程数据库。

600 个单词，还勉强行，等到第 10 天就是 2000—3000 个单词。后来随着单词数量的增多，很多人都难以跟上预定进度，只能力求跟上每天讲授的语法，巩固前些日子记忆的单词，打算突击结束以后再增加单词量。很多人难以接受，但对记忆力超常的吴新智来说却不那么困难，他凭借极佳的记忆能力跟上设定的教学进度，终于以优异的成绩完成了培训。[①]

为了应对这种突击学习，吴新智把俄文的语法与英文的语法进行对照，所以比较容易掌握基本、简单的语法，在学习班结束时能够借助俄文词典阅读专业书刊。以后便以学习苏联汤可夫编写的医学院解剖学教科书来巩固和提高俄文阅读水平。

1953 年，吴新智开始带本科学生实习，几轮以后为本科生讲授骨学。1954 年 12 月，他的处女作——《脊椎动物的简单解剖法》在《生物学通报》上发表，文章对鲫鱼、蛙、龟、鸽子及家兔的解剖方法一一做了介绍，图文并茂，雌雄兼顾。

从这篇处女作看出，他有比较深厚的比较解剖学知识，为他后来到中国科学院古脊椎动物与古人类研究所工作提供了坚实的基础[②]。吴新智认为这是他第一篇科普文章。

报考人类学研究生

1955 年，苏联人类学家和历史学家格拉西莫夫出版了俄文的《从头骨复原面貌的原理》（ОСНОВЫ ВОССТАНОВЛЕНИЯ ЛИЦА ПО ЧЕРЕПУ，М. М. ГЕРАСИМОВ）一书。格拉西莫夫十分擅长根据古代人头骨复原其面相，他在苏联从事头骨这项研究很长时间了，用这种方法对头骨进行复原，有失败的例子，但成功的案例较多，他就将成功的案例搜集起来编写成书。

---

① 吴新智访谈，2013 年 5 月 13 日，北京。资料存于采集工程数据库。

② 吴新智：脊椎动物的简单解剖法。《生物学通报》，1954 年，第 40-45 页。

20 世纪 50 年代，苏联大使馆赠送给研究所一具他塑造的山顶洞人复原像，但没有说明根据的是哪个头骨。吴新智测量后判断是他根据 101 号头骨做的，但是塑像显得很年轻，于是吴新智请老技师王存义 ① 合作，给它加些胡须和皱纹，弄得像个老年人。

看到了格拉西莫夫的书，吴汝康教授联系格拉西莫夫，要来了这本书，他又与科学出版社联系，准备翻译出版这本书。吴新智在学习这本书时，曾利用业余时间在大连医学院使用这本书中的方法和理论，测量中国人皮肤的厚度和尸体的头皮厚度，并将其记录整理成文章。科学出版社最后委托吴新智翻译此书，他联络大连医学院的孙廷魁、王钟明、李名扬共同翻译了该书，最后吴汝康教授亲自进行校对。同时，测量中国人的尸体头皮厚度作为吴新智的一项科研项目，为应用于中国人提供参考。

本书于 1958 年由科学出版社正式出版。这是我国第一本法医方面的著作，成为公安部门开展破案工作的重要参考书。后来北京市公安局有时在破案过程中发现一些头骨或体骨，怀疑是被害人或者嫌疑人的，为了查清真相，需要根据头骨复原面像或者根据四肢骨推测出身长。每遇有此需求时就找吴新智帮助，做复原像或者推算身长，参与他们的破案工作。吴新智还曾经与王存义为北京定陵博物馆做过万历皇帝和皇后的复原像。还与赵忠义合作为广东曲江马坝博物馆完成马坝

图 4-5 《从头骨复原面貌的原理》封面（格拉西莫夫著，吴新智、孙廷魁、王钟明、李名扬译，吴汝康校。科学出版社，1958 年）

① 王存义（1907-），中国科学院古脊椎动物与古人类研究所技术员，是北京猿人第一块头盖骨出土唯一健在的亲历者。

古人类的复原像。

此外，在吴汝康先生指导下，他们合作完成了北京猿人的复原像，现在国家博物馆陈列的北京猿人的复原像就是吴新智他们制作的。

虽然吴新智学习了五年医学，并在大连医学院进修了一年的解剖学，但学习和讲授不同，所以在最初上解剖实验课时，面对层出不穷的学术问题仍需进行钻研，查阅参考文献、资料、书籍等，忙得不亦乐乎。

当时，唐竹吾讲师正在做神经解剖研究，吴汝康做人类学研究。吴新智很敬佩吴汝康，吴汝康也非常欣赏吴新智，所以二人关系非常好。吴新智就跟随吴汝康教授研究人类学，做体质调查和变异调查，一点一点地积累。

吴新智对于教学工作已经逐渐熟悉，于是就开始在教学之余跟着吴汝康研究人类学。吴汝康先生1953年起在中国科学院古脊椎动物研究室做兼职研究员，1956年调到北京，也希望将吴新智调到北京做其助手，继续研究人类学，但没成功。

吴汝康调入中国科学院之后，在大连医学院工作的吴新智仍继续给医学生上解剖课。解剖学是研究正常人体形态结构的科学，也是医学重要的基础课，其教学一般由理论课和实验课两部分构成。实验课主要看模型、标本和尸体。当时解剖课的教学时数是400学时，大部分课程是在实验室观察尸体，看人的骨骼、肌肉、关节、血管、神经及内脏。当时吴新智带实验课，在实验室帮助同学们辨认解剖学结构。由于他在上海医学院学习时扎实的基础，很快就适应了教学工作，逐渐由带实验课到上理论课。理论课要在大教室上，一般200多人一个教室。虽然繁多难记的解剖学名词让人应付不暇，但对吴新智来说，经过几轮的教学，他已经能十分轻松地应对了。

当时，高校的教师都积极响应党中央"向科学进军"的号召，纷纷进行科学研究。很多人都选择研究神经，研究神经要做动物实验。而吴新智研究骨学，跟吴汝康先生研究人类学。吴新智对为什么研究人类学曾解释说："当时并不知道什么是人类学。只记得小时候被野狗咬伤过，留下的痕迹至今还能看见。以后一提到动物我就害怕。可谓是'一次被蛇咬，十年怕井绳'，不敢做动物实验，我就没选神经解剖的研究，因为神经解剖要做动物实验。"①

其实，人类学与解剖学有着密切的关系。1920 年中国解剖学会诞生时的名字就叫"中国解剖学与人类学会"。1947 年以前，美国体质人类学会和美国解剖学会举行学术年会也是在一起的。新中国成立以前，解剖学的研究多为体质调查，很多解剖学家从事人类学研究，同样在中国工作的很多人类学家也是解剖学家，如步达生②（Davison Black）、弗兰茨·魏敦瑞③（Franz Weidenreich），就是在国外也有很多人类学家从事解剖学的教学和研究工作。早期，人类学与解剖学往往在一起，解剖学的研究有不少是人类学的内容。两个学科互相提供理论基础和方法直至今天。④

要研究人类学就要有形态学和解剖学的丰富知识，解剖学的教学可以为研究人类学奠定牢固的基础。研究古人类学就要研究人的化石形态，除有形态学和解剖学的丰富知识之外，还要有生理学和病理学的知识，因为形态与功能是统一的，正常与病理同在。这还不够，在野外发掘化石还要有地质学、考古学、古生物学、生态学、埋藏学、年代学、进化论等方面的知识。⑤

吴新智五年的医学学习及解剖学的教学实践为他以后的人类学研究打下了坚实的基础。就这样，吴新智决定了自己的研究方向，从此就开始学习研究人类学。

1956 年 1 月，中央召开了全国知识分子会议，毛泽东主席出席了会议，号召全党努力学习科学知识，同党内外知识分子团结一致为迅速赶上世界

---

① 吴新智访谈，2013 年 5 月 13 日，北京。资料存于采集工程数据库。

② 步达生（1884–1934），1906 年毕业于加拿大多伦多大学。1919 年来华任协和医学院胚胎学和神经学教授，承担了最初的北京周口店的古人类学研究，并于 1921 年接任解剖系主任（1921–1934）。1929 年任中国地质调查所新生代研究室名誉主任。1927 年在周口店发现人类臼齿，提出新的生物学属和种名——中国猿人北京种（Sinanthropus pekinnensis）。

③ 魏敦瑞（1873–1948），生于德国，著名的解剖学家、古人类学家。1935 年受聘为北京协和医学院解剖系主任，研究北京猿人化石。

④ 席焕久：中国解剖学会诞生史实。《中国科技史杂志》，2018 年第 36 卷第 4 期，第 446–455 页。

⑤ 吴汝康：《今人类学》。合肥：安徽科学技术出版社，1991 年。

科学先进水平而奋斗①。周恩来总理在会上做了题为《关于知识分子问题的报告》。根据这次会议的精神，经过中国科学院领导的努力，一批科学家调进了中国科学院，吴汝康也在其列，1956年春天正式调入中国科学院。

国家允许中国科学院招副博士研究生，吴新智就产生报考研究生的想法，吴汝康教授也全力鼓励吴新智报考中国科学院的研究生。因为此前，吴汝康教授想把吴新智调到中国科学院做其助手，开展人类学研究，但大连医学院不同意，所以没有调成。吴新智报考第一届的研究生，需要大连医学院在报名表上签署意见，大连医学院的领导不同意作为人才的吴新智报考，怕吴新智离开，所以吴新智无法参加中国科学院的首届研究生考试。

研究生录取工作结束后，中国科学院向当时的主管领导——国务院副总理陈毅同志汇报说，录取并不理想，虽然招录了一部分人才，但还有一部分想招录的人没能通过所在单位批准，无法报考。当时因基层不同意报考的实例很多。陈毅副总理了解情况后，经过研究决定，中国科学院下一年招考研究生无须经过所在单位同意，可直接报考，单位若不放档案，可以来北京重新建立档案。② 所以1956年冬天的报名就完全放开了，吴新智带着报名表找大连医学院代院长李震勋签署意见的时候，李震勋说："这回不拦你了，你去报名吧。"吴新智顺利报名后于11月份到沈阳参加考试。1957年3月收到中国科学院的录取通知书，

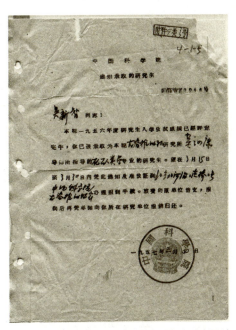

图4-6 吴新智的研究生录取通知书（中国科学院古脊椎动物与古人类研究所档案馆提供）

① 参见《人民日报》，1956年1月14日。
② 吴新智访谈，2013年5月13日，北京。资料存于采集工程数据库。

要求 3 月中下旬入学。吴新智如愿以偿地将要开始攻读化石人类学（人类起源和进化），师从中国古人类化石研究的第一位中国专家——吴汝康教授。

从在大连认识直至吴汝康过世，吴新智一直跟吴汝康教授在一起，非常尊敬吴汝康教授，几十年如一日。吴汝康病休后，吴新智定期到吴汝康家看望，吴汝康晚年不去办公室，吴新智便把报纸送到家里，甚至成为吴汝康家中的主心骨。吴汝康教授病了，他在七八十岁的时候还亲自为老师排队挂号、取药。吴汝康去世时，他给穿衣服，后来他一如既往地关心吴汝康教授的夫人，吴汝康夫人有什么事情都找吴新智商量，因两家住得也很近，所以一有电话吴新智就马上过去看看。

第五章
北京读研

中国科学院研究生

　　1957年3月，吴新智怀着跃跃欲试的心情来到北京，入读中国科学院古脊椎动物研究所化石人类学专业研究生，由此开始走上了古人类学的科研道路。除吴新智外，还有一名叫林一璞的学生，他们两个成为吴汝康的第一届副博士研究生，后来都留在中国科学院工作。由于当时学习苏联，我国学位系统中没有硕士，副博士学位是属于苏联的学位体系①。

　　当时，有很多苏联专家帮助中国进行建设，在全面向苏联学习的形势下，苏联专家的意见十分重要。苏联人类学家雅基莫夫曾建议，中国应该有自己的人类学研究机构（包括人类起源、人种学和形态人类学等方面的内容），这或许与研究室后来改名有关。

---

　　① 苏联设置博士和副博士两级学位，副博士亦称作候补博士。科学副博士一般是授予具有相当于高等教育程度，能通过副博士考试和副博士论文答辩者。这是20世纪50年代我国学习苏联时采用的学位制度。

中国科学院古脊椎动物与古人类研究所的名字是 1960 年改的。前身是 1929 年 4 月在北京成立的中国农矿部的地质调查所新生代研究室，主要从事周口店北京猿人遗址的发掘和化石研究。1951 年归入在南京创建的中国科学院古生物研究所，改称为新生代与脊椎古生物研究组（室）；后称新生代及脊椎动物研究室，隶属于中国地质部古生物研究所，受中国地质工作计划指导委员会（地质部）和中国科学院双重领导。1953 年 4 月 1 日从地质部古生物研究所分离出来，改称古脊椎动物研究室，作为一个独立的研究单位，归中国科学院领导。1957 年升格为古脊椎动物研究所，设在北京。1960 年改称为中国科学院古脊椎动物与古人类研究所至今。这是我国唯一一所从事古脊椎动物和古人类学及地层学方面研究的学术机构，主要包括古脊椎动物与古人类两门基础学科。

1957 年 5 月中旬，吴新智开始到北京地质学院听高平教授的"普通地质学"课，高平后来被打成右派，课程也就中断了，只好在工作中边干边自学，了解化石与石器。

吴新智从化石的形成地质年代测定学起，了解了很多测定年代的方法，如放射性碳测定法、钾－氩法、裂变径迹法、地层层位顺序、文化顺序、动物进化顺序、冰川顺序、古地磁顺序等。地球的历史大约有 45 亿年，分为五个时代，每代又分为若干纪，每纪又分为几个世。人类的出现是极近的事件，在新生代，它是人类起源和发展的时代，新生代又分为第三纪（Tertiary）和第四纪（Quaternary），最早的人类祖先出现在新生代第三纪的后期，而人类的进化多在新生代的第四纪[①]。

人类的起源和进化还涉及能流传至今的人类早期制造的工具，主要是石头做的石器。吴新智还对石器的制作技术进行探讨。早期的人类，可以用石头作为工具使用。科学家将制造石头工具的时代划分为旧石器时代和新石器时代。一般认为 300 多万年前到 1 万年前属于旧石器时代，旧石器时代初期进行工具加工的技术称第一模式；以后到了 170 多万年前，做成很有规矩的工具，这种加工技术就是第二模式，典型特征是有大的两面

---

① 吴汝康：《古人类学》。北京：文物出版社，1989 年。

器，特别是"手斧"和"薄刃斧"；到了 20 万年前，在旧石器时代中期的非洲出现了第三模式，打制的方法有了更精致的规程；3.5 万年前，旧石器时代晚期出现了第四模式，后来还有更高级的第五模式。[①] 到了大约距今 1 万多年前，古人类开始会用敲击的方法做成石器，再加以磨光，这样做出来的石器更为锋利，更为实用和漂亮，从此进入到新石器时代。吴新智清晰地认知到充分了解和研究石器时代的工具特征，通过对石器工具的断代，对古人类生存年代的判定是有辅助性帮助的。

除对古人类学深入研究外，吴新智还研究了古文化、古地质等相关领域，由于他对古人类学的相关知识掌握娴熟，使他能得心应手地把这些应用到他的假说和理论中。

1957 年，吴新智到古脊椎动物研究所读研究生后，导师吴汝康让吴新智做的第一件事情就是整理西安半坡村[②] 新石器时代古人的遗骨，拟将这些材料作为他研究论文的材料。当时，考古研究所副所长尹达[③] 在半坡村工地现场指导，他很有全局观念，知道不仅人骨的性别及年龄的信息对考古学研究有价值，而且其他许多信息对考古学也有用，要求妥善保管这些材料；他虽不搞古人类学的研究，但很重视这些材料，认为古脊椎动物研究所研究古人类可能有用，力促将人骨包装运送到北京古脊椎动物研究所进一步研究。古脊椎动物研究所主要研究旧石器时代的人骨，但新石器时代人骨也研究，就交给吴新智去做。

半坡村考古的学者们把骨包得很严实，外面用一层一层的纸包好放在木箱中。但因为没有将头颅内的土掏出来，骨头里的泥土干了，很硬，结果运输过程中相互碰撞，很多人骨都损坏了，而且很严重，有的长骨都断

① 吴新智：《人类进化足迹》。北京：北京教育出版社、北京少年儿童出版社，2002 年。
② 半坡遗址位于陕西省西安市东郊灞桥区浐河东岸的半坡村，是黄河流域一处典型的原始社会母系氏族公社村落遗址，属新石器时代仰韶文化，距今 6000 年左右。1954-1957 年，先后进行了五次较大规模的发掘。已发掘出 46 座房屋、200 多个窖穴、6 座陶窑遗址、250 座墓葬，出土生产工具和生活用品约 1 万件，还有粟、菜籽遗存。1957 年建成遗址博物馆。
③ 尹达（1906-1983），原名刘耀，又名刘虚谷，字照林，河南滑县人。1932 年河南大学中国现代考古学专业毕业，考古学家，曾任中国考古学会第一、二届副理事长，中国史学会常务理事。新中国成立后任中国人民大学研究部副部长和北京大学副教务长，1953 年任中国科学院历史研究所副所长兼考古所副所长。1955 年当选中国科学院学部委员。

图 5-1　1958 年冬或 1959 年春古脊椎动物研究所人类室同仁在二道桥合影（前排左起：许香亭、毕初珍、裴文中、孙冀平、韩德芬、刘昌芝；二排：赵资奎、贾兰坡、顾玉珉、黄万波、邱中郎、张森水；后排：翟人杰、刘增、李炎贤、吴新智、颜訚。吴新智提供）

了。吴新智及同事刘昌芝花了很长时间，在二道桥"南院"的院子里把考古研究所从西安运来的标本整理粘接就绪，刚刚把这些破损的人骨粘接好，研究所来了一位新的教授——颜訚先生调来研究所工作。

颜訚原来在四川医学院教解剖学，抗日战争前夕曾在中央研究院人类学历史语言研究所工作，他对人类学很感兴趣，但多年没做研究了。所长很欢迎他，所里重新分工，吴汝康研究旧石器时代的材料，颜訚研究新石器时代的材料。吴新智把粘接好的材料交给颜訚，并与刘昌芝一起给颜訚做助手。

研究完西安半坡村的这批材料后，吴汝康先生让吴新智用山顶洞人的人类化石模型作为他的副博士论文材料。山顶洞人的化石在 1941 年已经丢失了，只好用模型。魏敦瑞 1939 年的论文着重从每件头骨与其他头骨的不同特征方面做文章，得出他们属于三个远隔万里的人种类型的结论。[①]

----

① Weidenreich F. On the earliest representatives of modern recovered on the soil of East Asia. Pek Nat Hist Bull, 1939, 13（3）: 161-174.

认为从测量上看，老年男性头骨像西欧新人①化石，而从形态观察指标上看，是原始的蒙古人种；一个女性头骨是美拉尼西亚人②；另一个女性头骨是爱斯基摩人③，现在叫因纽特人。

这三种人离奇地汇聚到中国的山顶洞的论文发表后引起很大争论。魏敦瑞的这些观点曾受到一些学者的批评，但都没有化石证据的分析。

吴新智第一次从形态角度全面分析，研究了这3具头骨的种族问题。他根据脑量，舒瓦伯氏（Schwalbe）额角等11个指标，比较分析了克鲁马农人④、柯姆卡拜尔人、普舍莫斯特人、奥伯卡沙人、麦什他人与山顶洞人之间的异同，最后做出这3具头骨都属于蒙古人种的结论，对于认识中国人的祖先的体质特征具有重要意义，同时为研究爱斯基摩人和印第安人的起源提供了重要资料⑤。

美国哈佛大学的人类学系有个主任，他写的一本教科书更有意思，他说山顶洞的3个头骨化石属于一个老头和他的两个妻子，一个中年、一个青年，他的想象力太丰富了。

吴新智采用与魏敦瑞不同的思路，总结出3个头骨的共同特征，主张他们属于一个群体，同时对各个头骨之间互不相同的特征进行解读，加强其属于同一群体的论证。还指出和论证了魏敦瑞的错误，并且找到一些过去没有来得及研究的山顶洞人的四肢骨模型一并加以研究和报道。

---

① 新人：指解剖学上的现代人或晚期智人。

② 美拉尼西亚人（Melanesian），指太平洋西南部美拉尼西亚群岛上的民族群体，包括所罗门人、瓦努阿图人、新喀里多尼亚人、斐济人及巴布亚新几内亚的美拉尼西亚人。属澳大利亚人种美拉尼西亚类型。

③ 爱斯基摩人（Eskimo），北极地区的土著民族，分布在西伯利亚、阿拉斯加和格陵兰的北极圈附近，居住在美国、加拿大和俄罗斯等，属于蒙古人种北极类型。"爱斯基摩"含义是吃生肉的人，该词出自印第部落语言，带有贬义。爱斯基摩人不喜欢这个名字，改称自己为因纽特人（Inuit）或因纽皮特人（Inupiat），意思是"真正的人"。

④ 克鲁马农人（Cro-Magnon man）是距今3万年前欧洲大陆出现的早期人类，属于晚期智人，人类进化史最后一个阶段代表性居群的总称，因其化石最早发现于法国克鲁马农山洞而得名。

⑤ 吴新智：周口店山顶洞人化石的研究。《古脊椎动物与古人类》，1960年第2期，第141-149页。

初步研究结果在 1961 年《中国科学》上发表①，吴新智认为山顶洞人的 3 个头骨有共同的蒙古人种特点，并不代表远隔万里的三种类型，否定了魏敦瑞过去的研究。

1957 年，中国共产党号召全国人民大鸣大放帮助党整风，各地多次组织召开座谈会，大连医学院自然也不例外。因考虑到妻子产后需要照顾，所以吴新智在 3 月份才去北京报到。

不久，人民日报发表了《工人说话了》的社论，开始了反右派斗争。研究所也揪出了三个人作为右派分子开会批判斗争。研究所的党支部书记亲自到吴新智的办公室动员他在批判大会上积极发言。吴新智说："我工作多年好不容易考取了研究生，有了新的学习机会，应该努力学习，不过作为共青团员，我会在会上积极发言的。"发言时，他也只是在会上就事论事，不像一些同志那样提高嗓门，慷慨激昂，大声疾呼地进行批判。后来被批判的三人中有一位因为是工人身份而没有被划成右派分子。

这使吴新智想到大连医学院的情况。大连医学院在反右派初期比较温和，吴襄教授是民主同盟旅大市支部的书记，没有被作为右派分子进行批判。由于没有抓出右派，上级很不满意，便派来工作组，认为原来的党委严重右倾。工作组不但将吴襄打成右派分子，还将原来的党委书记王辅民、党委副书记兼团委书记黄易明、基础部党支部书记汪玉娇、团委副书记范恒静等吴新智所熟悉的人都划成右派分子，吴新智的同学、基础部党支部委员钱振超也受到严厉的批判。吴新智想，几个月前自己还是团委向党委推荐入党的优秀团员、基础部团支部副书记，这一下子党委、团委领导都成了右派分子，如果当时留在大连的话，很可能也难逃一劫。蒋景仪那时还在大连，她在参加批判钱振超的会议时看到他夫人（她的浙医同学）在听众席上流泪，不禁为吴新智离开大连而庆幸。但当她看到大鸣大放期间的一份院报上登载吴新智的发言时，又不禁为他感到后怕。其实，那次发言的内容并不尖锐。②

---

① Wu X Z. On the racial types of the upper cave man of Choukoutien. Scientia Sinica，1961，10（8）：998-1005.

② 吴新智访谈，2013 年 5 月 13 日，北京。资料存于采集工程数据库。

1957 年，杨钟健、裴文中在周口店举办全国性的古脊椎动物与古人类学培训班，吴新智被指派讲授古人类学，自己编写讲义。文化部通知全国各省市自治区文物单位或者博物馆组织干部来周口店参加学习培训，每馆一个人，有的是两个人。40 多人参加了培训。当时杨钟健是研究所所长，裴文中担任培训班的班主任，鱼类学家刘宪亭先生协助。学员们吃住和学习都在龙骨山南坡的两排平房，其间是一个大的庭院。人们出入经过其东墙中间的圆形门洞，培训班的人戏称这个院子为"大观园"。

方其仁也是学员，担任班长。方其仁回忆说："吴老师负责讲课，他不光专业知识好，专业技术也好。"做学问像他做人一样"朴实无华"。他尊重事实，尊重客观实际。1951 年，方其仁从师范学院生物系毕业到西南人民科学馆工作，新中国成立初期，国家强调科学普及工作，西南人民科学馆调整为西南博物院、自然博物馆，后改称重庆市博物馆。除个别学员回去改行以外，绝大多数都成为当地的骨干或者领导干部。

五年研究生生活

1958 年，国内开展"大跃进"运动，口号是"鼓足干劲，力争上游，多快好省，建设社会主义""超英（国）赶美（国）"。媒体经常报道许多单位做出了大大超出寻常的成绩，将其称为"放卫星"，提高"大跃进"运动的气势。那时各行各业都在努力争取"放卫星"。研究所领导觉得周口店北京猿人知名度很高，要求通过周口店的发掘"抱人头，放卫星"，要再挖出北京猿人的头盖骨。

工地临时拉电线安装了电灯，"挑灯夜战"。因为目标是"抱人头"，所以炸出来或挖出来的堆积物的体积只要是小到估计不足以包埋头盖骨的就被推到一旁，让其滚下坡去。现在想起来，不是不可能有牙齿或小块化石还埋没在第一地点现在洞底东部的土石中。

同年，在包括中国科学院在内的"知识分子成堆"的地方开展了"拔白旗"运动，要求知识分子走"又红又专"的道路，天天开小组会。吴新智成了批判对象。起因要追溯到1957年夏天的大鸣大放帮助党整风时他的一次发言。

在运动初期，吴新智所在的小组比较沉寂，许多人有顾虑不敢畅所欲言。他当时还是共青团员，没有超龄，觉得有义务带头发言，但是初来乍到，又不了解所里情况，没法结合本所实际帮助党整风，提意见。他就从报纸上挑选一些自己认同的观点作为发言的内容。当时，《人民日报》上有各种各样的言论，鼓励大家"鸣放"。"教授治校"就是《人民日报》和《光明日报》登出的言论，他以为不错。因为在武大附中时，他就知道武汉大学遇到重要的事情都开教授会，最后校长执行，而不是校长决定。1958年的"拔白旗"运动中，吴新智就挨批判了，群众贴大字报说吴新智走"白专"道路。后来一查他1957年5月在大鸣大放帮助党整风期间的小组发言记录本，其中记录着他说过"教授治校可以试试"这样的话。在1957年6月开始的反右派斗争中，"教授治校"被定为右派言论，受到严厉批判。

吴新智自己说，"这是漏网的右派言论，当时可能由于被作为右派批判的名额有限，或者其他原因，1957年没有被提出来进行批判，但是在1958年夏天却被'补课'"，晚上开批判会，白天照常工作。说他反对党的领导。吴新智说："我为什么反对党的领导呢？个人和家庭都没有历史污点。在上海医学院时，努力为大家服务，党支部培养我入党。到了大连医学院，做了团支部书记，又是被推荐入党的两名共青团员中的一个。"

批判了三个月，直到运动结束也没能得出什么结论，只得不了了之。挨批以后，社会工作也不参与了，也没资格参加。只好夹着尾巴做人。自己做工作，该跑野外跑野外，该研究就到办公室自己研究，看看书。

1958年暑期，研究所就派吴新智到周口店去参加发掘。当时的发掘工地在周口店第一地点，发掘东侧的堆积物由贾兰坡先生负责。参加发掘的主要是北京大学吕遵谔老师率领的考古专业大一和大二勤工俭学的学生，其中包括后来成为广东省考古研究所所长的朱非素、中央美术学院图书馆馆长的汤池、北京文物考古研究所的吴梦龄等。汤池在此期间认识了研究所古人类室的段雨霞，以后结成连理，可谓一段佳话。

那个时候，吴新智还是一个研究生，只是跟着发掘，没有什么建树。吴新智回忆说："发掘工作劳动强度相当大，我与那些年轻学生一样，手握铁锤在坚硬的堆积物上'打眼放炮'，经常在烈日下汗流浃背。上世纪 90 年代我去广州出差，时任广东省考古研究所所长的朱非素请我吃饭，对在座的该所骨干介绍我的时候说，她 1958 年在周口店参加发掘时听人说，我是在运动中被批判后送到周口店'劳改'的。其实这是以讹传讹，我当时和大家一样，并没有受到任何歧视性的待遇。"

第一地点东坡山脚下有一个朝东的小洞，一般认为很可能是猿人出入的洞口。1958 年也发掘了，由于没有重要的发现，不久便放弃了。

有一天郭沫若院长来工地视察，在鸽子堂前还照了一张合影（图 5-2）。他还记得郭老在接待室为大家做报告的情景。郭老说，1927 年大革

与郭沫若同志在周口店洞口（**1953**）

图 5-2　1958 年夏郭沫若视察周口店于鸽子堂洞口与发掘队的合影[1]（三排左 6 起：郭沫若、杨钟健、吴新智，左 10 刘昌芝；一排右 3 起：朱非素、吴梦龄。中国科学院古脊椎动物与古人类研究所提供）

---

[1]　根据相关史料并与传主反复核对，照片摄于 1958 年，标记"1953"肯定有误。

命失败后他流亡日本，娶了日本妻子，生了许多孩子，生活负担重，一大家子人就靠他写稿得来的稿费生活。在如此为生活奔波，一无导师、二无助手的情况下，还是写出了《十批判书》等著作，时至今日还是有一定学术价值的。他勉励在座的知识分子，或上有导师指导，或下有助手帮助，没有理由不做出比他更好的成绩。他说着说着兴奋起来，便坐到了身后的长条桌上继续讲。这个报告对吴新智有很大的影响。

暑假过后，北大师生回校上课，发掘也就停止了。

1959 年，由研究所的赵资奎负责接着往下挖，开工不久就在现场南部出土了一件下颌骨。吴新智说："贾老如果在头年继续多挖几天，履历上就又能增多一项发现纪录，我也在场，可能沾点光，可惜我没有那么好的运气。"

1959 年 9 月，由颜訚、吴新智等人撰写的文章《西安半坡人骨的研究》在《古脊椎动物与古人类》杂志上发表。文章是根据中国科学院考古研究所 1954—1956 年在西安半坡村遗址三次发掘的人骨进行的研究写的。由于这批人骨虽出土在陕西境内，却有不少"南洋人"的特征，在分析原因时颜先生主张，这是由于这个人群来自南亚，吴新智不赞成他的意见，最后在《考古》杂志上发表时只是客观地列出一些测量数据和指数及不同人群比较，没有推测其原因[1]。

吴新智还与同事张银运写文章向国内介绍了 1951 年苏联科学院民族研究所出版的《人类起源与古人类的分布》一书凸显"劳动内涵"的内容。

1959 年是北京猿人第一个完整头盖骨发现 30 周年，周口店陈列馆（20 世纪 70 年代建造新展厅时被拆除，原址在新展厅门前大台阶下正前方）实行整改，在原来 50 年代初期展陈的基础上根据科学新进展整改，还是在那 300 平方米的房屋内，只是做新的布置。吴新智说："研究所领导让我负责，我记得设计了两项新的表现形式：（1）底下放着灰烬标本，在上面展板上画一个火焰；（2）将北京猿人的一些化石模型挂在一个画着人形的展板上相应的解剖位置上。"[2]

---

① 颜訚，吴新智，刘昌芝，等：西安半坡人骨的研究.《考古》，1960 年第 9 期，第 36-47 页。
② 吴新智笔头访谈：我与周口店遗址，2018 年 5 月，北京。资料存于采集工程数据库。

吴新智还作为第二作者与吴汝康和王存义共同在《古脊椎动物与古人类》杂志上一起发表了《关于北京猿人容貌再造》[①]的论文，介绍了相关参数。为了配合拍摄电影《中国猿人》和《中国古人类》，吴汝康让他与王存义做复原像，他与王存义合作复原了北京猿人头像和中国古人类阶段复原像并于1981年发表文章《谈我国几个化石人的复原人像》[②]。

1960年春，裴文中打算去南方广泛多地调查，派吴新智即去打前站。

1962年，在裴文中还没有到达前，在广西柳城封门山一个洞穴中就发现剑齿象、鬣狗、巨貘等10余种哺乳动物化石，还有柳州新兴农场职工收集的一枚四棱齿象牙化石，就在这里，吴新智主持了他的第一次发掘。这个洞比较特殊，洞内的堆积物其上层和下层的硬度不同，颜色也不一样。奇怪的是，上层的土色红，化石的地质年代比较早，下层的土色黄，化石的地质年代比较晚，换句话说，洞内的上层堆积物的时代反而比下层的堆积物古老。按照常理，年代早的堆积在下层，年代晚的堆积在上层，而这里从化石来看正好颠倒了。他研究生期间只学过一点普通地质学，都是一般的知识。怎么解释这种现象？后来他就想，因为溶洞里有水，水流可以把堆积物的底下掏空，掏空后又有新的进去，经过多少万年后就形成上面化石的年代比较早的现象。裴先生去后，吴新智领着他查看，裴先生同意他的解释，让他写报告。裴先生看后觉得他写得挺好，将这个报告纳入后来出版的关于广西山洞的一本专著中，并且注明是根据吴新智的原稿改写的[③]。

裴先生还带领这个小型考察队到柳城和大新的巨猿洞以及1958年9月出土过人类化石的柳江通天岩进行了考察。广西有许多山洞，洞中经常为松散的或胶结的泥土（当地称为岩泥）所充填，这些泥土富有含氮的化合物，当地农民有时将其挖出熬硝或者做肥料。柳江的这个山洞属于一个劳改农场（新兴农场），农场的劳改人员挖掘这个山洞中的泥土做肥料，将

---

① Woo R K, Wu X Z, Wang C Y. New reconstruction of physiognomy of Sinanthropus woman. Vertebratal Palasiatica, 1959（3）: 165–166.

② 吴新智: 谈我国几个化石人的复原人像.《化石》, 1981 年第 4 期，第 8–9 页。

③ 裴文中: 柳城巨猿洞的发掘和广西其它山洞的探查。中国科学院古脊椎动物与古人类研究所甲种专刊第七号，北京：科学出版社，1965 年。

同时挖出的许多化石弃置一旁。农场场长李殿将其中的人骨和一些动物化石送到北京中国科学院古脊椎动物与古人类研究所，经吴汝康研究认为属于晚期智人，而具体年代则有待确定。

柳江头骨是吴汝康先生研究的，当时吴汝康认为头骨是男的，文章发表以后，有些外国专家认为这是女的，到底是男还是女，难以辨别。

为了更好地对人骨进行性别判定，吴新智就用新疆乌鲁木齐市附近出土的汉族现代人髋骨来研究，因为人骨中髋骨的性别差异最显著。他测量了相关数据，列出表和图显示各项数据的分布，用统计的方法，把数据标点于方格纸上，进行性别判定，大大地提高了鉴定性别的能力。后来论文也发表了[①]。

离开广西后，吴新智与一些年轻研究人员一起随同裴先生转往云南考察，住在当时昆明最高级的两个宾馆之一——国际旅行社。考察的主要地点是开远小龙潭煤矿，这里曾经在50年代从挖出的煤中发现过10颗古猿的牙齿，经吴汝康研究定为森林古猿的牙。考察完毕后回到昆明国际旅行社投宿时，却被拒之门外。经过与其上级交涉才住了进来。原来这一行从野外返回昆明的学者们衣衫破旧，故被高级宾馆的门卫挡驾。吴新智第一次验证了研究所同事们常说自己"出门像花子"的自嘲语。

初露头角展新貌

从1957年来到中国科学院古脊椎动物研究所读研究生到1961年论文答辩共四年时间，吴新智边学习边工作，他没有辜负导师的期望，成了吴汝康最得意的门生和他事业中最好的助手。吴汝康的不少著作和研究成果都是吴新智帮助做的具体工作。1957年，吴汝康给中央民族学院（现在的中央民族大学）研究生班上课时用的《人类学基础》（俄文版，1955）的

---

① 吴新智：柳江化石人髋骨的性别鉴定。《人类学学报》，1997年第16卷第2期，第107-111页。

油印讲义也是吴新智将罗京斯基（Рогинский）和列文（Аевин）所著的《人类学基础》的有关章节配合上课进度，一周接一周地翻译的。他还翻译了苏联科学院古生物研究所奥尔洛夫（Ю. А. Орлов）写的《培养古生物学家应该注意的一些问题》[①] 一文，协助导师区分巨猿的第一和第二前臼齿，测量其牙齿，共同编写这些著作。

这时的吴新智已经能独立分析，不迷信他人，开始显露出他的科研头角。正如张弥曼院士谈到吴新智时说："吴新智有良好的学业基础，受过很好的传统教育。"足以看出他非凡的创造力，同时也不计名利和地位，默默奉献，无怨无悔。

1961 年以前国家对是否连续培养研究生举棋不定，研究所招的两届研究生都被"挂起来"，经济上按研究生待遇发放原来工资的 90%，没有学位课，工作上与职工一样，一起出野外。1961 年中国科学院来了指示，提出已招第一、二届研究生答辩，毕业。准备好了就在 1961 年答辩，没有准备好的第二年答辩。吴新智有准备，关于山顶洞人的种族问题的论文已经在《古脊椎动物与古人类》杂志上发表过了。在此基础上扩充、放大、全面一点就行了。于是进行答辩，很顺利地通过了答辩，在研究生中第一个转为助理研究员。当时共 6 名研究生，第一届 2 名，第二届 4 名，吴新智第一个答辩，这样就算毕业了。后来他的研究生论文《周口店山顶洞人化石的研究》在《古脊椎动物与古人类》杂志上发表 [②]。

他研究生论文的部分内容发表了，除了观察、测量 3 具头骨外，还研究了下颌骨、部分体骨等，发现山顶洞人具有新人化石所共有的原始特点，有的与今天的蒙古人种，特别是中国人、因纽特人、美洲印第安人相近；低眶、宽鼻的形态特点虽与现今典型的蒙古人种不同，却与我国其他新人化石一致。与我国中石器时代、新石器时代人骨对比似乎可以看出，山顶洞人与现今的中国人在眶、鼻形上有继承关系。

---

① 奥尔洛夫著，吴新智、吴汝康译：培养古生物学家应该注意的一些问题。《古脊椎动物与古人类》，1961 年第 1 期，第 79-81 页。

② 吴新智：周口店山顶洞人化石的研究。《古脊椎动物与古人类》，1961 年第 3 期，第 181-211 页。

1961 年 5 月，吴新智陪同民主德国卡尔克（H. Kalke）去桂林和柳城巨猿洞考察，这是他首次陪同外国人访问。通过一起生活交流，使他的外语水平又提高了一步。此后所里只要有外宾来访，不论领域是否与他相关，只要应用英语，往往都由他当译员。

1961 年 11 月中旬到 1962 年 1 月，吴新智在广西桂林的平乐、荔浦、阳朔及桂林市郊、临桂县寻找化石。

1962 年夏，吴新智领队去广东帮助暨南大学历史系学生去粤西罗定、封开等地调查和发掘。1963 年夏，吴新智随同贾兰坡领导的考察队到山西峙峪、丁村、里村西沟和西侯度考察。

图 5-3　吴新智在蓝田人出土地点留影
（2014 年李雅范摄）

1964 年 4 月底到 7 月中旬，吴新智同韩德芬、袁振新、齐陶、陆庆五等在陕西蓝田公王岭发掘，他在附近的平梁的地表拾到了可能属于我国中更新世的第一件手斧。回所以后要写发掘报告，一起参加此次公王岭发掘的研究人员都被派去河南参加农村的"四清"运动，吴新智只好独自整理地层资料和鉴定哺乳动物化石，撰写发掘报告。这次是他第一次独立整理地层资料、鉴定哺乳动物化石，得到了一次比较全面的锻炼。

吴新智将 1964 年从平梁拾到的手斧交给 1965 年继续发掘公王岭的队员中研究石器的戴尔俭，后来戴尔俭将对手斧的研究写进其发表的论文中。

为什么吴新智不做石器的研究，而把研究机会让给了别人呢？这还得从科学院的辩论说起。

1958 年和 1959 年，科学院曾经有过一场辩论，题目是"任务带学科还是学科带任务"，不同研究内容的人员对此认识不同。

研究所有人主张，每年出差到野外去找化石，要花很多时间，不可能一年到头全在野外，家里还有父母妻小，还要回来。古人类研究室的研究人员每年有几个月的时间出野外调查和发掘，更长的时间在室内工作。在北京干什么？人类学工作者以研究人类化石为专业，在野外如果得到人类化石，在室内便有研究工作可做。出野外经常能找到许多第四纪哺乳动物化石，而遇到人类化石的机会则非常之少。大多数年份在野外工作中只能得到许多动物化石，得不到人类化石。年资高者有条件做综合的或理论方面的研究，年轻人怎么办？有人就主张，在野外找到什么化石，回来就研究什么化石，然后写文章。吴新智认为，如果这样的话，久而久之肯定会成为专业研究哺乳动物的，与人类学没有关系了。

也有人主张，找到石器比找到人化石的机会多，虽然没有人化石，石器也是人制造的东西嘛。吴新智觉得这个也不行，长此以往就成了研究石器的专家了，又离开体质人类学本行了。吴新智认为这样做，研究人员将会成为知识面广但是不能精通人类学的学者。在没有机会做古人类学研究的情况下，吴新智宁可主动开拓人类学的其他领域。

最后吴新智决定还是搞体质人类学，就是说每年三四个月在野外调查，调查得到人化石，回来就研究人化石，没有人化石，回来就搞体质人类学有关的研究。

在这种情况下，吴新智与吴汝康编写了人体测量手册，因为要测量，开始就要有个工具书。后来做一些锁骨年龄变化、髋骨性别鉴定方面的研究，因为那时候中国基本上没有法医人类学，觉得这还是需要的，有这个条件，那么就去做这方面的研究。例如研究和撰写《长臂猿解剖》、协助吴汝康撰写《人体骨骼测量方法》和《人体测量方法》，做一些法医人类学研究等。如此，吴新智不仅拓宽了研究范围，也为我国灵长类解剖学和法医人类学做出开拓性的工作；既夯实自己的人类学基础，推动了学科的发展，也为其他领域的专家提供了研究信息，为我国人类学的发展作出力所能及的贡献。[1]

---

① 吴新智访谈，2014 年 5 月 15 日，北京。资料存于采集工程数据库。

破 解 野 人

　　1961 年国庆节后，按计划吴新智等人到广西桂林地区调查化石，调查队雇了一个小船顺着漓江漂流，沿途看到山洞就钻山洞进去找化石，晚上就睡在小船上。辛劳之外，可以欣赏"桂林山水甲天下"这大自然的美景。

　　一天，所里派一名年轻人刘增来这里，传话说所里派吴新智和他一起去调查野人。因为云南西双版纳勐腊县有姓谢的中学教员出来打猎时，看到野人蹲在树上，回去给别人讲了。还有一个村子的群众看到在山的另外一边，野人在月光下跳舞，群众很害怕。因为那个地区当时还属于刀耕火种，也就是在村子旁边放火烧荒后就耕种，几年后肥效下降，地不肥了就到更远的地方烧荒种植。种几年后放弃，再到更远处烧荒，越烧越远，所以种田的地方跟寨子距离很远，要走很多的路，途中没有人烟，很荒凉，他们害怕野人，影响了下田生产。县里把这个情况反映到省里，最后报告中央。

　　科学院研究所名字中有"人"字的就是古脊椎动物与古人类研究所了，昆明动物研究所、北京动物研究所是研究动物的。1961 年冬到 1962 年春，中央把调查野人的任务交给中国科学院，科学院责成古脊椎动物与古人类研究所吴汝康副所长和昆明动物研究所潘清华所长组织人马去调查。古脊椎动物与古人类研究所就派吴新智和见习员刘增，北京动物研究所派了一个 1955 年复旦大学生物系毕业研究兽类的汪松，一个刚刚毕业的冯祚建，还有一个实验员叶宗耀，会打猎，枪法很好。研究动物需要采集动物，就要打猎。昆明动物研究所也派了一个枪法很好的人，年龄也比吴新智小，有西双版纳野外经验的李致祥和杨德华。

　　吴新智和刘增一起离开广西桂林，直奔昆明，到昆明后跟昆明动物研究所的人汇合，再协同北京动物研究所的三个人，一共七人出发去调查野人。县里还配了两个人，一个是县政协委员，原来是一名土司，野外生存经验比较丰富；还有一名民兵，背了一杆长枪、粮食和盐。吴汝康和潘清华到勐腊县与当地政府交代好之后就各自返回北京和昆明了。当时因粮食不足，需要到县里找县长统一批，县长不坐在办公室，到处转，吴新智写好条子后只好到大街上找县长批，县长披一件破棉袄就在大街上给吴新智批粮食。

吴新智等九人穿上胶鞋就进老林开始调查野人。老林里没有路，就用刀砍茅草和小竹子，后来干脆顺着河流走。河水浅的地方还能淌过去，深的地方水就灌入胶鞋内，有的地方树倒下来把河道拦住就爬过树继续走。天黑的时候安营扎寨，政协委员就教吴新智等人砍竹子，砍完后再将竹子劈开做成篾片，用篾片将砍成一段段的竹子绑在一起就成为屋架，再砍些芭蕉叶盖在上面做屋顶，做成一个窝棚，因为潮湿所以在中间再搭一层，用拍扁的竹子铺成的地板，如同高脚屋一样。各人将自己带的行李打开铺放在窝棚里这样的地板上。晚饭由北京动物研究所和昆明动物研究所的枪手出外打野兔等小动物作为食物，有时还能猎得以前从未见过的犀鸟，政协委员教他们如何辨别野菜并领着他们挖野菜。做饭就用一个竹筒灌上米和水，放火上烧，熟了后劈开烧煳的竹筒就闻到一股扑鼻的香气，十分可口。用竹筒烧开水，只要当心，一根竹筒可以使用几次。

这个地方生活着傣族人，他们吃糯米，没有大米。吴新智等白天出去寻找野人，就把糯米攥成团，放在竹子编的盒子里，到了中午，就在半道上弄点山泉水喝，吃糯米饭。有时一天不见一个人影，自己背着行李到处转。

晚上把枪架起来，把一片动物内脏吊到枪扳机上，一旦有野兽来吃动物内脏就会拉动枪栓射出子弹。窝棚旁边点上火堆，防止晚上野兽来袭。在这个地方住下以后，白天到附近山头转，分片转几天调查野人踪迹。

吴新智并不认为有野人，但相信可能有猩猩，因为西双版纳以前没有象，后来有象了，在生态上是一块保留地，所以动物可以过来。而更新世的猩猩化石在广西有很多，后来猩猩退到南方去了，在苏门答腊和苏拉威西这些地方及印度尼西亚那些岛上现在还有猩猩。他猜想也许是没有向南迁徙的猩猩留在西双版纳，被群众误认为是野人，还是值得科考的。猩猩有一个习惯，搭棚在树上睡觉，考察队上山就搜寻树上有没有猩猩睡觉的窝，地面有没有猩猩的脚印或粪便。就这样一片一片地找。

偶尔也遇到群众的田房，这是老乡在播种和收获的那些日子用来休息的空草房，里头放些辣椒和盐巴。据说有一个小伙子上田房休息，一只老虎突然冲了出来跑了。所以政协委员让大家进田房前先敲山震虎，给动物一个信号，警告它们先躲开，否则正面遇见很危险。查了一段时间也没有任何信息，甚至到挨近老挝的边境也没有发现野人。

找了很长时间也没有找到野人留下的任何线索。考察队员们从每天早晨都能听到长臂猿的叫声受到启发：是不是长臂猿被误认为野人？当时国家还没有野生动物保护法，也没有保护野生动物的意识，为了完成任务打了两只长臂猿（雌雄各一）放在招待所门前给老乡看，老乡经过辨认，认为可能是吧，调查队就撤走了。①

吴新智发现有这样好的标本，有这样好的机会，就找到昆明动物研究所的所长潘清华（原来西南联大教比较解剖学的老师，后来到云南大学教比较解剖学，"大跃进"时奉命筹办中国科学院昆明动物研究所并担任所长）。吴新智跟他说："你这个动物研究所跟北京相比从人才上、设备上、图书资料上都相对比较差，你怎么能够办得有特色？云南的灵长类特别多，全国没有哪个省有这么多灵长类，你们是不是重点在灵长类方面多做点文章？现在灵长类的解剖只有一本英文的猕猴解剖，中国没有中文的，是不是可以做灵长类解剖？斯里兰卡有一本比较薄的《长臂猿解剖》，但那里的长臂猿种属与西双版纳的不一样。中国云南的长臂猿解剖还没人做过，你们可以做一做。"

潘清华也认识到这是一个很好的机会，就选派了叶智彰、刘爱华、单祥年、殷留勇等年轻一点的科研人员，并招聘一位画图的人，古脊椎动物与古人类研究所派出原来在广西教解剖的林一璞和1962年复旦大学人类学专业毕业的徐庆华。在昆明动物研究所成立研究小组解剖雌雄各一只长臂猿，将资料汇总成一本书《长臂猿解剖》。因为不久"文化大革命"开

---

① 吴新智访谈，2013年5月14日，北京。资料存于采集工程数据库。

始了，所以书没有出版。"文化大革命"后期又可以出书了，但当时著者不能署个人名字，所以吴新智就在前言中写上参加人员名字。长臂猿解剖做完了，吴新智就回北京了，但实验室没有解散。叶智彰是 1959 年中山医学院毕业的，对这很感兴趣，也知道很有前景，就接着做。猕猴解剖、叶猴解剖、懒猴解剖，等等，把中国所有灵长类解剖都做了一遍，而且都出版了专著。1979 年，《长臂猿解剖》获云南省科技成就奖。另外他们还发表了许多比较性的研究论文，为中国灵长类大体解剖形态学作出了贡献。

1976 年，湖北的郧阳专区宣传部副部长李建是学历史的，听说神农架有野人后很感兴趣，找到北京动物研究所，该所指派汪松等人去现场实地考察，他们根据当地生态环境和对"目击者"提供的线索的分析等各方面情况推测，不可能有野人。不久，古脊椎动物与古人类研究所业务处接到一封神农架地方干部发来的长篇电报，当时业务处处长郑海航找古人类研究室的负责人吴新智商量，吴新智说他自己不相信，但是如果研究人员有相信野人存在的可以去调查，他不阻拦。后来郑海航找主管中国科学院的方毅，获批 2 万元组织了一个小组去进行调查。同时，湖北省军区的司令也听说过野人，派了一个侦察排和一辆卡车，共同去调查野人。后来没有结果，就撤销了。

李建后来又找吴汝康和吴新智，说有人报告在云南得到野人的脑子、野人的手，要求在北京开一个科学讨论会或者新闻发布会，吴新智建议他不要着急，等看了标本鉴定出来后再定。野人研究会的会员到现场取来"野人的手"（据说脑子已经遗失），送到北京请古脊椎动物与古人类研究所的一位老专家鉴定，他看后建议送到动物研究所。动物研究所的年轻人鉴定是合趾猿，合趾猿是爪哇才有的，也是一种长臂猿。后来在湖北的《科学与人》杂志发表了一篇讲野人的文章说，这是野人考察的重要成果，后来经其他学者鉴定其实是猴子的爪子。

第六章
艰难的岁月

一 段 灾 难

1966 年 4 月，根据山东博物馆孟振亚反映的线索（发现一枚人牙化石），吴新智与宗冠福去山东新泰发现该人牙的地点做野外调查，获得了一些动物化石，将人牙化石鉴定为属于更新世晚期。

同年 5 月 16 日，中央通过了"五一六通知"[①]，"文化大革命"开始了，这股猛烈的风暴波及每一个角落，大字报铺天盖地，全国上下到处"怀疑一切，打到一切"，从中央国家机关到地方各个单位，各部门都受到冲击。所有的研究工作就停下来了，大字报批判的对象是研究所领导，说他们是"走资派"，所领导都被拉下马，罢了官，靠边站，遭批判。

对当权派批判到一定程度，接着就对留过洋的研究员下手，如杨钟健、周明镇和吴汝康等。给他们扣上了资产阶级反动学术权威的帽子，取

[①] 指 1966 年 5 月 16 日，中共中央政治局扩大会议在北京通过了"文化大革命"的纲领性文件《中国共产党中央委员会通知》，即"五一六通知"。

消一切职务与权力，靠边站，不能再搞研究了。不仅如此，他们一起被所造反派专政队赶进"牛棚"，不准回家，每天半天劳动，其余时间写材料、写检查，接受群众的批判。据中国科学院院史记载，科学院很多知识分子和干部被立案审查，遭到非法监禁、残酷折磨、刑讯逼供[①]。

1967年，在上海"一月风暴"的影响下，中国科学院北京地区的"革命造反团"等组织成立。1月24日召开了夺权大会，中国科学院（京区）革命造反派联合夺权委员会（简称院联筹）夺了科学院的党政财文大权，中国科学院各部门被迫停止了工作。古脊椎动物与古人类研究所是科学院下属的一个研究所，也不可能躲过这场灾难。

全国许多大学生和中学生免费乘坐火车到各地"造反"（当时称为"红卫兵""大串联"）。1937年发掘人员发掘了周口店第四地点的上部堆积物，长时间的裸露风化导致其剩余堆积物的顶层不断流失，60年代，在残余堆积物顶部南侧逐渐出现一条裂缝且慢慢加宽。1967年，有几个来到周口店的"红卫兵"，看见第四地点南侧的这个裂缝便试着钻了进去，发现里面是一个山洞。原来它通向一个位于第四地点堆积物北侧被其封堵了的不大的山洞（后被当地人称为新洞）。那时周口店各个遗址所在区域是中国科学院古脊椎动物与古人类研究所的财产。

1973年，古脊椎动物与古人类研究所决定发掘这个地点，组织人员继续发掘第四地点的堆积物，从第四地点剩余堆积物的顶层向下挖，南侧的裂缝逐渐扩大，暴露出其北侧洞穴的洞口。发掘人员可以顺畅地进入北侧山洞，并在洞底挖了一条探沟，发现洞内的堆积物有水平层理，而第四地点在沉积过程中向北突入新洞洞口内几米的，是上表面倾斜的一堆堆积物，与新洞里的堆积物在物质构成和层理方面都是完全不同的。当时负责发掘的研究人员在编写发掘报告时将从新洞外面的第四地点堆积物中出土的包括一颗人牙的材料都写成归属于新洞的古人类。

这些材料并不十分重要，然而，工作人员在发表发掘报告时混淆了二者，误将那颗出土于新洞以外的第四地点堆积物中的人牙写成了新洞的产

---

① 李路阳：《吴汝康传》。上海：上海科技教育出版社，2004年。

物。此后 20 多年以讹传讹，一些出版物将实际上明确出自第四地点堆积物的人牙写成"新洞人"。吴新智说："连我参与主编的《中国远古人类》也未能例外。直到 90 年代我才意识到这里有问题并感到内疚，开始尽力纠正。好在这两套堆积物现在还保留在原地，很容易区别。"2011 年重新布置周口店的展览时，吴新智注意到这个问题，在各种场合口头为其正名，2011 年再发表文章，援引 70 年代发掘报告中的人类化石出土位置图等，将这个问题的来龙去脉说清楚，澄清了这个问题。[①] 从这个问题也可以看出吴新智实事求是的精神，敢于承认失误。

1967 年 7 月 3 日，中国科学院系统开始全面"清理阶级队伍"，科研工作停顿。中国科学院是我国最高的科研机构，在世界上有很大影响。这样下去不仅影响国内的科技发展，也对世界产生不良影响。后来毛主席知道了，说了话。1967 年 7 月 30 日，中国科学院成立了革命委员会，院联筹撤销，主任由郭沫若担任，而实际上只是挂名，等于虚设，因为造反派头目把持了革委会机关各部门的大权。

这时的吴新智还是一个助理研究员，也没留过洋，自然轮不上批斗他，但也被贴过大字报，说他是修正主义苗子。他见势不妙，赶紧把母亲送回合肥。1955 年 10 月，吴新智父亲在济南过世之后，他就将母亲接到大连自己家中共同居住。蒋景仪非常尊重婆婆，婆婆也做些力所能及的事情，婆媳关系非常和睦。后来母亲轮流到杭州的吴新国和合肥的吴新清处居住，一轮后再回到北京。

新中国成立初期，吴新智在填履历表时查了土地改革法，自行将家庭出身填成职员加地主，他的根据是家庭经济来源主要是父亲作为银行职员的工资，同时家中有 50 石[②] 田地，每年地租够一家吃用，而没有注意到在八年抗战和其后的年月中，由于父亲远离家乡，就没有回乡收过本就很少的田租。想不到 1966 年"文化大革命"开始后，有人从人事档案中了解到吴新智的这个出身，贴出大字报说他是地主阶级的孝子贤孙。他害怕波及母亲，立即送母亲上火车回合肥。后来母亲告诉他，开车后不久，一群

---

① 吴新智：周口店中间世代的古人类。《化石》，2011 年第 4 期，第 24—25 页。

② "石"是新中国成立前用于部分土地计量的单位，各地"一石"所对应的亩数各不相同。

"红卫兵"挨个检查每个乘客的身份，没有证明的便被认为是地主，勒令让出座位，有的还被剃了阴阳头①。母亲向他们出示了父亲去世后人民银行给她的抚恤证明才免遭此难。

当时出身成分对每个人都很重要，而许多非农村人口在城市没有被划过成分，政府决定为这类人划定成分，合肥被定为试点城市之一。吴新智母亲的户口在合肥，经过三榜定案，成分被正式划定为职员。

吴新嘉当时已经是合肥工厂的工人，妻子没有工作，照看母亲比经常出野外的吴新智更方便，所以就由其照看母亲，吴新智按月汇去母亲的生活费。

随着年龄的增长，他对母亲的牵挂日益增加。只要出差有机会到合肥，直接或绕道都要去跟母亲住上几日，陪老人家聊聊天，说说话。为了多跟母亲相聚，多在母亲身边待一会儿，吴新智到合肥开会不住宾馆，总是到吴新嘉家住，早上再从家中早早赶到开会场所。

"文化大革命"期间，造反派当不成，反动派又够不上。但他已经被打入"白专"道路，在单位和家里都很紧张，一片恐怖。在此情形下，吴新智一家不顾被批斗或抄家的危险，仍收留并帮助亲戚在家躲避，住房拥挤，只好九口人拥挤在一个房间里。

这时吴新智也只能参加一些批斗会，仍然可以整理一些东西，偷偷地钻研自己的业务。经过一段清理阶级队伍，没发现吴新智什么问题，就让他出任"连长"（相当于室主任）。

1967年，山西的红卫兵看到大同煤矿山洞里有好多干尸，是一些在日本统治时期死的人，放在小木板盒里，在山洞中风干了，一直放那儿几十年没人管，红卫兵批判山西的"走资派"没有阶级感情。事情反映到中央，中央找到科学院，科学院指示古脊椎动物与古人类研究所派人去处理。吴新智当时既非批斗对象又参加不了造反派，便自告奋勇说"我去"，他带周国兴等几个人去了山西。

到了大同，就进行整理，做好登记。从现场看，死者身上的衣服都很

---

① 又称牛鬼蛇神头，把人的头发剃一半，留一半，是"文化大革命"期间盛行的侮辱人格的错误做法。

简陋，已经糟了。个别人的身上还有证明身份的材料，这些都就地交给了矿上。根据这些，还找到了一些死者的家属。

整理完干尸后，一行人从大同回到了研究所。在所里有时参加批斗会，有时看看书。但仍胆战心惊，不知何时被批斗和抄家。夺权后，开会也不让他参加，吴新智成了边缘人物，当了逍遥派，但又不逍遥，整天提心吊胆。1969年3—4月，各单位开始做毛主席像章。做像章需要用化学药物，有污染也有毒，他主动要求参加。

别具一格的家教

吴新智教育自己的学生认真负责，指导后生和蔼耐心，对自己的女儿和家庭晚辈却十分独特。

吴新智一般晚上回到家都要继续研究学习，即便周日也是如此。星期天，吴新智一般上午洗衣服，打扫卫生，夫人则上街买菜，回来做饭。午饭后，他们都要忙自己的工作。这种身教对孩子影响比较大。大女儿吴航在接受香港电视台采访时，记者曾问她，"父亲怎么对孩子进行教育？"她回忆，父亲及家庭的教育更多的是一种身教，对这种身教感受深刻，这种长期的教育方式和生活方式让不懈努力工作成为他们自身的内在观念和动力。

在大连时，家里请了保姆，1958年到北京以后，便将吴航、吴桢送到幼儿园全托，基本是一周回一次家，甚至有时一周都不能回家。回到家后也是看书，父母一人一本书，吴航和吴桢两人也是看各种各样的书。因为吴新智要出野外，一般每年都有半年以上的时间出差，吴航、吴桢对父亲的印象比较陌生，接触时间比较短。孩提时，印象最深的是从小就学习。改革开放后有英语广播，就跟着电台学英语，父母学外语，吴航、吴桢姐妹俩也跟着电台学英语。吴航三年级的时候，因体质虚弱，吴新智就给她买了一个篮球，让她天天练习打篮球，吴航因球技高超被选入校队，后来到北京市参加比赛，她所在的那个球队还取得北京市第二名的好成绩。[1]

吴新智不对孩子们的功课进行辅导，反而拖孩子的后腿。小女儿吴东群上小学时，老师要求学生回家后将学习的新生字抄写 10 遍甚至 20 遍，要家长签字后第二天交到学校。吴东群写字慢，为了完成家庭作业，晚上要做到 11 点左右才能完成。看到这些，吴新智非常生气，认为这种教育方式摧残孩子的身心健康，就到学校找班主任和授课教师说，写这么多遍没有意义，建议老师不能这么机械地教学，而应提高学生的自主学习兴趣。老师说："要不写这么多遍，考试就考不了 100 分。"吴新智就说："我不要求我们家孩子考 100 分，80 分就非常好了，70 多分就行。"学校老师解释说，各个小学校都在抓紧进行课后作业的检查督促，如果不抓紧，将来小学升初中考试成绩就不高，会影响初中的学习乃至高中和大学的学习，如果吴东群不这样坚持学习就无法保持 90 多分的成绩，分数下降也会影响孩子自身发展。

吴新智认为孩子正处在生长发育期，如果学习负担过重，损害了孩子的健康，后悔就晚了。老师认为家长都希望自己的孩子考高分，多学习，可这位家长不希望孩子这样，实在理解不了吴新智这种做法，就跟别的老师说："从来没见过这样的家长，要求减少作业，还考 70 多分就行。"[2] 后来吴东群考取了北京市排名第一的北京四中初中和高中。

他从来没有在家里对孩子进行任何知识性的传授讲解，也不补课，但他却十分关注孩子的自我学习能力，注重培养孩子的自主生活能力。从大连到北京后，大女儿吴航六岁的时候，当时还没有上小学，有一次感冒了，需要到医院诊治。吴新智为了锻炼孩子，就在家里详细地画了张草图，跟她说明要乘几路车、什么站点下车、下车后怎么走、到医院怎么挂号、跟大夫怎么说等，然后就让其独自去医院看病，当然吴新智在后面也偷偷地照看着。用这种方法锻炼孩子独立生活的能力。还让吴航自己到食堂吃饭，或者在家里自己热饭吃，从而培养孩子独立自强的性格。

70 年代，吴新智家住南纬路天桥商场附近，是原来卫生部——中国医

---

① 吴东群、吴航访谈，2014 年 2 月 6 日，北京。资料存于采集工程数据库。

② 同①。

学科学院的大院，后来搬到永定门附近，上班要从永定门骑车或坐公交车到位于祁家豁子的单位，路程很远，需要早起。若骑车，路上需要一个小时，他把小收音机挂在自行车上听法语广播，利用路上时间学习法语。

有一段时间，吴新智要接送吴东群去幼儿园。吴东群不爱起床总爱哭，吴新智就在吴东群起床前给她讲小燕子的故事，吴东群听完故事就高高兴兴地起床去幼儿园。1980年，吴新智家搬到二里沟，距离单位很近了，晚上到家的时间不像以前那么晚了，和家人在一起的时间也多了。吴东群跟爸爸的话多起来，刷碗是两人的活，一人洗一人涮，边洗碗边聊天，学校里今天发生什么事、听到社会上什么事情了……这些都成为二人谈论的话题。

虽然家里没有好的音乐、好的美食，更没有什么高档的服饰，但良好的家庭氛围养成了女儿们善良友爱的品质，相互之间很和谐，从来不用别人操心。

1970年，吴航16岁初中毕业了，那一年，北京市不招高中生，所有初中毕业生都统一分配到工厂、商店等基层单位。吴航被分配到北京市南郊的冶金部液压机械厂当车工，参加艰苦的建厂工作。而她前几届的毕业生不是分配去内蒙古农村插队就是到黑龙江生产建设兵团，她们这一届有幸分配到北京当工人或者售货员，当时成为工人是特别光荣幸福的事。在"学习无用论"思潮的影响下，大家都不看书学习。别的小姑娘都学习织毛衣，吴航却要按照父亲设定的计划背英文。

吴航受父母的影响，从没放弃学习。虽然她每天站8小时工作台特别累，但仍旧在休息的时候趴在工具箱上学英语，没有学习的条件，就创造条件，还自学数理化。妈妈给吴航买了苏联的五本高等数学习题集，吴航将其作为游戏来做，以至于吴航后来学习高等自动控制理论，学习高等数学一点也不费力。工人推荐她作为工农兵学员上大学，但是厂领导找她谈话，当时的党委书记认为她的父母都是大学毕业，她就不应该上大学了。

北京航空学院的老师们响应毛主席在1968年7月21日发出的"将大学办到工厂去"的号召，在该厂办起了"721大学"。这种大学为工厂承认学历，毕业后须留在本厂工作，她才有机会在"721大学"上学。北京航空学院的老师教学非常认真，学员们难得有这样机会，学习都很刻苦，扎实地掌握了知识。结业之后她与许多同学都成了技术骨干并晋升为工程师。

粉碎"四人帮"后，北京市举办了学历认证考试，她的成绩合格，取得了大学专科学历。后来她作为技术人员被抽调到冶金部工作，又破格晋升为高级工程师。在此期间，她用业余时间继续学习，取得了大学本科和研究生学历，又成为大型央企的管理人员。

二女儿吴桢，高中毕业后下乡插队两年，参加了1977年的高考，吴新智担心她毕业后被分配到外地，所以叫她不要报考面向全国统一分配的北京医学院，而报考北京第二医学院（现为首都医科大学）。1977年在农村接到大学入学通知书。她中学时学的是俄文，回家后，为了使她适应大学的学习，吴新智为她购买了英语教材，叫她从头突击学英语。因有这段学习，进大学学英文一点不觉得费力。那时她已经在吴新智的催促下背了一本英文书了。

吴桢毕业后被分配到天坛医院神经内科，后经研究生考试进入宣武医院，师从孟家眉获得硕士学位，留在宣武医院神经内科工作。不久通过考试获得世界卫生组织资助去美国留学一年，接着又获得美国国家卫生研究院的资助继续在该院研究阿尔茨海默病。一年半后因生育而辞去在该院的工作，按照世界卫生组织对接受留学资助人员的规定，带着刚出生的儿子回国，在宣武医院服务两年，期满后去美国与丈夫团聚。因不能继续从事医务工作，她补学了计算机科学，做美国专业杂志编辑。[1]

三女儿吴东群从北京医科大学毕业后，在北京医院呼吸科当医生，后与一位联合国儿童基金署官员结婚。

由于受父母善良品质的影响，吴东群给患者诊治的时候，非常认真仔细，对患者也非常耐心，注意倾听患者的陈述，跟患者进行充分交流，提醒患者注意养成科学的生活方式等。由于花时间说明解释，看门诊经常口

---

① 吴桢访谈，2015年2月25日，北京。资料存于采集工程数据库。

干舌燥。有一次，一个很胖的 20 岁小伙子因其父亲刚刚脑出血，特别害怕，一看自己血压高了就要求赶快开药。吴东群就安慰他："你这么年轻，先把体重降下来，不一定先吃药，体重降下来后再来量血压。"回去按照吴东群的要求天天爬楼梯，过了两个礼拜来看医生，体重减了，血压也下来了，这位患者特别感谢吴东群。后来吴东群随丈夫出国，医院的同事再见到她，都惋惜地说："你出国了真可惜，国内又少了一名好医生。"

吴桢和吴东群两人都是学医学的，二人医疗技术和沟通技巧都很高，受到患者和同行的一致认可。因此，姐妹俩因工作和家庭原因出国的时候，吴新智都不赞同，认为中国少了两个好医生。

关心亲属与晚辈

吴新智不但对子女很注意培养其独立思考、自主生活的能力，对亲属和晚辈也十分关心。他对晚辈特别关心，希望他们培养良好的品德，树立远大理想，明白做人的道理。

吴新智弟弟吴新嘉的女儿吴英君对于这一点深有体会。小时候，吴新智给吴英君一本一本地寄《动脑筋爷爷》《十万个为什么》等，此外，还寄衣服。

吴英君 1995 年初中毕业第一次到北京，吴新智说这个丫头胆子真大，一个人就敢来北京。在北京照了一个全家福，当时吴桢在美国。吴新智早晨要上班，一早就带吴英君到角楼，在护城河转来转去，找拍照的最佳角度，吴英君一直保留着照片。又带吴英君去北海公园和景山公园，怕吴英君迷路，就告诉吴英君应怎么走，那时候吴新智已 60 多岁，不顾劳累带着吴英君转，转完了以后，他才匆匆忙忙地去上班。他把吴英君去公园的时间、几点钟能回去，都记得十分清楚。蒋景仪和吴东群也都挤出时间轮流带吴英君到颐和园、天坛等地方游玩。

21 世纪初，吴英君和爱人音邦年到北京度蜜月。音邦年没有接触过吴

图6-1　2006年10月吴新智夫妇与弟弟吴新嘉家人于合肥合影（左起：吴英君、唐礼华、蒋景仪、吴新智、吴新嘉；后排左1音邦年。吴新智提供）

新智，不知道会怎么接待，不知道住哪里，会不会热情，以为吴新智住的房子还像1995年吴英君到北京时看到的那么小，那么节俭。音邦年对吴英君说："你大伯是院士，成就那么大，咱们没那么高文化，甚至连边都凑不上。"就商量打算到宾馆住。吴英君带点自豪地说："你去了就知道了。"

到了北京，吴新智和蒋景仪都很热情，吴航在吴英君走的时候，给吴英君和音邦年各自送了一个提包，并亲自开车送到机场。吴新智从外地回来了，他把从德国慕尼黑带回来已经珍藏20多年的礼品送给吴英君，音邦年激动地讲："珍藏20多年的礼物送给你，可见大伯对我们太好了，是相当地关心。"吴新智还对从部队转业的音邦年进行反腐倡廉教育，给他讲安徽省原副省长王怀忠贪污堕落，受到严惩等一些例子，教育音邦年在公安系统工作要一丝不苟、兢兢业业、廉洁奉公。音邦年感受深刻，表示：钱可以不要，官也可以不升，要稳，要实在，要对得起自己，要对起社会，更要对得起国家。[1]

---

① 吴英君访谈，2013年11月22日，合肥。资料存于采集工程数据库。

吴新智 2011 年 10 月 14 日去合肥时，还不忘记给吴英君的孩子带一本《人类进化足迹》，并亲笔题字，强调要学科学、爱科学，在生活和工作中用科学，孩子对此非常喜欢。有一次，吴新智教吴英君的孩子在记事本上写字，其中就有"勤奋"二字，并详细讲解怎么才是勤奋。还给他讲要求实，做人要认真务实，将整个社会的东西全部融合在"勤奋、求实、创新、合群"这八个字当中。

他对吴英君的孩子讲："勤奋并不只代表某一方面勤奋，工作也要勤奋，生活也可以勤奋，学习也要勤奋，包括各个方面，不只是一项。做人要踏踏实实，实实在在，不能弄虚作假。创新就是不断地学习，也不是针对哪一方面创新，很多方面都要创新，只要你热爱你所喜欢的都要创新。然后就是合群，在这个环境中，合群很重要，就是不管身处什么样的环境，看得惯的、看不惯的或者适应的、不适应的，你都要合群。你要去适应它，但是在适应中不要迷失自己的方向，不能油头滑脑。"这些话对孩子们影响非常大。

吴英君回忆说："大伯性格很好，从来说话都是轻声慢语，而且他做事很有计划、很紧凑，整天没有空余的时间，几点到几点要干什么事情，达到什么目标都有计划，把每天的任务、事情都安排得满满的。他活到老学到老，认为随时学都不迟。"因为吴英君的文化程度不高，她的几个叔伯姐姐文化程度都较高，都很优秀，有点悲观。吴新智就安慰吴英君："小君子你不要气馁，我现在 70 多岁、80 多岁还在学习，人随时随地每天都要学习，没有最高境界，永远都要学习，什么时候学习都不算迟。"他跟吴英君的孩子也是这么说："你不能说 80 岁、90 岁了就迟了，多大都不迟，我现在还在学习。"

二弟吴新国从东北工学院工业企业自动化专业毕业后，被分配到哈尔滨工业大学，准备师从苏联专家做研究生，适逢苏联撤回专家，他被分配到浙江大学电机系，其夫人毕业于东北工学院同一专业。后来夫妻两人响应国家号召，到陕西宝鸡蔡家坡，军工厂辗转搬迁到湖北南漳和襄阳三线，非常艰苦，待遇也很差，甚至退休金都不能按时足额发放，吴新智就偶尔资助他们一下。后来国家经济状况好转后，问题才得以解决。

1955 年，三弟吴新嘉正在济南山东师范学院附属中学读初中二年级，此前都是父亲负担母亲和三弟的生活费等，但父亲的过世不仅使母亲失去了生活来源，就连吴新嘉读书也成了问题。吴新智和蒋景仪考虑到自己的收入比弟弟妹妹们稍微高一些，决定将母亲接到大连并独自承担起母亲和三弟的费用，直至吴新嘉高中毕业后到工厂参加工作。

吴新智的二妹身体不好，他亲自到家看望，逢年过节也都跟吴新嘉等通电话，问问这个问问那个，关心惦记着。还对吴新嘉讲："岁数大了，每年都要去体检，不体检不行。"因吴新嘉舍不得花钱去检查，他说："我给你钱去检查。"逼着吴新嘉去体检，检查完问情况，吴新嘉把体检情况汇报给哥哥。

吴新智搬到北京后，当时的工资级别是最低的讲师级，也是最高的助教级工资，每月 89 元，蒋景仪是第二级助教工资，每月 78 元，吴新智因读研究生仅发放 90% 的工资，所以两人工资合在一起月收入 160 元。对于当时的经济收入虽然不算低，但要资助弟弟读书，要照顾母亲，又要雇保姆照看嗷嗷待哺的孩子，去掉这些支出，经济上就显得很拮据。

吴汝康教授看在眼里，很心疼吴新智，就再三跟他说，将自己工资拿出部分补贴吴新智家用。吴新智都婉言谢绝了。吴新智将全部心力都用到学术上，用到古人类学研究上，从不计较职称地位和工资多寡。

吴新智的父亲、妹妹和一个弟弟都有高血压。1957 年，吴新智的收缩压也曾经达到 140 毫米汞柱，经过短时治疗得以平复。他相信苏联的睡眠疗法，每天睡午觉，力求保持平和的心态，血压多年保持正常。老年时血压稍稍超过上限，但是他坚持服药，只凭很小剂量的降压药就一直保持正常。

吴新智非常满足，经常说三个孩子没让他操心，他可以全身心投入科研。80 多岁的吴新智在女儿吴东群回家后，还问女儿想喝什么，如果喝豆浆还亲自去给女儿买。吴新智自己累一点、苦一点，却从来不跟家人诉苦。一个人生活无论多苦，给家里人从来都是报喜不报忧，总是默默奉献。他的这种品格无声地影响着子女和家人。

沙洋磨难

中央下了文件要开办"五七干校"，吴新智主动报名去干校，研究所里挑选了十多人，他被分配去湖北沙洋"五七干校"。

沙洋农场创建于 1952 年，地处湖北省荆州地区江汉平原中北部，是我国最大的劳改农场。1972 年，曾有 40 余个中央国家机关、部队、大专院校和湖北省直单位在这里创办"五七干校"，干校的学员都按照连、排、班建制统一编队。到 1979 年，"五七干校"陆续解散学员回到北京和武汉。

干校以劳动为主，以改造思想为目的。条件很差，劳动与生活环境艰苦。往往几十个人挤在一个小屋里，房子破旧不堪。北方人初到南方，水土不服，常会拉肚子、身上长疮。

科学院的"五七干校"选址两处，一是湖北沙洋，二是宁夏陶乐县。1969 年 3 月 29 日和 5 月初，科学院头两批科技人员与干部离京。没过多久陶乐县的"五七干校"撤销，都转到沙洋。沙洋是血吸虫病的高发区，从开办起三年时间，科学院系统就有 50 多人感染血吸虫。

当年古脊椎动物与古人类研究所来干校的职工部分住茅草房，赤脚干活，谁都没想到会有血吸虫，也不知道要在腿上涂油保护，预防血吸虫。几个月后，很多人感染了这种病。为了防止疾病扩散，干校专门成立了血防小组，因为吴新智有医学背景，自然就被选去参加血防工作。当时负责这项工作的是北京市科技局局长级干部。吴新智过去曾在上海部队做了几个月的普查，掌握了技术，到了血防小组就教大家怎么工作。

沙洋的农场很大，地里种了很多棉花。一株株的棉花枝叶茂盛，每枝棉花都有一个主干支撑着，并长出了不少小枝，小枝上长满了鸭掌大的绿叶，枝叶间的棉花有的已经盛开，露出白色的花絮，有的含苞待放，有的只是一个花骨朵儿。十几个棉桃压得枝条低下了头。站着摘，棉花太矮，够不着，蹲下摘，腿受不了，这些摘棉花人只好弯着腰。一两个小时还可以，一天两天还可以忍受，时间长了就受不了。干校的活很累。吴新智干不动只好躺在地上摘，脸朝天，身体躺在被骄阳晒得滚烫的黄土上，上边有太阳的熏烤，下边有热土的煎熬，一点一点地向前艰行，不知何时度过这难熬的岁月。

由于过度劳累，营养状况不佳，体重减到 45 公斤，后来出现肉眼可见无痛性血尿。吴新智到广华寺 57 场医院医治，医生说是结核，又说是癌症。每天打链霉素，耳朵都打聋了，但无效。1970 年夏天，经批准回到北京治疗。到医院检查，做了尿路造影，又做了膀胱镜检，也没查出个子丑寅卯。后来去中医医院，一位中西医结合的沈大夫用止血药、补肾、利尿，吃几服药就好多了，他也不再回干校了。

回到研究所

1969 年夏，郭沫若院长带领一些干部和夫人于立群来周口店视察。当于立群看到一段 2 米多长的象牙堆放在一间小屋里时，感到这样有意义、重要的东西放在这小小的空间里，实在不协调，当场非常激动地说："这么好的东西，却委屈地放这么个地方，放到吃饭的饭堂，太可惜了！"随行人员马上接话，"郭老，您怎么不想法批点钱建一建"。时任中国科学院院长的郭沫若回去后经过研究，批了 1000 平方米建筑作为展览馆。很快就在原来 300 平方米小展厅西边的山坡上建起了 1200 平方米的新展厅，还将原来停车场与接待室之间的几组台阶改建成可以通行汽车的洗衣搓板式的水泥路，两边种植了小柏树。

有了大展厅，当然要扩大展览。所领导派古人类研究室（当时改称为"连队"）、高等脊椎动物研究室、绘图室的同志分别负责学术工作、艺术工作和具体布展事宜。

毛主席很重视人类起源，他要看《化石》这本杂志，因为年纪大，视力不好，专门给他印刷大字本的。由于周口店有毛主席的关怀，所以在"文化大革命"期间没有受到破坏，一直保存下来。

1970年时，周口店展览馆还在继续开放，特别是发现象牙之后，来看的人就更多了。郭老批建的展览馆盖好后，古脊椎动物与古人类研究所责成古人类研究室组织人员前来布展。1970年冬天，吴新智身体痊愈，也来这里参加扩建工作，帮助筹划与布展。

当时，计划新的展览包括脊椎动物起源和进化以及人类起源和进化两个部分。吴新智自告奋勇设计脊椎动物部分，设计完后又被分配继续设计人类的部分。说明标签的内容，中文和英文都是吴新智起草的。他还设计了将几个银杏叶形的图案连接起来表现脊椎动物几个纲的灭绝及连续的进化模式图和周口店第一地点各层的古气候变迁的曲线图。

这次整改中从事艺术工作的还有李荣山和杨明婉。李荣山创作了几幅新画，其中有吴新智2015年新书《探秘远古人类》封面用的北京猿人采集图。除本所人员外还从外面请了些人，有画家，也有负责书写标签的（当时没有电脑，全靠手写）。所有工作人员吃住都在"大观园"，工作在接待室和新展厅。负责书写标签的那位老同志作过一首描述当时生活的打油诗，吴新智现在只记得一句："每日三餐山上下"。

在验收时，郭沫若院长和杨钟健（当时是"革委会"掌权，杨老已经不是所长了）都提出，周口店的展览应该突出周口店的东西，不赞成包括脊椎动物进化，不赞成将马门溪龙这样的大标本放在周口店。但是他们对这些意见并不坚持，而且当时北京很少有（也许还没有）恐龙公开展览，所以所领导决定还是按照原样展出。在几年后的整改中撤去了脊椎动物进化部分和恐龙的标本。

再以后的几次整改，有别人负责做的，不过大多数中英文说明沿用至今。在邱占祥当所长时的那次整改是绘图室的侯晋封承包的，邱占祥提出要加一段周口店遗址发现和研究的历史。侯晋封请吴新智设计和搜集资料，说明词也是吴新智草拟的。

说起周口店陈列室或展览馆，杜靖认为，周口店陈列室或展览馆或博物馆已历经5代[1]。

---

[1] 杜靖，青岛大学教授，吴新智的博士后研究生，《中国体质人类学史研究》一书的作者。

他认为，1953—1955年为第一代，需要时，临时展览一下挖掘出土的东西，主题是"从猿到人""劳动创造人"。第二代陈列室是1955年4月到"文化大革命"初期，这时是在1953年的陈列室基础上扩建的。第三代是1972年至1978年冬天，称为陈列馆。吴新智来到之后，在1971年或1972年间临时工作了3—5个月，做了细致设计。第四、五代基本都是在吴新智设计布展的基础上发展起来的。[①]

开始，展览馆只展出周口店本身出土的人类化石和石器，后来就不仅仅是一般的展览，而是提高到宣传唯物主义的高度，于是将展览内容扩展成包括人类起源和脊椎动物进化，考虑外宾来参观还加上了英文注释和说明。在展览馆中陈列的北京猿人的复原像是吴新智和王存义的作品。

1943年，魏敦瑞做过一个北京猿人复原像，很像漂亮的少女，但实际上这个头骨不是少女。20世纪30年代，格拉西莫夫也做了一个中国猿人复原像，但是显得过分原始，太像现代猿，与50年代对北京猿人的新认识不符。因此，吴新智决定在新的展览中陈列他和吴汝康等制作的复原像。山顶洞人的复原像原准备采用格拉西莫夫50年代所赠送的，但吴新智经过测量，最后根据山顶洞101号头盖骨数据制作了新的复原像。

在马坝人头骨发现30周年时，1988年11月25—27日，广东曲江马坝要开纪念会，建一个博物馆，也需要一个复原像，这也是吴新智与王存义一起做的。马坝人化石只有头盖骨和右侧眼眶的一部分，左侧眼眶可以依据右侧的进行复原，眼眶下方的脸面只能将时代接近的湖北长阳出土的上颌骨残块凑上去，因为当时中国没有发现与之时代接近的下颌骨，只能选用西亚的标本作为参考。在如此拼凑而成的复原头骨上塑造出马坝人的复原像，在科学上很不完美，但是为了博物馆向群众展示的需要，也只能如此了。实际上在任何时代人群中，个体的面像都是多种多样的，现在复原的马坝人面像因为所依据的化石都是那个时代的，大体上应该能代表当时的人像。

1973年夏，吴新智陪同吴汝康先生去河南淅川调查发掘，有人反映

---

① 杜靖：《中国体质人类学史研究》。北京：知识产权出版社，2013年。

说这里有"龙骨"，龙骨实际上是动物的化石，也是一味中药。他们就到药库和药店去找去翻，结果真找到了，可惜没有地层记载。在南阳药材仓库、西峡县药材仓库和药店的龙骨中挑出了 12 颗人牙化石，其中 9 颗可能属于直立人（俗称为淅川猿人），2 颗可能属于智人，1 颗难定种属。① 他们接着在淅川几个出产过动物化石的地点发掘，但没有发现人类化石。

在"文化大革命"中期，70 年代前期，美国希腊裔基金会代表团访华，参观周口店龙骨山的遗址和展览馆。古人类研究室支部书记崔憨德被派去负责接待，吴新智负责讲解，按照当时的规定，吴新智只能说汉语，由中国外事部门派来的陪同人员翻译成英语。在讲解过程中，他有时发现外事部门的译员由于不了解有关的专业知识而翻译错了，便悄悄纠正。次数多了，译员请吴新智直接用英语讲解，吴新智问崔憨德可不可以，崔同意了，吴新智才用英语讲解和回答外宾的问题。

代表团团长解诺斯（Janus）在得知中国猿人和山顶洞人的化石在第二次世界大战期间在美国人手中被弄得下落不明的时候，要吴新智委托他，回美国后发起悬赏寻找的活动。吴新智当然不敢擅自答应。但是他回国后自行悬赏寻找北京猿人化石，还为此出了一本小书。后来解诺斯得知，有一个女人说愿意提供线索，约定在纽约帝国大厦见面，但是在指定会面的时间她却躲开了。

1975 年，美国古人类学代表团访问研究所，吴新智当时是古人类研究室的"连长"，要用英文向他们介绍中国的古人类，觉得一次次讲研究所的英文全名过于啰嗦，便在使用全称后改说简称 IVPP。当时谁能想到由于全所同仁的学术贡献，现在 IVPP 成了全球古生物学界一个响当当的名称。代表团成员哈佛大学人类学系荣誉教授毫厄尔斯（W. W. Howells）给吴新智看一张照片，照片上是一个长方形抽屉状的木头盒子，其中有一些人骨，问吴新智这是否是丢失的北京猿人化石。吴新智看其中有一根大腿骨是完整的，便告诉他，北京猿人大腿骨化石没有一根是完整的，其他骨头

---

① 吴汝康，吴新智：河南淅川的人类化石。《古脊椎动物与古人类》，1982 年，第 1-9 页。

从形态上看也不是北京猿人的。

通过这次接待，吴新智结识了访问团成员，有耶鲁大学人类学系主任、美国科学院院士、考古学家美籍华人张光直。张回美国后不久写信告诉吴新智，他从芝加哥的报纸得知解诺斯是个骗子，他以寻找北京猿人化石为借口骗得了好心人的捐款，中饱私囊，正受到起诉。①

采集小组采访时曾问过研究所人员的外语情况。他介绍说："研究所里讲英文比较好的是那些老先生和国外回来的那些研究员，让这些老先生站在旁边给到访者当翻译，不太好，就没有这么做。但当时所里除个别从苏联留学回来的以外，其他年轻人在中学和大学都学俄文，到研究所之后才学英语，勉强能够看看书，要这帮人做口语翻译就很难了。而我在上海医学院头二三年已经习惯了听老师用英语讲课，用英语回答问题。而头些年的外宾大多是人类学学者，有外宾来都是我翻译，不止是自己研究的那个专业，还有别的专业，如哺乳动物学者卡尔克也是我陪他去广西，那也真是赶鸭子上架。"② 据研究生和所里同事回忆，吴新智英语水平非常高，国外学者做报告，有大家听不懂的专业词汇，吴新智都适时地给大家讲解。③

同年，古人类研究室两位年轻人徐庆华和陆庆五从云南带回两件下颌骨，初步鉴定认为分别属于腊玛古猿和西瓦古猿，正是当时全世界古人类学研究的热门对象。研究所决定次年将这个地点的发掘作为重点，所党组书记吴侬要求吴新智第二年带队前往去做这项工作。当时吴汝康还是"靠边站"（"文化大革命"初期许多老科学家被当作反动学术权威受到批判，"文化大革命"后期虽然不再被批斗，但是仍旧不许他们做科研，这种状态被称为"靠边站"），吴新智认为让吴汝康赋闲实在可惜，此时应该发挥他的专长，让他在这项工作中负责学术工作。吴新智对吴侬说，自己负责古人类室工作很忙，不宜长期离开北京。经过吴新智的力荐，研究所决定以一位复员兵作为领队，让吴汝康负责该项目的学术工作。1976年，"文

---

① 吴新智笔头访谈：我与周口店遗址，2018年5月，北京。资料存于采集工程数据库。

② 吴新智访谈，2014年5月13日，北京。存地同①。

③ 张晓凌访谈，2014年5月13日，北京。存地同①。

化大革命"结束了，吴汝康逐渐转变成这个项目的负责人，领着一些年轻人进行研究，作出了应有的贡献。

人类进化历程的阶段划分

目前发现的人类化石年代最早的达 600 万—700 万年前，在漫长的人类历史长河中，化石人在不同的年代、不同的地点表现出不同的形态特点。为了研究人类的起源与进化，人类学家根据化石人的特点把人类的历史划分为若干历史阶段。吴新智在他一生的研究中，根据他对化石人的深刻把握，提出划分历史阶段的新思想、新原则和具体方法，丰富了人类学理论宝库。

要划分人类进化的历程还得从人的定义说起，这是人类学最核心的概念。什么是人？20 世纪 60 年代以前，把"人"定义为会制造工具并且使用工具的动物。只有人类能制作工具，没有工具伴存的化石不能是人。60 年代以后，认为人与古猿的最关键区别在于是否直立行走。这些在吴新智的一些书中经常提到。[1]

在 19 世纪末 20 世纪初，科学家发现了最早的猿人化石——爪哇猿人和北京猿人。爪哇猿人化石究竟是人还是猿，一直存在争论，因为当时没有发现工具化石，但爪哇人脑介于现代人与现代猿之间。

20 世纪 20 年代，科学界相信人类起源于亚洲，不少科学工作者来到中国寻求人类化石。1929 年，周口店发现了人头盖骨化石，定为北京猿人，时间为 50 万年前。在这之前还确定了欧洲尼安德特人[2]，时间为 10 万年前。

这些发现的化石，究竟是人还是猿，需要有一个衡量的标准，20 世纪 60 年代以前，学术界就把制作工具作为人和动物的区分标准。

猩猩能否制作工具？谈到这个问题不能不想到古道尔（J. Goodall）。

---

[1] 吴新智：《人类进化的足迹》。北京：北京教育出版社、北京少年儿童出版社，2002 年。
[2] 简称尼人，因发现于德国尼安德特山谷而得名。

吴新智在他的科普书中曾介绍过古道尔。1960 年，她到非洲坦桑尼亚刚贝河旁的密林中观察黑猩猩的行为。发现黑猩猩喜欢吃蚂蚁，但蚂蚁躲在蚁冢中，黑猩猩会把草棍插进蚁冢去钓，待许多蚂蚁爬上草棍，黑猩猩将草棍抽出来，放到嘴边砾食。[①]

黑猩猩能加工草棍，意味着制作工具，她的发现得到了人类学界的认同。既然制作工具不是人类特有，自然不能用作人类与古猿分界的标志。看来用能否制作工具来区分人与猿行不通了，这对"人"的定义提出挑战。

人类学家想到希腊哲学家柏拉图（Plato，公元前 427—前 347）的主张："人是无毛的、直立行走的动物。"有一天，他的学生把一只拔了毛的鹅拿来问老师，这是人吗？这当然不是人了，后来书上就叫"柏拉图的鹅"，柏拉图这个定义就被废弃了。由于发现制作工具不是人类所独有的，"人"的这个定义不准确，只好又回到柏拉图的定义，吸收其有用的部分，加上"两足"两个字。于是，提出以两条腿直立行走作为主要行为方式的才算是人。

恩格斯在《劳动在从猿到人转变过程中的作用》中曾经指出："这些猿类，大概首先由于它们的生活方式的影响，使手在攀登时从事和脚不同的活动，因而在平地上行走时就开始摆脱用手帮助的习惯，渐渐直立行走。这就完成了从猿到人转变具有决定意义的一步。"两足的直立行走，不仅是生物学上的改变，而且也是适应性的重大变化，恩格斯把它看成是劳动所致[②]。

20 世纪前半叶，人类化石比较少，很容易区别各处化石的原始性和进步性，人类学家都同意将人类进化分为猿人、古人和新人三个阶段。60 年代以后，由于发现黑猩猩也能制作工具，于是把南方古猿也纳入人的范围，这样就又分南方古猿、直立人和智人三个阶段。后来吴汝康先生等发现智人在文化上差距很大，就把智人又分为早期智人和晚期智人两段，即南方古猿、直立人、早期智人、晚期智人等，这些都随着化石的出现不断

---

① 吴新智：《人类进化的足迹》。北京：北京教育出版社、北京少年儿童出版社，2002 年。

② 恩格斯：《自然辩证法》。北京：人民出版社，1955 年，第 137–139 页。

修正。①

后来，随着化石的不断增多，吴新智综合各个方面把人类进化大体分成五个阶段，即南方古猿、能人、直立人和早期智人、晚期智人五个阶段，前两个阶段的化石在中国迄今还没有发现。

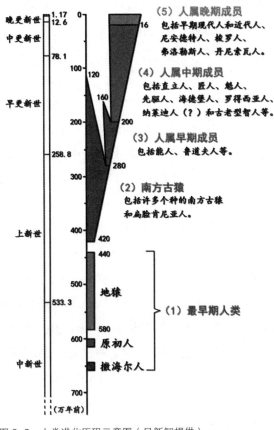

图 6-2　人类进化历程示意图（吴新智提供）

在采访期间，他又做了修正，提出了六段分法②。原初人、撒海尔乍得种、地猿（这是最早的人类阶段，第一段）、南方古猿（第二段，包括肯尼亚扁脸人），这是 440 万年前开始的，目前只发现于非洲，南方古猿一直延续到 140 万年前以后才消失了。在 200 万年前，在南方古猿中出现了新的物种，那就是能人，其化石越来越多，有人主张分成能人和鲁道夫人两个物种，是人属早期成员（第三段）。到了 180 万年前又出了新的物种，叫直立人，一直延续到 20 多万年前，如海德堡人、罗得西亚人、纳莱迪人（？）和古老型智人等，这是人属中期（第四段）。在大约 25 万年前后，人类的体质发生了较大的变化，脑量尤为明显，已达 1300 毫升以上，与现代人较接近，明显大

---

① 吴新智：人类进化过程阶段划分新见解。《化石》，2015 年第 1 期，第 41-42 页。

② 同①。

于直立人，但还留存许多原始性状，故称这阶段的人类为智人[1]。这是最后一阶段（第五、六段），即人类的晚期，包括早期现代人和近代人、尼人、梭罗人、弗洛勒斯人、丹尼索瓦人。智人（*Homo sapiens*）一般分早期智人和晚期智人，前者也叫远古智人（Archaic *H. sapiens*），后者也叫现代智人（Modern *H. sapiens*）。

他丰富与完善了人类进化历程阶段划分的方法，是对古人类学的理论贡献。

丁村人的再现

1952 年秋，山西临汾、侯马机场扩建，只有柴庄一处沙场已经不能满足建筑的需要，时任包工队负责人赵相如沿铁路北上，在丁村又开辟一个新的沙场。在挖沙过程中发现了骨骼碎片，牙和有棱角的石片等，当时三名群众向上逐级报告至山西省文管会和教育厅。6 月，文管会来调查，又发现了一些化石，后经国家文物局批准，于 1954 年 9 月 1 日由中国科学院古脊椎动研究室和山西省文管会组成 20 多人的发掘队，由我国著名古生物学家杨钟健和考古学家裴中带队组织发掘。丁村遗址共发现旧石器地点 11 处，编号为 54:90 到 54:102 地点。在 54:100 地点发现了 3 颗人牙化石、许多石器和动物化石，这个地点成为我国一个重要的古人类遗址。丁村遗址位于襄汾县城南 4 公里的丁村附近汾河畔，距临汾市 35 公里，南至柴庄，北至史村，长约 11 公里。

1975 年夏，特大洪水满溢了汾河河道，急流像一条恶龙吞噬丁村人化石发现地（54:100）。这个地点在汾河边上，必须采取措施保护，否则河水一泛滥就会侵蚀化石地点，年复一年，这个遗址可能就没有了。

---

[1] 智人，原称"智慧的人"，简称"智人"。这个时期的人类除有某些原始性之外，基本上和现代人相似。文化上已有雕刻和绘画艺术，出现了装饰品。生存年代大约从 5 万年前开始，直到现代，属地质学上更新世后一阶段到全新世，相当于旧石器时代晚期到现在。

山西省文管会给国家文物局打报告要求保护这个地点，钱批下来以后，山西省文管会又改主意，认为保护不如直接发掘。最后国家文物局同意发掘，但是技术力量不足。1976 年年初，山西省文管会派王建（山西省考古研究所研究员）到北京中国科学院古脊椎动物与古人类研究所请求支援。王建参加过 1954 年的丁村发掘，其后到古脊椎动物与古人类研究所进修旧石器时代考古学，与吴新智同在一个办公室，关系很好。王建来北京时吴新智正担任研究所古人类研究负责人[①]。吴新智当即应允届时一定派人前去。

不料 1976 年 7 月 28 日发生唐山大地震，北京震感很明显，家家搭地震棚，人心惶惶，有时顾不上上班，研究所已经不能正常工作了。恰在此时，山西组织队伍开始发掘了，要求派人去。吴新智过去已经答应人家了，但派谁去？家家防震，人人忙于抗灾，户户需要照料，在这样的情况下，派谁去都不合适。最后吴新智只好将全家托付给妻子，决定自己去了。

吴新智于 8 月 10 日下午单枪匹马坐火车风尘仆仆地从襄汾车站下车直奔丁村。当时交通不便，他只好一个人背着地质包沿铁路步行 5 公里来到丁村发掘的办公地点。8 月 11 日开工，山西负责发掘工作的唯一科研人员是王建，吴新智与他一同指导山西丁村 54:100 号地点发掘。9 月中旬，在发掘现场发现了一个小孩顶骨破片，从它后上角的形态可以推测这个小孩头骨可能具有三角形的顶枕间骨或印加骨，而在周口店北京猿人遗址出土的 6 件头盖骨中有 4 件具有印加骨，因此这个发现为丁村的古人与北京猿人的关系增添了新的证据。

在发掘过程中，吴新智和王建还在周边地区进行地质调查，确定54:100 地点属于汾河的第三级阶地，发现原来被科研人员鉴定为与这个地点属于同一时代的 54:95 地点的古土壤层比 54:100 的古土壤层位置高得多，颜色深得多，厚度大得多，应该比 54:100 地点时代古老。吴新智和王建等发掘小组还在汾河对岸发现属于汾河第二级阶地的丁家沟和吉家沟新的旧

---

① 陶富海访谈，2014 年 5 月 21 日，丁村。资料存于采集工程数据库。陶富海，山西丁村民俗博物馆退休人员，当年与吴新智共同参加山西丁村人的发掘工作。

石器地点。对这些新发现的综合分析表明，丁村遗址群不是都属于同一个时代，而是有三个时代的人类活动遗迹，为后来对丁村人的进一步综合研究打下了基础。

当发现那个小孩的右侧顶骨时，吴新智看完后已经认定，但不武断下结论，说还要让老专家再看看，他在科学上非常慎重、严谨。1976 年 9 月 16 日，他把化石拿到北京；17 日，请裴文中、贾兰坡、吴汝康等专家鉴定，又用 40 倍放大镜观察骨片上的泥灰，结果这些老专家都同意他的意见，确认是人右侧顶骨化石，这就是丁村人的新化石。

于是，吴新智在北京给国家文物局汇报，跑媒体，要向全世界宣告：中国在 1954 年发现了丁村人牙齿化石，22 年后又发现了右侧顶骨化石。10 月 23 日晚，中央人民广播电台新闻联播节目播发了这条消息，《人民画报》也做了介绍。他还与北京科教电影制片厂联系拍一部纪录片《丁村人》。9 月 27 日，北京科教电影制片厂就派出了以司徒新蕾①为首的电影摄制组来到丁村拍摄一部科教片《丁村人》。这部科教片的拍摄提纲、脚本都出自吴先生之手。他本人也出镜，协助导演。

这次发掘面积达 150 平方米，历时三个月，取土沙方 2550 立方米，发现了一批动物化石和 800 多件石制品②。1954 年丁村发掘时只有 11 个地点，都在汾河东岸。而 1976 年吴新智来此发掘时地点增加到 27 处，分布于汾河两岸。

2014 年 5 月，采集小组到丁村采访时见到了陶富海。陶先生一见到吴新智就赶忙走向前去打招呼。两位 80 多岁的老人，流露出的那无以言表的真挚感情，令人感动。

陶富海 1935 年出生，比吴新智小七岁，两人感情很深。笔者问陶先生："您熟悉吴先生吗？""太熟悉了，我们是老朋友啦，我们之间感情非常深。"他说，"1989 年，我们进行丁村文化陈列展览时，将吴新智的一张头像敬神一样一直贴在我的文件柜柜门上，他在我心目中的位置是忘不掉的。"

---

① 时任北京科教电影制片厂编导，是著名电影艺术家司徒慧敏的长女。

② 陶福海：丁村人右顶骨发现始末。《山西时报》，2014 年 9 月 10 日。

图 6-3　1976 年丁村发掘人员合影（左 3 为吴新智）

　　这个记忆力非常好的老人一下子打开了话匣子："1975 年 5 月，美国一个古人类学家 10 人考察组要来丁村访问，4 月份王建写了一个关于介绍丁村遗址的稿子，请裴文中、贾兰坡先生审阅，吴新智参加了研究。这是我第一次与吴新智见面。"

　　5 月 25 — 26 日，美国古人类考察组考察丁村是由中国科学院外事局负责，中科院外事局钱浩做同声翻译，吴新智做业务翻译。吴新智在丁村再一次与陶富海见面。

　　美国古人类考察组先与大家座谈，然后看丁村，最后到野外 54:100 地点重点考察。在介绍情况时，发掘组的同志说错了一句话，说美国考察组是第一个来访的，实际上美国考察团来之前有蒙古、朝鲜、哥伦比亚、苏联和古巴朋友到访过。这样容易造成误解，怎么办？陶富海接着说："吴新智跟我们商量好后，第二天我们继续介绍，吴先生解释说，你们（指美方）是第一个做学术访问的，其他国家是旅游参观的。圆满地解决了这个问题。这件事我至今记忆犹新。"

据陶福海介绍，1976 年 8 月，王健和张德光、武文杰和白玉珍三位先生 [1] 受山西省文管会指派，与吴新智一起参与丁村发掘，临汾地区派解希恭和陶福海组织参与这次发掘工作。丁村遗址群方圆涉及 6 个生产大队，当时组成 21 名男女青年的发掘队，一边参与发掘工作，一边参加培训班，学习发掘知识，由吴新智给大家上课。在当时的政治形势下，体现农民也能考古的理念。

陶先生接着说："在丁村，吴先生克服了不少困难。我们住在老乡家，与北京无法比，农村比较困难，卫生条件又很差，不能洗澡。当时供应紧张，都得凭票买东西，细粮和肉蛋需要领导批条才能买到，这些生活上的困难他都克服了。每天兢兢业业，踏踏实实地工作，为人和善，吃苦耐劳，毫无城里人的架子。" [2]

除了克服生活上的困难，他还要顶住精神上的压力，正确对待群众。发掘队中有一个发掘工人，受"文化大革命"思潮影响，错误地理解"工人阶级要领导一切"，对吴新智心怀不满，认为吴新智对他这个工人重视不够。这个工人就发动不明真相的学员，以突然袭击的方式在院子里写满大字报，炮轰吴新智，说他是资产阶级的学术权威，不重视工人阶级。

吴新智与这个人住在同一个房子，吴新智喜欢看书，白天没时间，只好晚上看，这个工人就组织一帮人打扑克，闹哄哄的，让他看不好书。吴新智睡觉要关灯，这个人不但不关灯，反而换一个 100 瓦的大灯泡，罩在他的头顶上烤，不让睡觉。吴新智也没有任何怨言，照常工作，每天打完饭回屋自己吃。这件事吴新智从来没有提过。后来当地领导经过做工作，不明真相的学员们撤回了大字报，这位"闹爷"离开了发掘队。

陶富海是 1969 年从政府部门调出开始搞文物研究的。在采访的第二天，他拿来了一大包东西，有当年发掘过程中的笔记、他写的回忆录、与吴新智的来往信件、发掘事务记录本等。其中有一个特别的东西——发掘钩，发掘时用它剥离、搂沙子。这是当年吴新智给他的，他一直保存到今

---

① 三位先生系山西省文管会工作人员，当年与吴新智共同参加丁村人发掘工作。
② 陶富海访谈，2014 年 5 月 21 日，丁村。资料存于采集工程数据库。

天，已经有近 40 年了，现在成了文物。一看到这钩他就想起当年发掘时的情景。"当时凭我们的脚板跑遍了丁村附近的各个遗址，从襄汾到柴庄的东西两座山和汾河的两岸。当然丁村遗址是后来命的名字。一次去柳沟，有十多公里远，到了中午仍前不着村后不着店，就坐在山坡上啃个馒头，吃个苹果。有时跑野外晚上回不来，就住在老乡家里。终于把丁村及其周围的地质情况了解个一清二楚，确定发掘点的地质年代。还在西峰做了调查，发现了柴寺村南丁家沟（76:006）、吉家沟（76:007）和下层门峪沟（76:008）遗址。"

"吴先生造就了我的一生，我是半路出家搞考古学的，我不懂，是吴先生来丁村我跟他学的。他来的第二天，因为天气原因不能去工地，他给 20 多个青年人讲考古学、人类学、人体解剖学和地质学的知识。我也跟着听，以后我一直跟着他跑丁村遗址，所以他是我的启蒙老师，奠定了我一生的职业。最后我能被评上研究员，没有这段经历是不可能的。"陶富海深情地告诉我们。

2014 年 5 月，采集小组驱车来到 54:100 地点。因为没有路，车停在离当年发掘地点 50 多米远的地方，吴新智拄着拐杖越过高低不平的草地、小树林，走在不到半米宽、一米多高的汾河护栏水泥墙顶上，兴致勃勃地朝着 54:100 地点走去。

到了山脚下一看，山坡长满了荆棘，54:100 的标志已经淹没在这片绿色的丛林中。他饶有兴趣地给采集小组讲述当年发掘的情况。笔者顺着他指引的方向爬上陡直的土坡找到了 54:100 的标志。站在标志旁边向前望去，古老的汾河弯弯曲曲，富饶的襄汾大地依偎在那宽阔温暖的汾河怀抱里，孕育了灿烂的丁村文化，养育了世世代代的勤劳朴实的丁村人。汾河两岸长满了绿草和灌木，放眼望去像一块地毯上镶嵌着各种野花，河边杨柳枝条随风飘荡，难怪流传着"人说山西好风光"。温顺的汾河水缓缓地从 54:100 标志的山脚下流过，不在汛期它已失去那种气吞如虎的气魄。标志的后方是同蒲铁路，一列列满载货物的火车伴随着轰鸣从身后呼啸而过。丁村人就是在这里重见天日。

看完后，采集小组从这里出来去看另一个点，大家站在马路上听吴新智指点现场，讲解当年发掘的情景，同时给大家讲地层结构。他问谁有纸，随行人员拿了一张纸，他很快就画出发掘处的剖面图。

恰逢山西省文管会正在进行发掘，吴新智还去山西省文管会王益人领导的发掘队现场做了指导，这个现场也在丁村附近。当年王益人的父亲王建就跟吴新智在丁村发掘。

第七章
科学的春天

难忘的郧西

　　1977 年，吴新智与研究所的邱中郎、许春华到湖北郧西白龙洞领导发掘工作并办培训班，获得直立人牙化石。学员中的王新金和蔡回阳后来成了贵州省考古工作的骨干。

　　郧西县白龙洞位于湖北省郧西县东 15 公里的安家乡神雾岭东坡徐家洼山麓中，上离神雾岭山脊 50 米，下距河边 60 米，地势低洼，处于一个山谷里。对面的山不高，平坦圆钝。从马路下到洞口，羊肠小道很陡，倾斜度有七八十度，两旁长满荆棘。这一带长满了野草、灌木，也有乔木，可以说是植被茂盛，草木丛生，郧西直立人在这里沉眠了几十万年。

　　白龙洞坐西朝东，洞口高约 2.4 米，宽 2.6 米，洞底平坦，洞口前方有一个很大、足有 2 米多深的锅底样坑，伸入到洞底前 1/3，依傍在洞的断壁上，坑边很陡，几乎直上直下，坑沿只有 20 多厘米宽。洞口上方是穹隆顶样结构。从洞口进到里面平坦的洞底，必须绕过大坑，需要挨着洞口峭壁走过狭窄的坑沿，腰直不起来，稍有不慎就会滑下深坑，一滑下去很难出来。

2013 年，85 岁高龄的吴新智在两个人的搀扶下，一步一步地向下移动接近洞口。当时，年轻人都难以走过去，更不要说是老年人了。能下到洞口前就不简单了，能在洞口前做一下介绍就行了。可是吴新智自己却过去了，人人为他捏一把汗。

他兴致勃勃地给采集小组介绍当年发掘时的情景。"这个洞是 1977 年发掘的，1982 年第二次发掘，当时山洞的一小半是空的，往下一挖就挖到了人化石，再往下可以挖出一些石器。"吴新智回忆说："1977 年我在鄂西北参加了鄂西直立人的发掘工作，那是我此生中第一次喝醉了酒，也是唯一的一次。"

吴新智发掘时住的房子位于乡间公路下的石洼处，晚上睡觉时，车辆的隆隆声听得一清二楚。这是一排矮平房，已经陈旧。发白了的红对联随风飘荡，墙皮已点片状脱落，院子里有水龙头，可洗漱用，当年他们吃住都在这里。早晨拿着工具去白龙洞发掘，晚上回到住地，中午就在工地休息。

吴新智曾来过几次，都是边发掘边培训办班，给培训学员们讲课。1977 年发掘到一颗人牙，经鉴定是 40 万—50 万年前的直立人；2006 年他的学生刘武在不远的地方——黄龙洞也发现化石，鉴定为距今大约 10 万年前或者略晚一点。采集小组曾问："吴老师，白龙洞的发掘有什么意义？"吴新智回答："白龙洞化石的发现，增加了中国古人类连续进化的证据。"他看到当年自己战斗过的地方，有说不出的高兴。

"1976 年，当地老百姓在此挖龙骨，商店收购一毛钱一斤。一个小孩在挖龙骨时，因为塌方被压死，惊动了有关部门，成了一个大事件。当时县文化馆的考古干部孙家政来此调查。7 月，孙发现了人和动物的化石，经层层上报，1977 年 4 月 1 日，吴新智带队，还有武汉大学的师生们等，陕西咸阳、四川、郧阳地区考古干部等共 60 多人也来参加，边发掘边参加培训。吴汝康也来过这里。"陈明慧[1]回忆说。

---

[1]　陈明慧，湖北郧西人，县文化局副局长，参加白龙洞的发掘工作。

　　吴新智主持并讲授古人类学课。培训班从 4 月 1 日开始，到 5 月 25 日结束，每天讲半天课，半天发掘。主要讲动物化石的保护和意义，与人类的起源和演化有关的知识。不仅让参加发掘的考古队员知晓了相关知识，也让周围的群众了解龙骨的来龙去脉，这样，群众发现化石就会向当地文化部门报告，促进了化石的发掘，也推动了化石的保护。

　　1977 年 8 月，中共中央召开了第十一次全国代表大会，宣布了"文化大革命"的结束。第二年又召开了全国科学大会，邓小平着重讲了四个现代化的关键是科学技术的现代化，提出科学技术是第一生产力的思想。知识分子的科学春天来了。吴新智抑制不住内心的喜悦，脸上露出了轻松的微笑。十多年来禁锢知识分子的桎梏被打开。他可以放开手脚，大干一场了。从此以后，他的时间安排得更紧了，节奏更快了，每天的时间都不够用。下班吃完饭立马钻进他的小书房，又开始了他的工作。

　　1982 年 7 月 23 日—8 月 24 日，再次发掘郧西县白龙洞，吴新智和研究所的许春华、顾玉珉以及湖北省考古所所长李天源，共同指导和参加发

图 7-1　2013 年 11 月 28 日吴新智（左）在郧西白龙洞发掘时的住所（右为陈明慧。李雅范摄于湖北郧西）

掘。郧阳地区的每个县派一个人参加文物普查队。也是一边发掘，一边授课。吴新智主要讲人类的起源，怎么辨认化石，食草类、食肉类动物化石的特点，等等。"虽然参加的学员学历和文化水平都不高，但大家都听得津津有味，效果也非常好。"陈明慧回忆当年培训时说。①

陈明慧 1977 年是郧县文化局副局长，配合县教育科的张科长负责后勤工作。他一听说吴新智要来，立即放下在县医院陪同看护住院的妻子，特意赶来看吴先生。

他说："我一定得来，当年发掘时，我们在一起工作好长时间，结下了深厚的感情。"他还记得，有一次进城到县里去买菜回来晚了，错过了开饭时间，厨房师傅下班走了，没饭吃。"怎么办呢？吴老师看到了这种情况，就从包里拿出方便面给我吃。当时方便面很珍贵，不像今天到处可见，那时是一种奢侈品，县城没有，我没有见过，不会吃。吴老师告诉我怎么吃。像这样关心同志、平易近人的事至今记忆犹新。"②

出 访 非 洲

人类学家根据现有的化石推断，人类很可能起源于非洲。因此，非洲成为人类学家向往的地方。1965 年，吴新智曾随吴汝康出席了在坦桑尼亚首都达累斯萨拉姆举行的"东非人"头骨移交仪式。这个仪式非常隆重，是坦桑尼亚前总统尼雷尔决定举行的，邀请了中、美、苏、英等四国著名人类学家参加。

1977 年，吴新智随吴汝康访问非洲，见到了玛丽·利基（Mary Leakey），这是吴新智第一次见到这位世界著名的古人类学家。1995 年 7 月 11—17 日，吴新智应邀赴南非约翰内斯堡大学拍摄人类起源的电视片时再次见到了她。玛丽·利基曾于 1984 年 10 月 10—24 日来华访问，参

---

① 陈明慧访谈，2013 年 11 月 28 日，湖北郧西。资料存于采集工程数据库。

② 同①。

图7-2　1995年7月吴新智（右）与古人类学家玛丽·利基（左）合影于南非（吴新智提供）

图7-3　吴新智（左）与南非约翰内斯堡大学古人类研究所罗姆·克拉克（Rom Clarke）（右）在广西布兵洞（中为金昌柱。吴新智提供）

观了周口店猿人遗址。遗憾的是，1986 年她就去世了。

利基家族是一个世界著名的古人类学世家，贡献最大的是路易斯夫妇和他们的儿子理查德和儿媳米芾。路易斯生于肯尼亚，1922—1926 年在英国剑桥大学学习语言学、考古学和人类学，1931 年第一次考察奥杜韦峡谷（Olduvai Gorge），1951 年与夫人玛丽进行系统研究，玛丽·利基发现了"东非人"头骨，路易斯发现了"能人"。1994 年米芾及同事发表了其发现的距今 390 万—420 万年前的南方古猿湖畔种，2001 年米芾及同事又发现了 330 万—350 万年前的扁脸肯尼亚人化石。

1976 年，玛丽·利基在坦桑尼亚莱托里（Laetoli）发现了一组保存得极好的足印，距今 370 多万年，是两个人并行，另一个人踏过其中一个人的足印，此三人走过新落下的火山灰，留下了足印。足印清晰显示了足跟和脚球、内侧的足弓、大足趾；其直立行走的步态与大猩猩拖沓的步态完全不同。

1977 年，吴新智随吴汝康先生访问非洲，去坦桑尼亚、肯尼亚做了一个月的考察。这个由 6 个人组成的地质古人类考察小组用了两天时间访问了东非大裂谷中的坦桑尼亚奥杜韦峡谷及其他化石地点，还考察了肯尼亚

图 7-4　1977 年中国考察组在肯尼亚内罗毕（左起：吴新智、计宏详、吴汝康、龙玉柱、刘敏厚、张森水。吴新智提供）

大裂谷的人类化石地点。

奥杜韦峡谷深 900 多米，东西长 50 公里左右，宽度各处不一，这里有近百个古人类遗址，吴新智这个小组考察了 12 个。考察组考察了杜图湖的地点，该地点离奥杜韦不远，1973 年在这里发现一个相对完整的直立人头骨化石，时间是 50 万—60 万年前。原研究者克拉克鉴定为属于直立人的颅骨，吴新智曾觉得克拉克的鉴定结果不完美，不够准确，他在 1980 年出版的《坦桑尼亚肯尼亚古人类概要》中写道："据原研究者初步认为属于直立人，但实际上相当接近智人。"他们还到距离奥杜韦 40 多公里的莱托里地点考察，那里曾发现了 300 万年前人科成员的骨和脚印化石。

在肯尼亚，考察组参观了人科化石和旧石器的主要地点，如肯尼亚古猿发现地——肯尼亚西部大裂谷边缘的特南堡、北部特卡纳湖东岸的许多化石地点。

特卡纳湖旧名是鲁道尔夫湖，最深处达 150 米，沉积物的地质年代约从 2000 万年前到现在。在这里发现"东非人"很不容易。离内罗毕 700 多公里有一个发掘点，叫库彼福勒。这里是沙漠，荒无人烟，野兽出没，气温可高达 37—38℃。夜里出去上厕所要提着马灯，拿着木棍清理道路，以免被毒蛇咬伤，穿鞋穿衣服都要注意看是否有蝎子。蝎子很大，可有十多厘米长[①]。食物要从内罗毕往这里运，条件十分艰苦，野外的工作要克服很多困难。由此可以联想到做古人类研究的艰辛。

古人类学的绚丽之花

1978 年，陕西大荔发现一件相当完好的颅骨化石。

2014 年 5 月 23 日，采集小组驱车去大荔考察大荔人遗址。大荔县位于陕北高原南缘，渭河北岸。遗址在大荔县段家公社甜水沟。1978 年 3 月，

---

① 李路阳:《吴汝康传》。上海:上海科技教育出版社，2004 年。

图 7-5　2014 年 5 月 25 日吴新智在陕西大荔县大荔人遗址（左起：张礼智、吴新智、席焕久、胡松梅。李雅范摄）

陕西省水利电力局刘顺堂同志在大荔县段家公社解放村附近的甜水沟发现了一具完整的人头骨化石。同年 11 月、12 月，所里派吴新智与同事张森水、尤玉柱同半坡村博物馆的周春茂、王宜涛、高强及西北大学赵聚发等在化石地点发掘，获脊椎动物化石 10 余件及石制品 181 件。该地点处于黄土塬与渭河谷地交界地带，是典型的塬边斜坡－河谷阶地过渡区。

采集小组问这里是怎么发现的。吴新智说："那时，当地的一位地质调查员，他发现住地附近甜水沟旁边悬崖上有一个窟窿，相当于拳头大小。当地的小孩往窟窿里头投石子，看谁投得准，像玩篮球投篮一样。调查员很有经验，发现窟窿边上好像是一块骨头，于是他就抠，整个都被抠下来，是一块颅骨。他是西北大学的毕业生，就将这件化石交给他的老师——地质学家王永焱教授，王教授与同事发表了初步研究报告。这项重要研究课题由中国科学院继续进行，于是才有后来的发掘。"吴先生用手指给采集小组的同志看，由于雨水冲刷，沙石风化，当年的原样已经没有了，坡上长满了野草和灌木。后来这里并没有挖出更多的人化石，只得到一些石器和动物化石。挖出来的头骨化石相当完整，对中国人类进化提供了很多有价值的信息。

"难忘的1978年被地质历史的波涛淹没了约20万年之久的大荔人又重见阳光，这一古人类学上的绚丽之花在洛河岸边盛开。"这是吴新智在他的文章写的一段话，抒发他的情感。难怪他这么兴奋，因为大荔人头骨的完整程度少有，可以说大荔人在我国完整的人头骨化石中是最古老的；换句话说，在我国古老人头化石中是最完整的。在最需要中更新世晚期到晚更新世早期人类化石的时候，作为猿人与新人之间的过渡类型的大荔人问世了。而且大荔人留下的文化遗产——小石器更具特色，这对了解我国古人类历史和大荔人当时的生态环境具有重要意义。他怎么不高兴呢？

此后，吴新智对此进行研究发表论文，认为它代表了与欧洲古老型人类有基因交流的标本，而且是比直立人对形成中国早期智人贡献更多的一种类型。1982年，吴新智经过测量与观察进一步指出，大荔人头骨的形态特征与我国其他人类化石相比有很多共同性状（如矢状脊、颧上颌脊和印加骨等），与尼安德特人不同，属于早期智人，接近直立人的一种古老类型，介于早更新世的直立人与现代人之间，处于我国连续人类进化线上。[①]

吴新智一生中用了相当多的时间到野外进行调查发掘，每年出去大约三四个月，一年常常要出去两次。一般春夏去北方（如华北），秋冬去比较暖和的南方，每年国庆节一过就出发，春节前，一年一度的"春运"期间回来。春运期间铁路虽然仍旧挂卧铺车厢，但是不卖卧铺票，他们早早去候车，争取比别人早进站台，直奔卧铺车厢，将大包小包的行李占满中铺和上铺，人坐在下铺。开车后将行李转移到卧铺下面。虽然当时从广西到北京的特快要走40多小时，但可以在中铺和上铺上休息，也不至于太累。当时很少有长途汽车可坐，往往搭乘装货的卡车甚至运煤汽车从一个调查点转移到另一个点。

县城以下没有招待所，也很少有旅馆，一般就住在农民家中。在蓝田

---

① 吴新智：古人类学上的绚丽之花——记大荔人头骨化石的发现及其意义.《化石》，1979年第4期，第1-2、12页。

公王岭发掘时被安排住在顶棚上堆放粮食的房间。夜间常有老鼠出没，跳蚤很多，很难驱除，只能买来滴滴涕杀虫剂在身上涂抹。明明知道皮肤会吸收这种有毒的杀虫剂，终身排不出去，但是情急之下也顾不得后果了。

有一次在云南住进一个小旅馆，被子多日不洗，表面呈涂油状，同伴将被子翻过来盖。吴新智说，别人也会翻过来盖的，所以里外都是一样的，就不要折腾了吧。

他的足迹遍布全国除西藏以外的所有各省、市、自治区。在采访中他回忆，这些野外工作使他有了科研的第一手素材和向老师或同事学习地质学知识的机会，同时也锻炼了身体，现在还能工作与当年经常出野外有关。

当时出野外是很艰苦的，在同事间流传着"三子"之说，说出野外的人在外面是"疯子"，在发掘工地，穿着工作服，没有时间修面，头发乱蓬蓬，一身泥土加上出汗，像个"疯子"。衣衫破旧，蓬头垢面，背着个旧背包，有时还挂着根野外打狗或打蛇护身用的棍子，高级宾馆不让进门，像个讨饭的"叫花子"。当时生活比较困难，供应比较紧张，很多东西在北京买不到，从外地带一些东西回来，大包小包，驮着东西像个"驴子"。[1]

国 外 考 察

1980 年，吴新智随吴汝康和周明镇去美国考察古人类化石。后来陆续去法国、英国、德国、西班牙、瑞典、日本、韩国、澳大利亚、南非等国家和我国香港、台湾等地工作或参加科学讨论会。

1982 年 10 月访问巴黎古人类研究所、人类博物馆等并合作研究陶塔维人，吴新智在法国尼斯报告了陶塔维人与中国直立人、早期智人的颅骨

---

① 吴新智访谈，2013 年 5 月 14 日，北京。资料存于采集工程数据库。

比较研究。陶塔维（Tautavel）这个地方出土了一个部分颅骨，有一块顶骨，还有面骨，法国人将其复原成一个颅骨。法国为了开好国际古人类学大会，请了许多外国同行，包括吴汝康和吴新智先生，吴新智借机将法国的化石人与中国化石人做了对比研究。

80年代，吴新智在澳大利亚国立大学合作研究了科阿沼泽（Kow Swang）与蒙戈湖（Lake Mungo）的化石，提出一些新见解。澳大利亚化石很多，其中有两个地点，一个是1万年前左右，另一个是4万年前。当地学者已经用此化石为材料完成了博士论文，认为1万年前的化石属于粗壮型种，4万年前的化石属于纤巧型种，可能来自中国，跟柳江人接近。吴新智看后发现，他们着重介绍所谓的纤巧型代表标本比较典型，但有的不是这种类型：纤巧型额头一般比较丰满，也有扁塌的，粗壮型额头扁塌，但也有丰满的，这个二分法分类存在一些问题。吴新智将采集的资料带回国内再进一步研究，写了文章。

后来吴新智到墨尔本大学医学院进行研究。澳大利亚的化石应该是澳洲土著人的祖先，原来是白种人进行研究，土著人不同意，让他们回填并回葬。当时澳洲政府顺应土著人组织的强烈要求，把收缴上来的一些化石存放在墨尔本医学院，准备择日回埋。吴新智在征得土著人组织同意后，利用这个机会在土著人代表监视下研究了库布尔溪（Coobool Creek）下颌骨化石的颏孔。在1961年时他曾研究，下颌骨颏孔的相对高度在人类进化上是有一定意义的，尼人的这一指数比新人的低，新人化石则比现代中国人低。他比较了现代中国人与澳大利亚人的颏孔高度，没有明显的种族差异[1]。

在访问德国时，吴新智利用汉堡人类学人类生物学研究所中的非洲中更新世人类化石的许多模型进行研究，与布罗厄尔（G. Brauer）联名发表论文论证非洲中更新世人类形态具有比较广阔的变异谱[2]。

---

[1] 吴新智，魏锡云：中国人与澳大利亚人的颏孔高度。《人类学学报》，1986年第5卷第2期，第128-129页。

[2] 吴新智，G. 布罗厄尔：中国和非洲古老型智人颅骨特征的比较。《人类学学报》，1994年第13卷第2期，第93-103页。

一段行政生涯

1980 年 7 月 14 日，经吴汝康、李全刚介绍，吴新智加入了中国共产党，翌年转正。

1983 年 9 月，经中国科学院批准，吴新智任研究所副所长，先后分管业务和人事工作。当时所长是张弥曼[①] 院士。

据张院士回忆，吴新智比她年长 8 岁，自己的资历没有他老，让他做副所长，可他却心悦诚服，没有一点不高兴的表现，这很难得，别人很难做到这一点。张院士说吴新智做事很讲原则，敢于担当。所里经常遇到很多难事，很多人都不愿意出头处理，经常把难事推给别人，而他绝不把难事推给别人，都是自己想办法解决，承担责任，有时还替别人担担子。张院士说："我们之间也有不同意见，有时也争吵，我常常坚持己见，他妥协让步的时候多，有长者风度，我们合作得很愉快。吴新智工作特别认真，要求十分严格，但对退休人员却十分关心，包括比他年龄小的，也是如此。每到年节，平时有病了，他必去看望走访，而且胜过没退休者。"张院士说，"吴有自己的追求"，这么大的年纪（采访时已 86 岁），学习分子生物学，了解古 DNA，文献他都看，很热心科普工作，在吴汝康的书中，他做的工作最多。国外邀请他写书、写文章，他都十分认真地完成。还说："我们只做自己感兴趣的事情，而吴新智不管自己是否感兴趣，只要是有益的事情都做。"他的学生刘武的办公室就在他的隔壁，经常看到有人找吴先生，他从不拒绝，花很多时间去帮助别人，可以说是有求必应。[②]

1989 年博士毕业后分到古脊椎动物与古人类研究所的同号文，主要从事第四纪哺乳动物史前遗址里面的动物化石研究，和吴新智有过同事的经

---

① 张弥曼，1936 年生于南京，中国科学院院士，古脊椎动物学家。瑞典皇家科学院外籍院士，早年留学苏联，曾任国际古生物学协会主席，主要从事比较形态学、古鱼类学、古生态学及生物进化论的研究。

② 刘武访谈，2014 年 5 月 16 日，北京。资料存于采集工程数据库。

历，并且和吴新智曾经做过邻居，对其简朴的生活和有规律的起居非常熟悉。有两年同号文去法国开展交流项目研究，家里有些事情无法处理，同号文的爱人就经常向吴新智请教，他都热情地帮助解决。①

吴新智做研究所副所长时，因其直爽，能直截了当地将自己的观点表达出来。偶尔有人对其观点不赞同，但也不影响同事间的关系，大家也都理解吴新智的正直是出于学术和所里工作考虑，出于公心，从没有个人私利在内。所以大家也都理解他的行为。

1982 年，西安医大张怀瑶教授（席焕久的导师）邀请吴新智到学校指导工作，吴新智借从大荔回京之机到西安医大。这是席焕久第一次见到吴新智老师。当时他 54 岁，中等身材，一身朴素发旧了的蓝色中山装，古铜色的皮肤有些发暗。乌黑的短发，一双大眼睛炯炯有神，像是透镜，可把化石看穿，分辨出年代和细节，他说话不多，显得庄重严肃，但很慈祥。

当时教研室有一个骨研究室，老师们做了很多人类学研究工作，出了不少人类学方面的论文。导师让席焕久负责接待吴老师，其实也没有什么可接待的，因当时食宿条件较差，没有更多的后勤工作可做，只是帮助打点开水，到食堂吃饭时帮助引路。吴先生总是平易近人，毫无大牌专家的架子，在骨研究室指导时都十分耐心，非常和蔼可亲。不管对谁，年轻的、年长的，学生还是临时工作人员，吴新智从来都是非常和蔼。

从此以后，每当放寒暑假回锦州在北京转车时，席焕久都会去拜访吴老师，请教一些事先准备好了的问题。吴老师非常忙，但不管多忙，他都耐心接待，指点怎么做，告诉应看什么文献。一些外文记不下来，他就写在纸上，让席焕久感到特别温暖，实际上这时他已经是很有名的大专家了。出国之前，席焕久写信给吴老师，请教到美国应当学些什么。他说："你有医学背景，又做人类学研究，应当学医学人类学，回来后，推动全国的医学人类学研究。"② 为席焕久整个研究生涯指明了方向。

他不仅在做所领导时严格要求自己，就是不做领导仍严格要求自己，不搞特殊。一次，采集小组要给他过生日，准备请所领导、研究室的同

---

① 同号文访谈，2014 年 5 月 9 日，北京。资料存于采集工程数据库。

② 吴新智来往信件。存地同①。

事、亲朋好友及孩子和解剖学会的领导，他没有同意。他说："我所杨（钟健）、裴（文中）、周（明镇）三位院士逝世于 80 岁之前，贾兰坡享年 93，吴汝康刚过 90，当时都没有举行聚会庆寿，可以说，没有聚会庆寿的传统。我希望不要由我破例。更不希望在大家都'撸起袖子加油干'的时候虚耗大家的时间。"最后只好作罢。

古人类研究室的刘武研究员，也是吴新智的博士研究生，切实感受到吴新智从来都非常谦和，不愿意宣扬自己。吴新智 80 岁生日的时候，刘武等提出来，包括所里要给他办一办，吴新智很客气地推辞了。后来刘武等学生以私人名义请吴新智一起吃顿饭，老先生非常高兴，不在所里工作的学生也参加了，吴新智都关心地问这问那。2013 年吴新智 85 岁生日，刘武又跟吴新智提庆贺一事，吴新智还是推辞说："不要办了。"最后刘武把吴老师的学生和受益的晚辈召集起来，各自将自己的研究内容组合起来各写一篇体质人类学方面的文章，统一发表在《人类学学报》上，以此表达学生对老师的敬意。吴新智对这种方式非常支持，这不仅纪念了自己的生日，而且带动了科研向纵深发展。

可以说，吴新智对学问一直在不断地追求，心无旁骛。①

---

① 刘武访谈，2014 年 5 月 16 日，北京。资料存于采集工程数据库。

第八章
攀登古人类学的高峰

独特的中国古人类化石

吴新智对古人类的历史了解得极为清楚，对全球化石发掘的时间、地点、形态特征了如指掌，对中国古人类化石更是如数家珍。

1903 年德国医生哈伯乐（K. A. Haberer）把从中国带去的一箱"龙齿"和"龙骨"送给德国古脊椎动物学家施罗塞尔（M. Schlosser）进行研究，如果将此勉强算作中国古人类研究开端的话，那么真正的中国古人类和化石研究是从 20 世纪 20 年代发现了周口店第一地点和河套人类牙齿才开始的。1949 年前只有 3 个地点发现了人类化石，大量的化石是 1949 年以后发现的。

1949 年以前，中国的古人类学研究实际上是外国人进行的，中国人并没有做化石方面的研究。新中国成立后，沿袭了西方古人类学学科发展的思路。1953 年以前，还不曾有中国人用中文写过一篇专门研究人类化石的文章，起初是加拿大学者步达生，后来是德籍犹太人魏敦瑞的文章，都是用英文发表的，只是附简单的中文摘要。吴汝康先生回国后成了研究中国古人类化石的第一位著述甚丰的中国专家。

中国古人类化石的发掘工作应当从 1921 年北洋政府农矿部顾问瑞典人安特生（J. G. Anderson）安排和指导的奥地利人师丹斯基（O. Zdansky）在北京周口店发现猿人算起。1929 年 12 月，地质调查所新生代研究室的裴文中发现了第一个"北京人"完整的头盖骨，后来又发现了"山顶洞人"等。新中国成立初期，由于开展大规模的生产建设，发现了一批古人类化石遗址。在"向科学进军"的号角声中，吴新智刚刚读完中国科学院研究生就开始寻找化石并进行发掘工作，先是陪同老先生，后来就自己带队出野外。从吴新智的整个科研生涯中可以看出，他花费了相当多的时间去野外发掘，寻找古人类化石。

迄今为止，我国发现的含有人类化石的地点，文字报道的有 100 多处，有比较详细资料发表的已经超过 90 处。其中直立人化石地点已经发现十几处，年代最早的是云南元谋人，后来是陕西蓝田人。北京猿人是中国直立人发现最早的地点，人化石及石器也最丰富，还有用火的证据。

我国早期智人化石也有十几处。陕西大荔、辽宁金牛山都有完整的头骨，大荔不仅有人骨化石，还有石器，金牛山发现一些体骨。广东曲江马坝有一个带有眼眶的头盖骨，山西许家窑有顶骨碎片。

中国晚期智人化石地点接近 50 个[1]，比前两阶段的化石分布更广，向北可达黑龙江。

周口店的北京猿人发现于北京西南 48 公里的房山县周口店龙骨山。在 20 世纪 20 年代初发现一枚人牙［具体年份有两种说法：从 1927 年起一直负责周口店工作的步达生等四人在 1953 年出版的总结性著作《中国原人史要》（*Fossil Man in China*）一书中说，此牙出土于 1923 年；1931 年到周口店做普通职员的贾兰坡在 1981 年与其弟子合著的《周口店发掘记》中说，此牙出土于 1921 年］，1927 年又挖出更好的人牙，定为"北京中国猿人"，是当时发现的世界上最早的人类（50 万年前），因抗日战争爆

---

[1] 刘武，吴秀杰，邢松，等：《中国古人类化石》。北京：科学出版社，2014 年。

发停止了挖掘。1941 年，珍珠港事件时，北京猿人的化石丢失了，一直在寻找，但都没有结果。新中国成立后，人民政府又组织了周口店的发掘工作。1921—1966 年发掘了不少化石，代表着 40 个猿人。在瑞典还有 3 颗牙齿，20 年代运到瑞典去修理，后来存放到那里，直到现在也没回来。还有近 100 种哺乳动物化石和 60 多种鸟类化石、几万件石器和许多人类用火的遗迹。

1933 年，在第一地点西南侧的上方发现了一个小洞，叫山顶洞，这里出土了 8 个个体的人骨化石和文化遗物（骨针、装饰品等），发现古人有意识地埋葬死去的同伴且能获取约 80 厘米长的大鱼。第四地点和山顶洞人生活年代分别为约 20 万年前和 2 万—3 万年前。加上北京猿人龙骨山埋葬有"三代人"的遗体与遗物。

从北京猿人化石来看，这些人身材与我们现代人差不多，但脑重只有我们现代人的 3/4。头顶低矮，前额扁塌，眉脊粗厚。北京猿人的颈项后部肌肉比现代人发达，嘴部前突，无下巴颏，牙比现代人大，牙根粗，咀嚼面皱纹丰富，头骨厚，四肢骨腔小，骨壁厚。北京猿人只能使用粗放的石器技术，用简陋的工具挖植物块茎、切割兽皮、挖取兽肉、砸骨取髓，砍断树枝做木棒打猎。有洞内用火的痕迹，用以取暖、驱潮、烤熟食物。判断当时的年代为 50 万年前，气候与现代差不多。北京猿人属于中国人的祖先，是中国古人类和古文化链条发展中的重要一环。

在谈到"北京猿人"这个名称时，吴新智澄清了北京猿人的一些称谓。自从将周口店第一地点的人化石归属于直立人之后，一般便将 20 世纪 20 年代末开始出现于媒体的名称作为这些化石的通俗名称——北京人来指在这里的古人类，有人认为这是比北京猿人更科学的称谓。为了澄清这个误解，吴新智在多个场合说明，周口店第一地点的人类化石的科学名称由 1927 年最初的 Sinanthropus pekinensis（直译为北京中国人，不知何时开始翻译成中国猿人北京种），历经 Pithecanthropus pekinensis（北京猿人）、Homo erectus pekinensis（北京直立人）或"直立人北京亚种"的历史过程，因为头骨有点像猿，许多人将"猿人"用来做通俗名称。这说明"北京猿人"曾经既是学术名称又是通俗名称，现在仍旧可以作为通俗名称以示与现代人区别。而"北京人"也是通俗名称，查查当今中外任何一部古人类学著作不可能找到与之对应的拉丁文学名。所有上述分类名称的改变都是基于不同学者对其形态学特征有不同的评价，没有任何遗传学依据。古生物物种的定名依据和含义与现代生物是不同的。

古人类学在国外是一个很受欢迎的学科，几乎每所大学都有人类学院系，人类学教科书没有不提到人类起源的，谈人类起源不可能避开吴新智和他提出的"现代人多地区进化说"。原辽宁医学院（现为锦州医科大学）的席焕久1989年在美国哥伦比亚大学做访问学者时，讲授人类学的老师就提到吴新智。当知道席焕久来自中国，就顺手从书架拿出一本书，问席焕久是否认识这个人。席一看是吴新智老师，因为此前席焕久与吴新智多有接触，所以回答，"认识"，并告诉他，"吴新智是我的老师，对我帮助很大，学风非常严谨，态度和蔼可亲"。美国老师说："吴新智对现代人类起源研究的贡献非常大，是国际古人类学学术界的大师。"[1]

在吴新智的家中，挂着一幅墙报。这是著名艺术家牛群先生采访他时制作的。其中有一个画面叫"头们的头"。吴新智一生从事古人类学的研究，其研究对象就是化石人，包括中国与外国的。这些化石大多是颅骨——头，他对这些颅骨的

图 8-1　1992 年 6 月吴新智在西班牙阿塔普尔卡洞口留影（吴新智提供）

① 席焕久访谈，2013 年，北京。资料存于采集工程数据库。

时（地质年代、年龄、出土时间）空（出土地点、形态特征）特点了解得一清二楚，对他们之间的关系明明白白，了如指掌。在研究方面是走在前头的。所以把吴先生说成是"头们的头"也不无道理。

吴新智一生中到访很多国家，1992 年 5 月赴韩国参加中韩第四纪学术研讨会并在延世大学解剖系做"中国古人类体质特征"的报告。6 月又去西班牙阿塔普尔卡参加学术会议。

除了考察研究上面提到的国家的化石遗址之外，还于 1994 年 1 月到泰国参加印度洋—太平洋史前学分会第 15 届大会并做"中国古人类镶嵌进化"报告。无论到哪个国家，他都利用当地材料进行研究，比较中国与其他地区化石人的异同，提出一些新的见解，不断丰富古人类学理论。

现代人多地区进化与中国古人类连续进化

早在 20 世纪 40 年代，美国学者魏敦瑞就提出，中国有一条连续进化线，其根据是北京猿人与现代黄种人有一系列共同特征。1946 年，魏敦瑞在美国出版的《猿·巨人和人》一书中提出，发现的整个更新世人类化石都属于同一种，他还认为在同一个演化期内，不同地区的人会有不同的特征。但他的这个理论缺少作为中间环节的化石证据，缺乏说服力，而且那些证据中有的被后人否定了。

到了 20 世纪 50 年代，吴汝康综合分析了世界各地的人类化石，吸收了恩格斯"亦此亦彼"的思想，明确提出"人类体质发展的不平衡性"，解释了北京直立人头部还保留很多原始性质的原因。

1959 年，吴汝康先生与苏联学者一起，在 1949 年以前发现的和 20 世纪 50 年代新发现的化石基础上联合著文论证中国古人类进化的连续性。[①] 60 年代，他进一步明晰了人类的各种特征不是同时起源的理论，他

---

① 吴汝康：中国猿人体质发展的不平衡性及其对"劳动创造人类"理论的意义。《古脊椎动物与古人类》，1960 年第 1 期，第 25-32 页。

的这一学说被当时的中国学术界称为"镶嵌说"（morphological mosaic）。这为后来吴新智的中国古人类"连续进化假说"奠定了一定的理论基础。[1]

吴新智的连续进化理论与魏敦瑞的有区别。魏氏是根据北京猿人与现代人之间的共同点，吴新智的理论是以化石为根据。50万年前世界各大地区人群之间有较大差距，经过几十万年的分头进化，这些差异不但没有变大，反而更接近，魏氏以"直生论"[2]来解释其原因，而吴新智用基因交流进行了合理的解释。这就是吴新智的新贡献。

1976年，在中国科学院古脊椎动物与古人类研究所举办的纪念恩格斯《劳动在从猿到人转变过程中的作用》讨论会上，吴新智与张银运提出我国古人类在形态特征上存在明显的相似性，他们之间的体质发展有着肯定的连续性。中国古人类化石有一系列共同的形态特征。在直立人与早期智人和晚期智人，这些共同特征的存在说明中国化石人类进化是连续的。若某时间的人类消失，或从其他地区迁移而来，骨骼的形态在不同时间段会表现出显著差异。

1977年，德尔森（E. Delson）等开始将分支系统学[3]（又称支序系统学）的原理应用于古人类学研究，主张化石的特征包括近祖性状和近裔性状，前者是原始的，与原先一样的；后者是进步的、衍生的、近后代的。根据这个原理提出，直立人具有一系列的近裔性状或独有的特征，主张直立人是进化的旁支，这种观点成为当时的主流。据此得出的一个重要的结论是，否定直立人是智人的祖先。

1978年，吴新智针对这种情况，较系统地总结了中国当时出土的古人类化石的共同特征，非常明确地表达了中国古人类体质上的明显的相似性和发展上的连续性，不排除与邻接地区进行遗传物质交流的可能性，但这

---

① Mayr E. Taxonomic catagories in fossil hominids. paper delivered to Cold Spring Harbopr Symposia on Quantitative Biology. New York：Cold Spring Harbor，1950（15）：109-118. 转引自杜靖：《中国体质人类学史研究》。北京：知识产权出版社，2013年。

② 直生论（orthogenesis）由德国动物学家哈克（J. W. Haacke）创立，后为爱米尔（T. G. H. Eimer）等采用，是一种反对自然选择学说的进化理论，认为生物进化是有方向的，决定进化的动力完全来自生物体内部，与自然选择无关。

③ 分支系统学（cladistics systermatics）是当今三大分类学学派之一，是德国昆虫学家亨尼希（W. Hennig，1913-1976）于1950年创立。

种交流只占次要地位 [①]。

他运用我国标本中的大量形态学证据，阐述人体各个特征在进化的不同时期和地区发展是不等速的。不少被认为是直立人自近裔特征的形成也可见于智人，一般认为智人特征的性状，如高的颞鳞、宽短颅型，也能见于个别直立人。"这些集'直立人性状'与'智人性状'于一身的镶嵌现象可能是由于各个性状在进化发展的不同时期中，或不同地区间进化速率不同，提示着中国的智人是由直立人进化来的"，反对将北京猿人排除出中国现代人祖先的行列。

吴新智通过对中国其他地点直立人和大荔等人类化石的研究，进一步认为：中国各地的中更新世人类化石可能分别代表着互相之间小有差异的进化小支系，其间有基因交流，构成网状的进化图景。周口店的猿人代表其中的一条支系，不应排除其对现代中国人祖先的贡献，其贡献具体体现在哪些方面和占多大份额，倒是值得研究的一个课题。

吴新智还运用大量的事实对当时国际上盛行的主张提出质疑。他指出，直立人中独有的所谓自近裔衍生特征在中国一些智人化石中也间或有所表现，在个别直立人中还可以看到所谓的智人特征，如湖北郧县与和县的直立人各自具有一般不见于其他直立人却常见于智人的特征，如没有角圆枕、弱的眶后缩窄、高的颞鳞和头骨宽短等。

不少智人头骨也具有所谓直立人的近裔特征，如大荔、金牛山、许家窑、资阳等许多早期甚至晚期智人各自具有直立人的个别特征，如厚的头骨壁和眉嵴、枕部成角状转折、具有角圆枕等；大荔和许家窑的骨壁厚；大荔、资阳、马坝头骨的眶后缩窄显著。湖北郧县头骨更是直立人和智人性状的典型标本。

直立人和智人虽各有其特点，但不能截然分开，而是"你中有我，我中有你"。

从 70 年代起，吴新智根据新中国成立后我国发现的大量化石总结出

---

① 吴新智：中国古人类综合研究。见：中国古脊椎动物与古人类研究所编，《古人类论文集——纪念恩格斯〈劳动在从猿到人转变过程中的作用〉写作 100 周年报告会论文汇编》。北京：科学出版社，1978 年，第 28—42 页。

十多项共同特征。他还指出，中国古人类化石的一系列共同特征，以后会随着化石的出现逐步加以补充，这些特征在中国古人类化石中出现的频率比其他地区都高，特别是这些特征中的许多项集中表现在同一个头骨上，这种情况的频率更是高得多。这意味着在中国没有发生人群的重大替换。

吴新智经过详细的研究、对比分析发现，中国古人类有明确的传承关系，其体质特征的表现有：铲形门齿、颧骨的位置、颜面的水平突度和垂直突度、颅顶有矢状嵴等。

吴新智的连续进化理论逐渐成熟起来，为"多地区进化假说"提供了重要的理论支撑。

图 8-2　1983 年吴新智（左）与美国沃尔波夫（右）合影（吴新智提供）

1979 年，美国学者，密歇根大学的沃尔波夫（Milford H. Wolpoff）教授来研究所访问，吴新智向他介绍了中国化石的情况及中国古人类连续进化的观点和证据。当时沃尔波夫正好跟澳大利亚的桑恩（A. Thorne）博士研究印度尼西亚、澳大利亚的化石。桑恩博士发现，澳大利亚科阿沼泽化石跟印度尼西亚化石形态上比较相似，蒙戈湖的化石与中国的比较相似，有连续性。沃尔波夫到中国这里一看，觉得很好，于是一拍即合，双方都赞成多地区进化说。就想到要联合研究，这样沃尔波夫回美国申请联合研究基金。

1980 年，吴新智访问美国纽约自然历史博物馆、耶鲁大学和加州大学，交流了中国古人类连续进化的观点，这些看法得到了同行们的共识。

1981 年，澳大利亚学者桑恩和美国学者沃尔波夫发表了关于澳大利亚

图8-3　1982年7月吴新智（左）、吴汝康（右）与到访的日本古人类学者埴原和郎（中）于古脊椎动物与古人类研究所合影（吴新智提供）

和东南亚地区古人类连续性进化的论文，提出爪哇到澳大利亚古人类的连续进化。

1982年4—6月，沃尔波夫再次到研究所访问，经过一段考察，赞同吴新智关于东亚地区古人类体质演化连续性的观点。同年7月，日本古人类学者埴原和郎来访，也讨论了人类起源问题。

1983年2月7日，吴新智参加并主持香港历史博物馆古人类展览开幕式。

3月，吴新智使用沃尔波夫申请的联合研究基金——美国科学基金会的资助，前往美国与密歇根大学的沃尔波夫教授合作研究东亚地区古人类体质演变问题。吴新智在美国的研究，以中国和东南亚—澳大利亚人类化石为主要基础，经过理论上的思考和论证，吴新智等三人最后终于联合完成了论文，提出了"多地区进化假说"，1984年正式发表《现代智人的起源》一文（图9-1）[①]。他们的"多地区进化假说"正式问世。当时没有基

---

① 吴新智：新标本和新信息的积累促进对中国人类进化模式的新思考。《人类学学报》，2004年增刊，第92-98卷第1期，第2-4页。

因交流的化石证据，吴新智回国以后，1988 年才找出化石证据。

正值吴新智在美国参加现代人类起源项目的交流访问时，中国科学院启动了评职称工作，此前因"文化大革命"一直耽搁没有启动。谁都知道，评职称对自己和家庭有多重的分量。吴汝康就写信给吴新智让他回来参加职称评审，吴新智想到项目交流机会是很难得到的，出国的机会也不是那么多，这么好的一个项目，还是应当坚持下来，所以就说，等交流项目完成后再回所里参加职称评审。中国科学院评职称不会等他一个人。一些副研究员评上了研究员，但评完上报后，因职称评审工作程序有点乱，后续的核准程序就暂停了，所以一直没有批下来。直至吴新智回国三年后，1986 年再次启动职称评审工作，吴新智被评上研究员，并顺利批下来，与三年前在所内评审通过的副研究员一起转为正研究员。

1984 年 10 月，时任国务院副总理的方毅同志出席北京猿人第一块头盖骨发现 55 周年纪念会并来所视察，吴新智作为主要参加者汇报了具体主要内容相关情况。

过去一些学者曾争论，说郧县头骨不属于直立人，应该属于智人。这

图 8-4　1986 年 9 月吴新智于英国南安普敦参加世界考古学大会（左起：吴新智、安志敏、盖培。吴新智提供）

种争论正说明，直立人与智人之间没有明确的界限。尽管大体上可以分辨出直立人和智人两者的差异，却没有明显的楚汉鸿沟，中国化石人这些形态镶嵌的特征说明：中国古人类是连续发展的，各时期的古人有明确的传承关系，各阶段之间没有截然分明的界线。这就不难得出这样的结论：中国古人类的进化是一个连续的过程[①]。

慈祥的严师

　　1977 年以后，吴新智不仅协助吴汝康院士带研究生，自己也带研究生，其中硕士研究生有陈昭、李瑜、杨东亚、徐文龙、谢业琦、张猛、王宇翔、许元秀、颜宜葳等，招博士研究生后，刘武和王谦都考到古人类学专业，王谦分给吴汝康带，刘武分给吴新智带，但最后都是由吴新智带。吴新智后来招了赵凌霞、尚虹、吴秀杰、崔娅铭等博士研究生。

　　作为导师，吴新智"学业功底颇深，治学严谨，给研究所的同事留下深刻的印象"，张弥曼在接受采访时说。她说，吴新智接受过很好的传统教育，古文知识丰富，德语也好，比所里其他人受的教育都好。学风上很严谨，不随意，不马虎，不会有其他目的，从不在别人的文章上挂名，从不放松自己的学术研究，但他在学术上对学生、对手下从不客气，要求很严，但没有别的目的，是为他们好。[②]

　　吴新智对学生是以严格著称的。张继宗、陈昭、杨东亚等作为吴新智最早带过的研究生，在开始接触吴老师的时候都非常害怕，后来的赵凌霞也有同感。虽然吴新智并没有对他们发火生气，也没批评，但他们从心底里就对吴新智十分敬畏。他看到学生的不足就指出，并指导如何解决研究中的问题，最终提高了学生的水平和能力。

---

　　① 吴新智：论中国古人类的连续发展。见：田昌五、石兴邦主编，《中国原始文化论集——纪念尹达八十诞辰》。北京：文物出版社，1989 年，第 27–34 页。

　　② 张弥曼访谈，2013 年，北京。资料存于采集工程数据库。

张继宗于1983年从哈尔滨医科大学毕业后直接考取吴新智的硕士研究生。在研究生阶段，吴新智就要求他们阅读英文原文，所以打下了良好的英文阅读基础，养成了严谨的科学作风。他还建议张继宗在公安部物证鉴定中心建立起法医人类学这门学科，提出国内碎尸案、分尸案等的侦破理论和方法。2001年，张继宗有一个比较大的课题要到研究所去查资料，吴新智提醒说："你已经工作这么多年了，理论水平还有待于提高，还需要进一步地提高自己的能力和水平，需要进一步的学习。"2002年，张继宗考取吴新智的博士研究生，博士论文是法医骨组织学研究，重点解决骨残渣的鉴定问题，包括性别鉴定。论文完成后使有残渣的骨骼个体识别方面有了理论根据，在实际办案中也取得了非常好的效果，达到国际领先水平。

陈昭与张继宗两人修完人类种族学课后就参加期末考试。因国内没有中文教材，吴新智用的是英文原版的专著，每次他都亲自审改学生阅读完翻译的材料。课下，两人不仅要阅读大量的中文文献，还需要学习英文教材，所以感到非常困难。虽然二人多次表达希望考试能简单点，但吴新智看着陈昭和张继宗着急上火的样子不为所动，按照考试时间和场所安排，两人一人一个房间，吴新智拿出试卷分发后，告诉考试从几点到几点、不允许查阅资料等要求，就开考。考试结果出来两人都答了70多分，其他专业的研究生同学不解地问，为什么专业课的分这么低，张继宗和陈昭如实地回答说，是闭卷考试并且全英文答题。

在研究生论文写作期间，吴新智对他们要求非常严，一定要自己独立选题，独立到野外取材，回来独立进行数据分析，然后得出结论。虽然学习与考试过程都很艰难，但为他们打下了良好的英文基础，使其受益终身。二人在接受采集小组采访时都对此段时间的学习过程十分感念。[①]

后来，张继宗和陈昭等与导师熟悉了，发现吴新智还是非常随和的，是一位包容、慈祥的长者。在学术探讨上是坚持平等研究、各抒己见，注意倾听学生们的意见和想法，对思路表达好的还给予鼓励，指导学生如何思考，独立提出研究课题，怎样应用不同方法进行探索；能深入浅出，及

---

① 陈昭访谈，2013年10月13日，北京。资料存于采集工程数据库。

时引导学生，并对研究方案进行详细修改、补充之后，再交给学生自己做，从而培养学生独立思考和独立提出问题、分析问题和解决问题的能力。

吴新智对研究生的思维训练非常重视，特别注意批判性思维和逻辑推理能力的培养，这对学生影响非常大。吴新智对学生很耐心、严格，但不是手把手一步一步地带领开展研究，而是在共同研究的基础上，设定一个大概的方向或研究领域，在学生自己开展研究过程中，不时进行指导关注，但是学生必须自己走出去，自己尝试。如果遇到问题或困难，就坐下来，一起探讨解决问题的办法和途径，以此促进学生自己的思考和思维训练。这种方法很像目前西方现代大学的教育方式，不仅仅是学习知识，而且训练技巧、方法和能力，自己去发现新的知识、新的问题，自己解决问题，从而培养学生的创新思维。

吴新智倡导的是学生自己的事情由自己独立完成，遇到困难时再进行帮助。他总是以开放的心态对待学生研究中的问题，但核心必须是学生自身能对问题有所了解、有初步认识、能提出自己独到的解决问题的途径和方法。1984 年年底至 1988 年年初海南岛少数民族人类学的考察项目是古脊椎动物与古人类研究所与日本东京大学、筑波大学、东京外国语大学合作研究，张继宗作为研究生参加考察工作，他再次感受到了吴先生的工作认真仔细和为人的体贴随和。

1983 年，陈昭从北京师范大学生物系毕业就考取了吴汝康和吴新智的硕士研究生，成为第一位女硕士生。李瑜和陈昭、张继宗到研究所后，最初由吴汝康带，当时吴新智在国外进行项目交流。有一天陈昭正在同吴汝康交谈，看到一位年富力强、精神饱满的人走进来。吴汝康介绍说："这就是吴新智老师，是你的另一位指导老师。"陈昭走上前去跟吴老师握手，陈昭感觉到吴老师双手特别有力，传递给陈昭的是这位老师具有坚定的信念。以后便跟两位老师学习专业课程，吴新智指导的更多一些。他亲身示范多，说教的时候少。

吴新智一直在关注学生的成长，经常谈几句话就到点子上，大家非常受启发。

李瑜很喜欢书法，想去学学书法，吴新智说："还是要专，要看重你的专业。书法写字是一种工具，你的专业一定要专。"李瑜感到老师对自己所从事的专业有非常高的要求，应该集中全力把专业做好。

1986 年，陈昭出国的时候，吴新智感情很复杂，他希望将招进来的学生组织成一个团队，把中国当代人的人类学问题的研究开展起来。但是因为受当时社会大环境影响，大家都想有出国学习的机会。陈昭在与美国亚利桑那大学人类学系交流中，申请到博士研究生学习机会。吴新智在陈昭赴美读博士前说："好吧，多学学，多看看，开开眼界，这是好的。"但流露出恋恋不舍的情绪。[①]

吴新智每天早晨都提前到办公室，下班走得最晚，几十年如一日，认认真真地做好每项工作，这种工作作风对学生们影响很深。每次在研究所里开研讨会时，他从来不以学术大家自居，而是全力以赴，从头开始准备自己的讲演内容。这种言传身带，给研究生树立了学习的榜样。

陈昭在接受访谈时告诉采集小组，吴老师从来不会为了关系而放弃自己的原则，他很讲原则、特别正直、非常严格，做什么事情都非常严谨。

有时，陈昭担心做了什么事情会让先生不满意，看似吴老师从来不苟言笑，但是后来陈昭每次回国跟他交谈，都非常亲切。每次都问长问短，从学业一直问到家庭。随着年龄增长，每每回国见到一次都会觉得比以前更加和蔼可亲了，除学术以外，谈的事情也是越来越多。

吴新智对人非常尊重，无论是学生、同事，还是领导，都一视同仁。

1987 年，杨东亚获得硕士学位，留在研究所工作。因所里办公条件所限，新毕业人员是没有办公室的，吴新智就在自己办公室腾出来一点空间给杨东亚用。因此，不仅硕士研究生跟随吴新智学习 3 年，此后 5 年也是跟吴新智学习。杨东亚利用各种机会向吴新智学习做学问的方法。

杨东亚后来回忆这段经历时说："自己在加拿大读博士过程中之所以非常轻松，最重要的原因也在于自己在跟吴新智老师学习的过程中，掌握了严谨认真的科学研究精神和辩证的逻辑思维方法。"他在加拿大也沿用这种方法指导自己的硕士生、博士生，并且在自己的科研中也发扬这种精

---

① 陈昭访谈，2013 年 10 月 13 日，北京。资料存于采集工程数据库。

神，在古代 DNA 研究中充分考虑污染对结果的影响，反复查阅资料并核对，运用这种思维方法对古代 DNA 研究起到很大的作用。①

　　1988 年，北京大学生物学毕业的赵凌霞，刚开始工作时，对专业不是完全了解，有些迷茫，看不到好的前景，有点灰心。感到北京大学与这个研究所反差太大，特别是转向古人类学后，找古人类化石很不容易，没有研究对象。即使找到化石了，也不那么完整，破破碎碎的。这里要求学科知识比较宽泛，不仅有生物学还有地学方面的内容，地质年代、环境等，涉及很多学科，在专业上感觉不太适应，还没入门，有点困惑。而面对的又是"人类是怎么起源演化的"这个比较大的课题，怎么研究，很有难度。吴新智耐心地鼓励她，让她不要泄气，说："只要你努力了，只要做工作就会有进步，踏踏实实做工作肯定是有成果的，首先你要有浓厚的兴趣，然后有热情去做。"刚开始做微观结构在古人类学中的应用研究时，大家不太看好，吴新智还是鼓励赵继续做，后来取得一些成果，吴新智很

图 8-5　解惑（2014 年李雅范摄于北京中科院古脊椎动物与古人类研究所）

①　杨东亚访谈，2013 年 8 月 30 日，北京。资料存于采集工程数据库。

高兴，说："你们是初生牛犊不畏虎，有一点点东西就敢说，考虑问题还不是那么周全。视野要开阔，论证要全方位。"同时提醒还可以做得更好。

吴新智经常教导年轻人要踏踏实实，并鼓励她和年轻人说：做古人类学这个学科要耐得住寂寞，要甘于寂寞，踏踏实实，想图名图利就别干这一行，因为这不是赚钱的职业，出名也没有那么容易，如果不努力，想做出一点成绩是不可能的事情，所以必须要一步一个脚印。

赵凌霞感到吴老师是一位非常严谨的学者，兢兢业业。他站得高，在逻辑思维和论证思路等方面给予必要指导，真正在研究中，他又注意从小处入手，注意细节方面，小到标点符号、错别字都非常认真地进行修改。

刘武回忆，读硕士的时候，吴老师给他修改稿件，不仅在内容方面进行修改，在文字及标点符号上都一一提出来进行修改，甚至包括参考文献的格式也全部校改。[1]

吴新智在论证科学问题时，特别讲究证据要确凿，不能主观臆断，主张要客观、全面地做学问。在指导论文和研究中，鼓励学生自由探索，希望学生能自己独立思考，在关键时刻再帮助学生共同分析研究解决问题的办法。

赵凌霞读硕士时是以吴汝康院士的名义招的，研究方向是基因人类学，入学后吴汝康院士去美国访问，所以硕士论文由吴新智指导完成的。硕士论文封面上写吴汝康、吴新智为指导老师是理所应当的，请吴新智审查时，他从学术方面提了很多意见，并告诉赵凌霞封面上不要有他的名字。赵凌霞两次在封面上写上吴新智的名字，他划掉了两次。赵凌霞对此一直不解，参加工作后，特意问吴老师："您明明指导我，怎么不写您的名字？"吴新智就解释说："你入学时是以吴汝康院士名义招的，我只是帮助吴院士指导你的工作。"[2]

2008年之前，中国人从来没有参加过国际牙齿形态学研讨会，会议组织者从网上知道赵凌霞对此进行研究，就邀请她参加2008年在德国召开的第十四届牙齿形态学研讨会并做"中国古人类牙齿化石微观结构研究"的报告。工作被肯定，心里有点骄傲。赵凌霞得意地告诉吴新智，吴新智先

---

① 刘武访谈，2014年5月16日，北京。资料存于采集工程数据库。

② 赵凌霞访谈，2013年11月14日，北京。存地同①。

肯定了她的成绩，但也提醒她还可以做得更好，不能骄傲，在失败的时候也不要泄气，要努力。

2008年，杜靖给《人类学学报》投稿——《1895—1950年间的中国体质人类学研究与教学活动述略》，吴新智作为学报主编，将其他审稿人意见以及他个人意见转述杜靖，从此二人就开始联系。其实早在1989年杜靖就已经开始征订《人类学学报》，那时对吴新智已经久仰大名。从中央民族大学博士毕业后，就在书信里跟吴新智沟通，表达了继续跟其学习的意愿。吴新智很快回复表示非常欢迎，如果有兴趣、有热情，若做中国体质人类学史研究和中国文化人类学史研究，他愿意支持并提供做博士后工作的机会。因杜靖是文化人类学出身，体质人类学、古人类学毕竟是自然科学，跨行很大，又不具备相应的知识结构，有点儿打退堂鼓，怕做不了，吴新智就以自己70岁开始学习DNA为例鼓励他。

2007年，《古生物学杂志》向杜靖约稿，请他写百年中国古人类学发展史，任务很艰巨，杜靖写了六稿，吴新智帮助修改五稿，历时一年，文章正文总共才1万字，参考文献比正文篇幅还多。论文倾注了吴新智的心血，杜靖说自己就是一个文字整理者，于是请吴新智当第一作者。吴新智坚决不肯，反而说论文是杜靖一年的辛劳成果，自己年纪大了，写了很多文章，杜靖作为年轻人要尽快成长，要担当，自己做第二作者以回答专家学者的意见。这种担当和厚爱让杜靖十分感激。杜靖跟吴老师说："这篇稿子是您的心血，您的智慧，您的思路，自己仅仅做了文字技术处理，不能要稿费，我做第一作者已经很感激涕零了。"但吴新智坚持不要，最后在杜靖的坚持下，稿费只好一人一半。

2010年，《上海科学》杂志向杜靖约稿，请他介绍吴新智假说理论的来龙去脉，但论文多达11处错误。该杂志是一个老牌杂志，在20世纪20年代就有了，在国际上非常著名，这么多错误会给学术界造成误导。吴新智在一个周五的下午把室全体人员，包括年轻人、学生、老师都召集起来，针对这篇文章开会，谈学术风气的问题，一一说了错误之处，希望大家以后避免。事后，吴新智问杜靖怎么看，杜靖当然非常惭愧，从此十分注意养成严谨的科学作风。杜靖以后写完文章都放半年、放一年，反复看，反复琢磨，还要征求很多人的意见，才拿出去发表。有一次吴新智对杜靖说："一个学者要爱惜自己的羽毛，你看我一生发了那么多文章，最后有价值的文章有几篇？我们应该对自己要严格，一个人一生发表几百篇文章，不可能篇篇都是经典，不可能篇篇都有学术价值。"他还经常跟杜靖谈做人做学问的道理，说自己经历了三种境界，三种人生经历：第一种，早年的学术研究跟生存分不开；第二种境界是把做学问作为一种职业，当成事业来做；还有一种，人老了要当成理想和乐趣。

在生活细节上吴新智也严格要求杜靖，杜靖在生活细节上偶尔不注意，经常穿拖鞋出入办公室。吴新智就告诉杜靖，所里经常来外宾，不能穿拖鞋，这样给外宾的形象不好。这不仅是个人修养和举止问题，还代表一个国家的形象，你在这里工作是对外国科学家展示中国科学家的形象。①

吴新智除了培养学生严谨的科研作风、踏实的工作作风外，还注意培养学生高尚的人格和不贪便宜的人品。他要求大家不能用公家的东西，用信纸都要考虑，不能浪费。

吴新智看似不近人情，但他非常关心学生们的个人生活与工作问题。常问张继宗有没有处朋友、能否分到房子；嘱咐陈昭要处理好工作学习与婚姻的关系，结婚别把事业丢了；杨东亚去野外做人体测量，吴新智告诉他要注意卫生，野外条件不好，要多吃大蒜，这让杨东亚非常感动。诸如此类的事情很多。这些关爱之情溢于言表，给学生们留下深刻的印象。②

在生活方面，吴新智本人也特别讲究科学，科学指导饮食起居，注意营养，不吃有毒有害的东西，什么指标高了低了，怎么配合医生，怎么科学地生活，何时休息，何时工作，非常有规律。

有一天早上赵凌霞到吴新智办公室，看他一个人静静地坐着，感觉有点不对劲，就问怎么回事。吴新智就让赵凌霞赶快出去。一问才知道，吴老师早上体检时身上放置了放射性药品。吴新智特别注意细节，爱护自己，更爱护和关心别人。③一次，吴新智眼底出现毛病，他除按医生医嘱

---

① 杜靖访谈，2013 年 9 月 17 日，北京。资料存于采集工程数据库。

② 张继宗访谈，2014 年 5 月 7 日，北京。存地同①。

③ 赵凌霞访谈，2013 年 11 月 14 日，北京。存地同①。

服药外，把卧室的窗帘拉严，成一个暗室，在这个暗室中休息眼睛，每周都能看到视力的进步，医生很惊讶地问，怎么会好得这么快？吴新智告诉了详情。同仁医院眼科在向外宾介绍中心性视网膜变性的治疗效果时，还请吴新智作为成功的病例出席作证。

吴新智后来因年龄等原因不再招收学生了，但山东海洋大学的崔娅铭报考后，复试小组刘武就告诉吴老师，崔娅铭是学习分子生物学的，入学考试成绩很好，建议吴老师收进门下，在研究现代人起源中涉及分子生物学问题时可发挥崔的作用。因吴新智经常用到分子生物学的知识，所以就招了崔娅铭做关门弟子。崔入学后，吴新智觉得首先要让崔对人类化石有所认识和研究，而几何形态测量是当时古人类学用的新方法，虽然他自己不掌握这个技术，也没时间去学习，他相信崔有学习新方法的潜力，仍旧决定由她把这种方法应用到中国的化石研究中，完成她的博士论文，崔娅铭通过自己的努力成功地运用这种方法，得到一些基本信息，吴新智便帮助她去分析，去总结。当吴新智发现崔引用他人论文内容不对时，就一一告诉她，哪些适合引用，哪些文章或参考文献不适合引用。

吴新智一直在研究生院给研究生讲课。80多岁，还要从中关村到长安街玉泉路，非常不容易。其实，这么高龄的老先生没有义务、没有责任、也没人要求他去上课，而吴新智自己主动承担这个任务，并且还一直坚持下来，教了一二十年，从不间断。这是对年轻人最大的培养、教育和关怀。他也因而获中国科学院"优秀研究生导师"称号和研究生院"杰出贡献教师"称号。

蝴蝶人之谜

云南元谋自1965年以来已因出土元谋猿人的两枚门齿而驰名中外，但20余年来虽经许多单位多次工作，除原有的两枚门齿和后来发现的三块石器外，没有发现更多的早期人类或与他们关系较为接近的化石。

"1986年年底以来，从元谋陆续传来令人兴奋的消息，表明在这方面有所突破，打破了廿余年来的沉寂。"这是吴新智在他写的《云南元谋——研究人猿分野的沃土》一文的开头语。①

故事要从元谋物茂区德大村一个名叫李自秀的彝族小女孩说起，她因家贫不能继续上学。为了自筹学费，她割草换钱，在漫山遍野割草过程中发现了许多化石地点。从书上她知道化石的重要性，于是1986年秋天请母亲将她割草时收集到的一麻袋化石送往昆明，交给云南省地质科学研究所。该所一位叫江能人的研究人员看到化石，发现有一颗牙齿很像人的牙齿，江能人也知道非洲已经发现能人了，很巧，他的名字也叫能人。江能人就写了报告，因为那个化石的年代可能比较早，跟非洲能人年代差不多，所以在报告中写了中国发现了能人。经云南省、市文化系统有关人员共同鉴定，认为是人牙。后来在1987年6月出刊的《云南地质》第6卷第2期上，这枚牙齿被订名为"能人竹棚亚种"。云南省博物馆知道后，因为涉及化石问题归文物部门管，搞地质的单位不分管这项工作，这样就被云南博物馆接手管理。经国家文物局批准，云南省博物馆根据这一线索，组织云南省楚雄州元谋县考古工作者联合组成考古队对豹子洞箐第三地点、小河村蝴蝶梁子第一地点进行第一次发掘。

根据李自秀提供的线索，发掘了一个又一个新的化石地点。这些地点分布在豹子洞箐和相距约2公里的蝴蝶梁子。找到一些化石，包括一些牙齿。负责现场发掘的同志就宣布，在这两个地区都发现了人猿超科的牙齿化石。豹子洞箐的牙齿被订名为人属东方种（新种）（*Homo orientalis*）；蝴蝶梁子的牙齿则订名为腊玛古猿的一个新种——蝴蝶种（*Ramapithecus hudiensis*）。前者生活在距今250万年前，后者估计为300万—400万年前。

1987年4月6日，《光明日报》在头版就此发了消息，认为这次发现"将我国人类历史至少推前80万年，具有划时代的意义"，文章援引现场

① 吴新智：云南元谋——研究人猿分野的沃土。《化石》，1988年第1期，第1、10页。

工作人员的话说："这是自 1927 年中国科学工作者发现北京猿人以来，在古人类考古发掘工作中所取得的又一重大成就。"9 月 27 日，上海《文汇报》又报道，现场工作的人员宣布，在"蝴蝶腊玛古猿"地点发现了石器，而且还可分为五大类，在同一地点还发现了骨器和一段"已初步判断为直立行走的人的股骨"。现场工作人员因而将原订的"蝴蝶腊玛古猿"改名为"蝴蝶人"，其年代也改订为 400 万年前，并"确认为人类最老的祖先"。以后《北京晚报》《科学报》等也相继摘要予以报道。《人民日报》海外版及英文的《中国日报》也先后就这些发现发过消息。这一系列的报道引起了国内外同行及关心人类起源人士的很大兴趣。

远在北京未能亲眼见到这些标本的吴新智，面对国内外朋友的函电和口头询问，难以作出切实的回答，因此切盼能一睹为快。

1987 年，这个研究在云南的一个科学杂志——《思想战线》上发表。同年 6 月，《思想战线》月刊发表了张兴永等人的文章，报道了考古发现的两个物种，即人属东方种和腊玛古猿属蝴蝶种。就在张兴永等去竹棚发掘之前，江能人等曾从竹棚当地农民收集的化石中选出一颗臼齿。江能人（1987 年）把此牙确定为能人竹棚亚种。

随后，张兴永等人的文章投给《人类学学报》，但被退稿。后转投给《思想战线》。据杜靖《中国体质人类学史研究》书上记载，这篇文章发表后，中国科学院古脊椎动物与古人类研究所的一些专家表示了不同的意见，云南省博物馆的馆长就觉得有问题。于是，在 1987 年 11 月 13—18 日，云南省科委和文化厅主持召开对云南元谋最近一年来新发现的化石进行学术性的讨论和鉴评会，应邀参会的有中国科学院古脊椎动物与古人类研究所、中国社会科学院考古研究所和北京自然博物馆等单位的吴汝康、贾兰坡、吴新智、周国兴、张森水、安志敏等专家共 8 人。

吴新智终于亲眼看见了部分化石。会议期间，还用一天时间赴元谋考察野外地点。负责现场工作的同志在会上介绍了有关情况，出示了新发现的"人牙"的一部分（约 20 枚），伴生动物化石及有代表性的"石器""骨器"等。吴新智看了牙之后就意识到，这个标本是猿，不是人。张兴永等人的文章所列的赖以订立蝴蝶新种的形态特征未超出禄丰种的变异范围；地层学的证据也建议元谋两个地点的时代差距很可能没有张兴永等人认为的那么大。

经过观察，与会的古人类学者一致认为，出示的"人牙"属于人猿超科，从这小部分标本本身和所发表的论文均看不出能订出两个新种或归入人属的足够根据。他们在元谋还看到了《文汇报》报道的那半根股骨，都认为它很明显地不是"直立行走的人的股骨"，与人类股骨在形态上相差很远。与会的考古学者都未能在所出示的石块和破骨中找出可确认为人工制造的石器和骨器的标本。

这次鉴评会讨论的重点是牙齿化石是人还是猿的问题。当时，吴汝康先生也说牙齿不属于人的。贾兰坡先生表示，这么早的人类化石还没发现过。那时候，这么早的东西谁也没有见过，不好说是还是不是。还有石器，其他来自北京研究石器的专家一致否定了标本是人造的意见，最后大家认为属猿，不属于人。纳西族的省长何志强为了本地的发展也支持，说"老专家、院士说这个是什么，我就相信是什么"。

吴新智根据化石实际情况，有理有据地鉴定分析，根本不考虑任何其他因素，在科学面前求真务实，实事求是，一丝不苟，坚守一个科学工作者的准则。西方一些学者曾认为中国古人类学的研究掺杂"民族主义意识"[1]，吴新智以科学事实对他们进行反驳，把"民族主义"的帽子扔到太平洋。

1990 年，吴新智发表文章，更为明确地指出，对"蝴蝶人""腊玛古猿""蝴蝶中国古猿""竹棚能人"或"东方人"的鉴定均不正确。禄丰、小河、竹棚的古猿在一条进化链上，但与直立人之间构不成祖裔关系，所谓"东方人"或"中国古猿"是直立人直接祖先及所谓云南是人类发源地的说法，目前都缺乏科学根据。[2]

---

① 杜靖:《中国体质人类学史研究》。北京：知识产权出版社，2013 年，第 289-299 页。
② 吴新智：中国远古人类的进化。《人类学学报》，1990 年第 9 卷第 4 期，第 312-321 页。

化石中的马赛克

1976 年，吴新智和张银运就曾在《中国古人类综合研究》中谈到不能排除中国化石人与外界有基因交流的问题。[1]

1988 年，吴新智详细地比较了中国与欧洲的人类化石，发现马坝人头骨上的眼眶呈圆形，与中国多数古人类的长方形的眼眶不同，却与欧洲尼安德特人相同；柳江、资阳和丽江人的头骨后都有一块发髻状的结构，这在中国化石人中是很特别的，而在尼安德特人却是司空见惯的。这些与中国大多数化石人不同的异常构造的相关基因来自何处？吴新智认为，最合理的解释是来自西方。中国化石人中的异常结构虽然是少数，但是说明了中国与西方在进化过程中有过基因交流[2][3]。杂交导致的基因交流越近晚期越频繁，使中国的人类越近晚期与境外人群越接近。后来他又陆续提出一些新的关于基因交流的线索，比如山顶洞人 101 号和 102 号头骨鼻颧角较小、102 号头骨的颧额蝶突的前外侧比较朝向外侧等，与中国大多数标本不一致；相反，却与欧洲古人类大多数化石的特征相符合，频繁出现。同样，在欧洲也有同中国主流特征相一致的特征。

同样，德国斯坦海姆头骨的扁平面部可能属于原始特征，也可能受到了中国基因的影响。

1989 年，在纪念北京猿人第一块头盖骨发现 60 周年学术研讨会上，吴新智以中国人类化石为基础指出，被一些学者指认是直立人独有的特征在中国早期甚至晚期智人的个别标本上也可以见到。

他根据中国化石人的年代顺序、共同形态特征、形态的异样性、镶嵌性与其他地区的基因交流和文化证据等，论证了中国古人类连续进化为

① 中国科学院古脊椎动物与古人类研究所：《古人类论文集》。北京：科学出版社，1978 年。

② Cann R, Stoneking M, Wilson A C. Mitochondria DNA and human evolution. Nature，1987（325）：31–36.

③ Chu J, Huang W, Kuang S, et al. Genetic relationship of populations in China. Proc Natl Acad Sci USA，1998（95）：11763–11768.

主，与世界其他地区之间有基因交流。比如南京 1 号头骨和涞水头骨高耸的鼻梁，南京 1 号头骨和大荔头骨眼眶与鼻前口之间的隆起，南京 2 号头骨的额骨正中隆起，巢县的枕骨的枕外隆凸上有小凹，资阳和丽江头骨的额骨中部下方骨形成缝隙，丽江臼齿的卡式尖，田园洞人有四个特征与尼人接近等，这些在中国稀有，而在西方常见。他认为这是基因交流的证据。

这些共同特征与形态相互镶嵌不仅表明中国古人类进化过程是连续的，而且与其他地区也有少量的基因交流，表示与其他地区人群有低水平的杂交。中国古人类化石与其他地区古人类化石之间不仅存在形态学上的差异，还发现了一些相近之处。

吴新智在文章中指出，扁平的面部是中国古人类的共同特征之一，但也出现在欧洲的斯坦海姆（Steinheim）人和阿拉戈（Arago）人，铲形门齿也见于阿拉戈人和一些尼安德特人。为什么中国化石人的某些形态结构与欧洲的尼安德特人相似，或者说为什么欧洲的尼安德特人的某些形态特征出现在中国人的化石中？控制这些性状的基因究竟来自何处？虽然我们很难确定基因流是中国流向外国，还是外国流向中国，还是两者兼而有之，但有一点是应当肯定的，两者曾有过基因交流。这种交流虽数量不多，不占主流，但的确发生了。[①]

1990 年，他根据对大荔人、金牛山人、和县人的观察指出了在中国直立人与智人之间形态上的镶嵌性，反映了连续进化的特点，支持中国的早期人群是现代中国人的祖先。无论是直立人阶段还是智人阶段，不同地区的人既有共同点又有不同点，这种不同甚至可能相当大。这说明，在整个世界不仅存在着连续进化，还有局部世系的中断及世系间的融合。

他在《中国远古人类进化》一文中，根据中国古人类的年代顺序，明确提出中国古人类化石有一系列共同特征，一些渐进性变化总趋势。此外还有形态上的异质性、形状上的镶嵌性。这种进化的连续性也得到了古文化的支持，吴新智还提出了基因交流问题。

---

① 吴新智：中国远古人类进化。《人类学学报》，1990 年第 9 卷第 4 期，第 312–321 页。

　　1996 年 3 月 21—23 日，在日本京都府相乐郡木津町日本国际高等研究所举行的关于现代人起源的国家讨论会上，英国牛津大学分子医学研究所的哈定（R. Harding）博士从 β 球蛋白顺序的基因树研究的结果与线粒体 DNA 不同，显示亚洲发生过古老智人与现代人之间的混合，支持亚洲直立人与现代人连续进化的理论 [1]。

　　1996 年 9 月 25—26 日，吴新智在日本出席关于日本人起源的第 11 届国际学术讨论会并做评述性发言。

　　1998 年，吴新智首次正式提出中国古人类"连续进化附带杂交"的假说。[2]

　　2009 年，吴新智研究分析了陕西大荔颅骨的一系列测量数据并将其与

图 8-6　1996 年 9 月吴新智参加日本东京"日本人起源的第 11 届国际学术讨论会"
（左起：王巍、吴新智、尾本惠市、刘武。吴新智提供）

---

　　① 高星：现代中国人起源与人类演化的区域性多元化模式。《中国科学：地球科学》，2010 年第 40 卷第 9 期，第 1287-1300 页。

　　② 吴新智：从晚期智人颅牙特征看中国现代人起源。《人类学学报》，1998 年第 17 卷第 4 期，第 276-282 页。

中国、欧洲和非洲的中更新世人类的相应数据进行比较，结果又增加了一些信息，进一步支持中国古人类进化是连续进化附带杂交的理论。

2017年，河南博物馆的李占阳和刘武研究组，在美国《科学》杂志发表论文，指出河南许昌灵井出土的两个十多万年前的头骨，其内耳半规管的形态与尼安德特人一致，而与蓝田、和县、柳江、马鹿洞的不同（后四者都与现代人一致），许昌头骨还有枕外隆凸上小凹（尼人的典型特征），因此许昌头骨与尼人之间有杂交（其实就是基因交流），再一次表明中国人类进化的连续性。吴新智经过对中国古人类化石的研究以及与国外化石人的对比分析，逐渐形成了系统的理论体系，经历了不断调整、丰富发展与完善的过程。

第九章
挺身而出战群儒

古人类学风云

人类起源问题是当今世界上尚未解决的十大科学问题之一。自古以来就有很多传说。早期，在生产力水平很低的时候，人类主要通过神话、巫术、宗教等方式加以表述，西方的"上帝造人"和中国神话中的"女娲造人"就属于此类。1859 年达尔文的《物种起源》（*Origin of Species*）和1863 年赫胥黎的《人类在自然界中的位置》（*Man's Place in Nature*）两部划时代巨著，第一次论述了人类起源，提出进化论和人猿同祖论，达尔文认为非洲的大猿与人类最为亲近，从而推测人类起源于非洲。但这些理论的提出都没有建立在化石基础之上，并没有令人信服的直接证据，而只是单凭间接证据推想出来的。尼安德特人化石的发现才逐渐被看作从猿到人的中间环节。但是，尼安德特人化石是否代表人类祖先还有争议，人们对人类起源于古猿半信半疑，学者们开始寻找直接证据。

值得一提的是荷兰人杜布哇（E. Dubois），从医学院毕业后专攻人体解剖学，后到印度尼西亚做军医。他相信进化论和人猿同祖论，认为在印度尼西亚有与人相似的猩猩和长臂猿，于是雇用当地人在有猩猩的地方寻找人类化石。1891 年，他在爪哇岛发现一个像人又像猿的头盖骨化石，第二年在离发现地十多米远的地方又发现了大腿骨的化石。从大腿骨判断其能直立行走，脑量只有 900 毫升左右，比现代人小得多。杜布哇用"直立"作为其种名，这就是后来的爪哇猿人 [1]。

1926 年，瑞典科学家宣布在北京周口店发现了 50 万年前的人类牙齿化石。1929 年，裴文中先生在这里又发现了头盖骨，这就是北京猿人。大量化石不断在世界各地出现，人们才逐渐认识到人类进化的过程。特别是在非洲发现的土根人、撒海尔乍得人、地猿、南方古猿等的出现，使人们更进一步认识到了人类起源于非洲，200 多万年前的人都出自非洲。这些化石仅发现于非洲，别的地方没有，这是研究人类远祖与古猿分道扬镳的时间和地点，这一点在学术界取得了共识：人类起源于非洲。有争论的是现代人的起源问题。

吴新智特别提出，"人类起源和现代人起源是两码事，前者发生在 600 万—700 万年前，后者的时间晚得多。必须分清二者，否则便造成天大的误会，让大家误以为我相信人类起源于中国，而无论中外，几乎没有一个真正的古人类学者会相信'中国也是人类起源地'的荒唐主张。" [2]

现在知道的人类历史已经有 600 万—700 万年，可以划分为 3 个稍大的阶段，即最早的人、南方古猿和人属；后者又可分成早、中、晚 3 期。晚期的人属成员包括晚期智人、只发现于欧亚大陆的尼安德特人、局限于东南亚的弗洛勒斯人和目前只见于南西伯利亚的丹尼索瓦人。晚期智人因其解剖学结构与现生地球上的人基本一样，所以又称为解剖学上的现代人，在古人类学中有时简称为现代人，其中早于 1 万年前的成员又称为早期现代人。现代人分布在非洲、亚洲和欧洲，还扩展到美洲、大洋洲等。

"现代人起源于何时何地？"这不仅是一个重大的理论问题，而且是一

---

[1] 吴新智：《人类进化足迹》。北京：北京教育出版社等，2002 年。

[2] 中央电视台"科普中国·科技名家里程碑"节目：《吴新智院士：六十年磨一剑 探秘远古人类》。

个人们十分关心的热点问题。

关于人类演化，长期以来有两种学说，一种叫直接演化说（direct evolution hypothesis），也叫系统说或多地区进化说，认为现代人是由当地的早期智人以至于猿人演化成的，然后各自平行发展，成为现代人；另一种叫入侵论（invasion hypothesis），也叫迁徙论或代替说。

1984年，吴新智与两位外国学者联名提出“多地区进化假说”（以下简称“多地区说”），认为世界上的四大人种都与本地区更古老的人群不可分割（图9–1）。

吴新智等提出的假说与上述的学说不同。

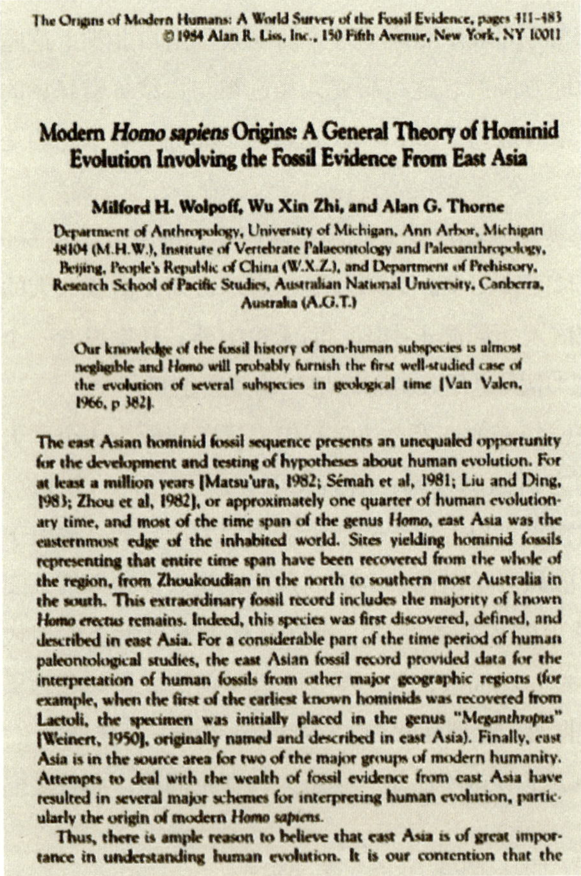
The Origins of Modern Humans: A World Survey of the Fossil Evidence, pages 411–483
© 1984 Alan R. Liss, Inc., 150 Fifth Avenue, New York, NY 10011

Modern *Homo sapiens* Origins: A General Theory of Hominid Evolution Involving the Fossil Evidence From East Asia

Milford H. Wolpoff, Wu Xin Zhi, and Alan G. Thorne

Department of Anthropology, University of Michigan, Ann Arbor, Michigan 48104 (M.H.W.), Institute of Vertebrate Palaeontology and Paleoanthropology, Beijing, People's Republic of China (W.X.Z.), and Department of Prehistory, Research School of Pacific Studies, Australian National University, Canberra, Australia (A.G.T.)

Our knowledge of the fossil history of non-human subspecies is almost negligible and *Homo* will probably furnish the first well-studied case of the evolution of several subspecies in geological time [Van Valen, 1966, p 382].

The east Asian hominid fossil sequence presents an unequaled opportunity for the development and testing of hypotheses about human evolution. For at least a million years [Matsu'ura, 1982; Sémah et al, 1981; Liu and Ding, 1983; Zhou et al, 1982], or approximately one quarter of human evolutionary time, and most of the time span of the genus *Homo*, east Asia was the easternmost edge of the inhabited world. Sites yielding hominid fossils representing that entire time span have been recovered from the whole of the region, from Zhoukoudian in the north to southern most Australia in the south. This extraordinary fossil record includes the majority of known *Homo erectus* remains. Indeed, this species was first discovered, defined, and described in east Asia. For a considerable part of the time period of human paleontological studies, the east Asian fossil record provided data for the interpretation of human fossils from other major geographic regions (for example, when the first of the earliest known hominids was recovered from Laetoli, the specimen was initially placed in the genus "*Meganthropus*" [Weinert, 1950], originally named and described in east Asia). Finally, east Asia is in the source area for two of the major groups of modern humanity. Attempts to deal with the wealth of fossil evidence from east Asia have resulted in several major schemes for interpreting human evolution, particularly the origin of modern *Homo sapiens*.

Thus, there is ample reason to believe that east Asia is of great importance in understanding human evolution. It is our contention that the

图9–1 沃尔波夫、吴新智和桑恩有关现代智人起源的文章首页

四大人种即黄种（蒙古人种或亚美人种）、白种（欧罗巴人种或欧亚人种）、黑种（尼格罗人种）和棕种（澳大利亚人种）。

人种（race）亦称种族，是根据遗传的体质特征，如皮肤、毛发颜色，眼、鼻、唇、发的形状等来区分的人类群体。目前没有一个公认的将特征综合起来划分人种的标准（如头型、发型、血型、肤色等）。人种的概念在淡化，人种的界限在模糊，有人主张取消人种这个概念，但却有一些疾病与种族密切

相关。人种的确存在，非常复杂。吴新智认为分四类较合适。因为人种三分法框架（白、黄、黑）中的黑人中包括有澳大利亚土著人和非洲黑人，而这两类人存在明显的体质特征差异，如澳大利亚土著的眉弓特别粗壮，颅前额扁平，不像黑人那么圆隆，髋骨的坐骨大切迹性状也不同，其来源也各异。[①] 澳大利亚土著来自印尼爪哇，还可能有来自华南。

20世纪70—80年代后的20多年，学术界围绕着现代人起源问题，进行了持续性的论战，争论的核心问题是现代人是起源于一个地区还是起源于多个地区，形成了两大有影响的学说。

现 代 夏 娃

1987年，卡恩（Rebecca L. Cann）、斯通金（Mark Stoneking）和威尔逊（Allan C. Wilson）三位美国加利福尼亚大学伯克利分校的分子生物学家利用分子生物学技术，选择祖先来自非洲、亚洲、高加索地区、澳大利亚和新几内亚的共计147位妇女，分析其胎盘内的线粒体DNA，发现非洲人具有更丰富的遗传多态性，其变异比其他任何地区的人都多。利用线粒体DNA序列构建的系统发育树显示，非洲人位于树的根部；聚类分析显示，人群被分成两大支，一支包括非洲人群，另一支由非洲人和其他人群组成。从而认为非洲是一个相对古老的群体，所有的现代人都来自非洲，这就是"出自非洲说"（Out of Africa）（以下简称"非洲说"）。

卡恩等还基于此计算出所有现代人类的共同祖先出现于距今14万—29万年前，其后裔可能在距今9万—18万年前走出非洲，扩散到世界各地，完全替代了当地的土著居民，在世界各地定居下来；他们认为解剖学上的现代人的共同祖先是20万年前生活在非洲的一个女人。圣经中记载，

---

① 吴新智:《人类进化足迹》。北京：北京教育出版社等，2002年。

人类是上帝造的，上帝最先造出来的女人称为夏娃，西方媒体把这位女性祖先称为夏娃，所以这个理论就叫"夏娃理论"（Eve theory），由于非洲祖先取代了当地土著人，故又称为取代说（replacement theory）。主张四大人种共有一个不太久前出现于非洲的女性祖先，在大约 10 万年前扩展到欧亚并完全取代原来住在当地的古人类，称为"近期出自非洲说"。

"夏娃理论"提出以后，引起了激烈的争论，遗传学家和古人类学家有的支持，有的反对。1987 年，日本东京大学人类学系的两位遗传学家斋藤（Saitou）和大本（Omoto）认为，按卡恩等的材料难以估计现代人起源的时间与地点。同年 9 月，法国巴黎的遗传学家达吕（Darlu）和古生物学家陶希（Tassy）认为，不能得出现代智人起源于非洲的结论。1987 年，美国埃默里（Emory）大学的华莱士（Douglas Wallace）等一组遗传学家进行的类似实验得出不支持"非洲说"结论。

之后西方的遗传学家开展了同类的研究与讨论，但基本都支持单一地区起源的理论。1988 年 3 月开始在美国《科学》杂志上展开了讨论。英国自然博物馆的古人类学家斯特林格（Chris Stringer）和安德鲁斯（Peter Andrews）发表了长篇文章，从遗传学和古人类学角度全力支持现代人单一起源的理论。

这个分子生物学的研究结果一出炉，很快得到了遗传学工作者的支持，一些古人类学家也加入这个队伍，这一理论迅速风靡全世界。

起初，中国的学术界和媒体对西方流行的"现代人非洲起源说"并无明显的反应，这一理论并未引起国内学者的注意和响应，在中国古人类的进化方面并没有什么争议。从 1998 年起，一些遗传学家连续发表文章支持"非洲说"，认为距今 5 万—10 万年中国没有人类生存；对中国人类本土连续演化提出了质疑，认为中国现代人群遗传多态性低且缺乏古老的基因型，中国在距今 5 万—10 万年无人类遗存，末次冰期不具备人类生存条件等。这对根据大量出土的化石而建立起来的中国古人类起源与进化的理论体系提出了巨大的挑战，这才引起中国学者的关注。

一些媒体也不断地来采访吴新智，客观上迫使他不得不回答这些问题。这时吴新智才开始关注相关文献，用事实回答这些质疑，也正是这些质疑丰富了他的"多地区进化假说"。正是这场论战使他的假说经受住风雨考验。

支持"非洲起源说"的遗传学家、分子生物学者提出了他们的研究证据。Chu J.（褚）等利用30个常染色体微卫星位点研究了中国28个人群的遗传结构，支持"非洲说"[①]。Su B.（宿）等研究925个男性Y染色体，也发现东南亚人群的遗传多样性明显大于北方人群，冰期使原来的土著居民灭绝，新的移民系6万年前从非洲走出来的第一批现代人[②]。柯越海等还研究了Y染色体单核苷酸多态性的17种分布中国22个省市汉族的单倍型，支持中国人的祖先由南方向北方迁移[③]。张亚平团队的研究结果也支持"非洲说"。

他们的共同观点和结论是：在大约1.8万—6万年前，一批从非洲来的移民经过东南亚到达中国南部，然后向华北扩展，完全取代了原来生活在这里的古老的人类；5万—10万年前，东亚没有人类，与末次冰期的时间正好相符且并非偶然。后来又有多篇文章支持这一学说。

从1998年起，我国媒体多次报道这一学说，特别是在中国的国外学者连续发表文章的情况下，使这一场现代人起源的讨论和报道达到高潮。"出自非洲说"的研究者们主要利用现代男性Y染色体和女性线粒体DNA上的一些遗传信息，顺藤摸瓜，追踪变异源头和迁移路线，推测现代人的基因来自非洲基因库。为了确定特定古人与今人的遗传关系，还从化石上提取并分析古代DNA，从考古学上找证据支持。

正值"非洲说"压倒一切的时候，一位从美国回来的遗传学家找到了上海新民晚报，要求报道中国现代人从非洲起源的问题。记者从上海打电话采访吴新智，问他意见，他明确地说："我的观点与报道不同，他

---

① Chu J, et al.Genetic relationship of population in China. Proceedings of National Academy of Sciences（US），1998（95）：11763–11768.

② Su B, et al.Y-chromosome evidence for a northward migration of morden human into Eastern Asia during Last Ice Age. American J Hum Genetic, 1999（6）：1718–1724.

③ 柯越海，宿兵，李宏宇，等：Y染色体遗传学证据支持现代中国人起源于非洲.《科学通报》，2001年第46卷第5期，第411–414页。

们的证据我看不懂，从化石及文化上看，也与报道不同。"后来中央电视台的记者要求他上台参加辩论，南方周刊记者也要求他把不同的观点都说出来。

媒体下了战书，吴新智躺在床上翻来覆去睡不着，难道这几十年对化石的研究真的错了吗？他反复琢磨，不！没有错，化石的证据是第一手的直接证据，谁都推翻不了，而他们的结论是间接推断的。

"还用原来的那些证据说明多地区进化说？"吴新智心里想，不能！这时，他感到压力很大，孤掌难鸣，觉得自己是一个孤家寡人，是在孤军奋战，真正支持他的人不多，很是孤独。但他坚信，他的理论是正确的，有坚实的科学基础。中国古人类化石的形态证据是过硬的，难以推翻。因为中国有这么多的古人类化石材料，从直立人到早期智人再到晚期智人，是一个连续的、无明确中断的演化过程，从解剖学的特征来看也是非常清楚的，大量旧石器标本反映的文化传统和大量古动物及古植物化石所显示的古环境都根本找不到一个外来人群替代原住民的证据。

长期以来形成的坚韧不拔的毅力，敢于坚持真理的胆识，对事业的责任感，对真理的追求，使他下决心回答这些怪论。他没有退却，沉着应对。从化石中找证据，从相关领域找佐证，从对方文章中找矛盾。

这时吴新智已是位70多岁的老人。"非洲起源说"论者总是拿分子生物学说事，可吴新智上中学、大学及研究生时期没有学过分子生物学，何谈基因和DNA。在他几十年的古人类研究中，充其量用放大镜看化石，根本就用不到分子。吴新智懂得，不入虎穴，焉得虎子。不了解分子生物学，只能对分子生物学的文章听之任之，没有话语权。于是他开始学习分子生物学的入门知识，硬着头皮去读与现代人起源有关的文献。从而更深刻地理解关于现代人起源的证据，更客观地做出科学结论。

古稀之年的吴新智开始学习分子生物学文献并且能从中找出支持自己假说的证据的确不是一件容易的事情。采访时大家听说他这么高龄还能学习新的理论，都赞不绝口，"活到老，学到老"在老先生身上体现得淋漓尽致。

吴新智说："从外行角度讲，分子生物学是用对现代活人的研究推测古人基因，基因有的发生变异，只能推测到古人一小部分基因，能留下百分之几？"这些问题一直在吴新智的脑子里转。

根据分子生物学研究，"出自非洲说"认为，人与黑猩猩分开进化的时间大约在 400 万—500 万年前，推算现代人的始祖大约 20 万年前出现在现在的非洲，也就是说共同祖先出现的时间为距今大约 20 万年，但有的说 15.6 万年或 14 万—29 万年前，还有的论文推断是 80 万年、129 万年乃至 186 万年前不等[①]。Yu N.（于）等估计最晚共同祖先的年龄大约100 万年。[②] 到底哪个结果正确？吴新智说："推算出的结果莫衷一是，缺乏令人信服的结果，难以捉摸。"

吴新智根据分子生物学的理论认为，这些计算需要三个前提：（1）假设这些实验得出的非洲现代人中的变异包含了从最早的祖先传代至今产生的全部变异，但这一点没人能证明。相反却能合理地推测，在子孙繁衍的过程中肯定有许多支系由于某种原因而移动中断或丢失了。（2）假设共同祖先的后代的各个支系间没有发生过杂交，果真如此吗？从近代白种人殖民史看，虽然白种人有强烈的心理隔离意识，但仍有殖民者与原著居民交配生育出杂种后代。（3）基因突变的速率恒定。事实上，不同的遗传位点上常有不同的进化速率。[③]

这等于说"非洲说"建立在沙塔上。

"夏娃假说"核心观点之一是尼人与现代人没有杂交，很多论文都支持这个观点。果真如此吗？从 1997 年开始，研究人员陆续成功地从尼人化石中提取出了 DNA。但一次最多能提取 300 多个碱基对。

1999 年，有学者在美国《国家科学院院刊》发表论文，论文作者从德国的尼人化石中提取出 333 个碱基对，发现尼人与智人线粒体高变区 I 的平均差异为 25.6±2.2，大于一对黑猩猩亚种之间的差异（19.7±2.9），认为尼人与智人没有杂交。但该文还报道了另外两组黑猩猩亚种之间的差异

---

① Zhao Z，Li J，Fu Y，et al.Worldwide DNA sequence variation in a 102 kb noncoding region on human chromosome 22.Proc Natl Acad Sci，2000（97）：11354−11358.

② Yu N，Zhao Z，Fu Y，et al.Global patterns of human DNA sequence variation in a 10−kb region on chromosome 1. Mol Biol Evol，2001，18（2）：214−222.

③ 吴新智：关于现代人起源的研究。《岭南考古研究》，2004 年第 4 期，第 3-8 页。

（36.2±6.1 和 33.0±4.5），大于尼人与智人的差异，这意味着尼人与智人杂交了。吴新智感到奇怪，为什么只用一组小的数据和尼人与智人差异比较，而不用两组大的比较，而且不做任何解释？这是各取所需，这种做法值得商榷[①]。再说，一次最多能提取 300 多个碱基对，只相当于人类 30 多亿碱基对的一千万分之一，可这样一个比例能代表现生人？

从形态特征上看，尼人突出的鼻根、乳突结节和下颌孔等继续存在于其后的智人当中。说明尼人与智人有过杂交，否则智人中的这些特征从何而来？1999 年葡萄牙发现的尼人和智人混血的小孩化石，证明尼人与智人有杂交。吴新智 1988 年发表了在中国人类头骨化石中有多项特征表明尼人与智人有杂交。到了 2010 年，德国马普进化人类研究所通过对尼人 DNA 的十余年的多次提取终于发现，智人基因组中有 1%—4% 的基因来自尼人。2010 年发布的尼人基因组草图显示尼人与智人有杂交。

这些新进展表明，现在的人的基因不全是来自非洲的"夏娃"，她的后代没有完全取代非洲以外地区的古老人。[②]

因此，凭借古 DNA 发现的尼人与智人不能杂交就证明"非洲说"是站不住脚的。吴新智认为，"从遗传学角度研究现代人起源，还有些缺陷"，我们现在追溯到的基因变异与古代传下来的基因变异并不完全一样，有很多基因变异的位置已经转移。

2001 年，澳大利亚科学家在澳大利亚 4 万—6 万年前的人类化石中提取到了线粒体中的基因。这个基因在现代人类的线粒体中没有找到，非洲人、亚洲人、澳大利亚土著人都没有，却发现在现代人第 11 对染色体中。所以吴新智考虑到基因变异的丢失、转移和其主要变化对分析现代人基因是有很大影响的。

2002 年，美国科学家李文雄团队指出，"人类基因组的每一个位点仅能捕捉到人类历史的一个片段，不同的位点具有颇为不同的谱系，只有进行足够数量的研究以后，才能就现代人的历史逐渐达成共识。"他的团队

---

① 吴新智：从我们的祖先到我们。2014 年 5 月 22 日在山西丁村博物馆的报告。

② 高星，张晓凌，杨东亚，等：现代中国人起源与人类演化的区域性多样性模式。《中国科学：地球科学》，2010 年第 40 卷第 9 期，第 1287–1300 页。

在 2000 年、2001 年、2002 年发表的论文也都显示，完全取代论与事实不符。中国学者张亚平的研究表明，印度洋安达曼群岛人的基因也不全来自非洲，也有来自印度大陆的。[①]

多地区进化假说的胜利

"多地区进化假说"的提出主要是以化石作为基础的，这些化石来自中国 80 多个地点。每发现一块化石都增加一份证据，从而促使吴新智不断地进行再测量再思考。1978 年发掘的大荔人和 1984 年的金牛山人都提供了中国早期智人的颅面信息。1990 年前后的郧县人和汤山人补充了新的证据。

他研究发现，在东亚的近代人头骨中，出现了不同频率的形态特征，如颅骨正中矢状突隆、夹紧状鼻背和第三磨牙缺失，这些特征在非洲近代人中没有。下颌圆枕虽出现率不高（4.6%），只存在于东亚人和澳洲人中；正中矢状突隆东亚人有一小半具有此特征；夹紧状鼻背明显地多见于东亚近代人，多在因纽特人中；先天缺失第三磨牙东亚人出现率较高。说明东亚近代人的演化主要来自本地的远古人类，若现代人出自非洲，这几个特征不见于非洲人是无法解释的。

2010 年，美国科学院院刊登载了我国广西崇左木榄山智人洞出土的人类下颌骨前部断块，其形态细节介于下颌联合部向后下方倾斜的古老型人类与具有明显颏隆凸的现代人下颌之间。整个标本显现出古老型人类和现代型人类之间的过渡形态，表明从古老型人类向现代型人类过渡的过程不仅发生于非洲，东亚也有发生过，这是直接证据。

2000 年，美国犹他大学与密歇根大学人类学系的一些学者利用 WLH50 号人类头骨化石检验现代人非洲起源假说的论文，对比分析了该

---

① 吴新智：《人类的起源》再版前言。见：理查德·利基著，吴汝康、吴新智、林圣龙译，《人类的起源》。上海：世纪出版集团、上海科学技术出版社，2007 年。

头骨与印尼爪哇昂栋头骨、非洲的更新世晚期头骨及近东头骨（Skhul 和 Qafzeh）的差异，结果表明，WLH50 号人类头骨化石与昂栋头骨差异较小，说明关系较近，而与非洲的头骨及近东头骨差异较大，说明关系较远。这说明"取代说"并不适用于东南亚和澳洲。

英国剑桥大学拉尔（Lahr）调查发现，中国人是两面坡形的头顶，非洲人头顶呈圆弧状；中国人有的有智齿，有的没有，非洲人却有；夹紧状的鼻梁，非洲人没有，而是扁的，中国人有的有，有的没有。

出土的化石材料证明，中国人类化石的形态不存在"中断"。在 5 万—10 万年那个时间段的前后，中国人类化石的形态有相同点，也有不同点。相同点：颜面较扁，鼻梁扁塌，眶呈长方形，其下外缘圆钝，眶与鼻前口之间不隆起，矢状嵴逐渐变弱，上门齿铲形；不同点：脑由小变大，头骨骨壁由厚变薄，眉脊变成眉弓。这是进化的结果。这些都是吴新智反复研究得出的结论。

吴新智还从考古学上找到证据。非洲在 330 多万年前开始出现第一模式技术，经历了第二、第三、第四模式技术阶段的演变。欧洲的第二、第三模式石器多以燧石为原料。

吴新智说："按照'非洲说'，用分子生物学研究推断，现代人的祖先于 20 万年前出现在非洲，13 万年前走出非洲，可能首先到达以色列和巴勒斯坦地区，其制造技术为第三模式。这些人的后代大约 6 万年前到达中国，如果这种推理符合事实的话，中国的旧石器从 6 万年前开始不应当是第一模式，而是第三模式占主流。实际上，此前此后，基本上都是第一模式。'非洲说'对此无法解释。"

中国在整个旧石器时代，无论是早期、中期、晚期都是第一模式占主流，并延续到新石器时代，贯彻始终。这是中国旧石器时代文化主体在技术模式方面最主要、最突出的特征。说明中国旧石器文化很早就自成体系，独立发展，只有很少地点表现出其他模式，如中国广西百色、汉中发现过大量类似的手斧，陕西、宁夏水洞沟发现过利用相当于欧洲第三与第四模式技术制造的工具。然而，这些地点只占已经发现的 1000 多处旧石器地点中的很少的一部分。虽然在较晚的时期可能有一些中西之间的文化交流，但是在整个发展过程中并没有发生过大规模的文化替代或文化移植现象。中国旧石器传统是连续发展为主，说明过去中西文化交流是次要的。

在非洲，最初是第一模式技术。到了大约 190 万年前，发展为第二模式技术，出现了手斧。在大约 20 多万年前，西方出现了第三模式技术。到了大约 3.5 万年前，欧洲出现了第四模式技术。可见中西方的旧石器传统不同，各自独立发展，存在着明显的文化传统差别，但两者也有文化交流。

有人说，中国缺少这些模式技术的石器是因为没有合适的材料。吴新智列出好多地点，如周口店，贵州观音洞、大洞，宁夏水洞沟，四川富林等多处都有燧石。从另一方面看，中国的第二、第三模式石器却是用其他原料制成的。非洲也用其他原料制造手斧。

很多遗址的地层和年代测定数据表明，神州大地不存在距今 4 万—10 万年间的材料空白，人类演化的链条在此期间没有中断过，这为中国乃至东亚古人群连续演化及现代人类连续进化附带杂交的理论提供了强有力的论据支持。[①]

由此看来，中国的"连续发展为主，与西方交流技术为辅"的旧石器文化与中国古人类"连续进化为主，与西方有少量杂交"的假说并存不是偶然的巧合，两者相互印证，相互支持。

"夏娃理论"曾认为中国人是外来人群入侵，替代原始土著后演化而成，之后又提出现代人到来之前因冰期使中国土著灭绝。一些论文也有类似说法，认为其原因是缺乏 5 万—10 万年前的人类化石。

然而，根据第四纪地质学的研究，更新世晚期的确存在过冰期，当时气温普遍下降，冰雪覆盖，但是地球上仍有大片地区只是气温降低，并没有那么严寒。中国的大部分地区在末次冰期期间并不存在足以导致生物大灭绝的极端气候条件，即使在最寒冷的时段仍有很大的区域适宜人类和其他动物生存。中国南部仍旧相当温暖，华北也并非严寒。大量的哺乳动物化石和植物孢子化石的存在就是证据。这些哺乳动物化石表明，中国广大

---

① 高星：更新世东亚人群连续演化的考古证据及相关问题论述。《人类学学报》，2014 年第 33 卷第 3 期，第 237-253 页。

低海拔地区在人类演化时期的气候从未冷到人类无法生存的程度。只在暖热气候条件生存的动物，如华北的鹿、马、牛、猪、猛犸象、披毛犀、熊、鬣狗、狼，华南的大量猩猩、大象、犀牛、剑齿象和貘仍然存在，这些动物走过了更新世的征程，很多一直生存到现在。这些动物能被动地适应环境，在末次冰期的气候条件下存活，何况人能制造和使用工具、能用火、能有效地迁徙和选择居址、能缝制衣服，具有社会性和智能较高水平的人当然能存在。迄今在华南地区发现了近 200 多处出产这些动物化石的地点，没有发现哪怕一处含有喜欢或适宜在寒冷气候中生活的动物化石。

吴新智列出了 5 万—10 万年前中国确有人类存在的证据：2002 年报道了浙江桐庐延村发现人类化石（5 万—10 万年前）等，这是人类存在的直接证据；河南郑州机织洞打制石器的堆积物的形成年代为 7.9±1 万年前（铀系法年代测定）、长江三峡井水湾遗址年代为 7.7 万—8 万年前（光释光年代测定），这是间接证据。

从中国已经积累的古人类化石看出，在距今 5 万—10 万年间仍有人类在东亚地区频繁地活动。河南灵井遗址被测定在这个时间范围内；萨拉乌苏出土的两块额骨、枕骨、下颌骨、肩胛骨和胫骨，地层测定为 3.5 万—12.5 万年不等；贵州水域硝灰洞出土的旧石器，年代测定为 6.7 万—4.9 万年（铀系法）；也不存在距今 5 万—10 万年间的化石证据空白。在这个时段，人类仍是频繁活动，如山西丁村和许家窑遗址。大量的哺乳动物化石记录表明，中国大片土地的更新世古环境适宜人类生活，至少在广西柳江甘前洞、浙江桐庐延村、河南郑州织机洞、重庆丰都井水湾在距今 5 万—10 万年间有人类生活。[①] 古生物学的研究也不支持"出自非洲说"。

后来的证据也否定了中国 5 万—10 万年前无人类化石的观点。2015 年刘武等在英国《自然》发表论文，在湖南道县福岩洞出土 47 枚人牙，年代至少为 8 万年前，可能达到 12 万年前，而其形态完全是现代人的。

吴新智还从分子生物学上找根据。爱德考克（Adcock）等对澳大利亚 4 万—6 万年前化石人的线粒体 DNA 的研究发现，"现今活人中发现的线

---

① 吴新智：中国古人类是怎样进化的?《科学中国人》，2001 年第 7 期，第 14—16 页。

粒体DNA世系完全固定之前，澳大利亚已经有了解剖学上的现代人"，支持多地区进化说。[1] 2001年由澳大利亚国立大学桑恩（Alan Thorne）博士领导的研究小组，从10件化石标本中提取线粒体DNA，其中包括蒙戈湖地区距今6万年前的化石（LM3），发现一条现在已经消失的人类线粒体DNA序列；从澳大利亚而不是非洲的解剖学上的现代人化石提取出来的DNA，证明其祖先不来自非洲。看来，"替代说"很难站住脚。

法国的人类学家克劳斯（Krause）等对西伯利亚南部丹尼索瓦（Denisova）洞穴出土的一段指骨进行线粒体DNA测序证明，它属于一个前所未知的人种——丹尼索瓦人[2]。这说明，最近几万年前人类并不都起源于非洲，人类的进化比过去想象的要复杂得多。

在以后的争论中，逐渐丰富了多地区进化理论。连续进化使现代各大人种能保持各自的特点，易于识别；基因交流使各地区人类仍然保持在一个物种内。这两方面的矛盾与统一贯穿现代人演化的过程中，形成今天的格局。由于地区古环境不同，各地区进化模式也是多样的。譬如，东亚是连续进化为主，杂交为辅；欧洲可能以杂交和替代为主，连续为辅。

"从中国发现的人类化石来说，可以看到明显的形态上的连续性。头骨的形态、大小和厚度的变化符合人类进化的规律，许多特殊性状，如颧骨前突、鼻梁和眉区低陷、头顶的矢状嵴、印加骨的出现率及第三臼齿的先天缺失的发生率也有明显的连续性。中国发现的人类化石是这种理论的基础，我和中国其他人类学家支持这种理论。"[3] 这是吴汝康生前接受李路阳采访时说的。

吴新智还常常引用在美国冷泉港会议上学者的话来回应对"非洲取代说"的批评："物种作为一个整体的历史的任何结论只能是统计学上的而不是结论性的，除非每个基因都取了样品""人类基因组的每一个位点仅仅

---

① Adcock G J, Denns E S, Easteal S, et al. Mito-Chondrial DNA sequences in ancient Australians: implications for modern human origans. Proceeding of National Academy of Sciences, 2001（98）: 537-542.

② Krause J, Fu Q, Good J, et al.The complete mitochondrial DNA genome of an unknown hominin from southern Siberia. Nature, 2014（464）: 894-897.

③ 李路阳：《吴汝康传》。上海：上海科技教育出版社，2004年。

能捕捉到人类历史的一个片段""只根据一个位点或 DNA 区域，得出的进化观点是多么地不完全。当检测了更多的 DNA 时，那么，随之而来的肯定是对人类进化更深刻的认识"。①

在 1987 年西方主流学者提出"非洲说"形成了一边倒的态势下，吴新智能坚持自己的理论，虽然其理论最初受到了很多人批评（至少是不采纳、否定），逐渐到后来越来越多的人认可。古脊椎动物与古人类研究所研究员高星在接受采集小组采访时提到：这种立足于本土的材料能够有独立思考，对这个地区人类起源演化做出科学解释，这是学术胆识，学术的独立思考，不去迎合，不去跟风，是一个非常难得的、创新的科学精神。②

虽然论战取得了胜利，但吴新智仍关注学术动态的变化。2010 年分子生物学领域学者自己就发现尼安德特人并没有灭绝，吴新智对此感到特别兴奋。看到材料当晚吴新智给高星打电话，问他是否看了刚发表的这篇文章，吴新智提醒一定要去看。后来吴新智在接受中国科学时报等一些媒体采访时，也谈到这个问题，"西方的学术界也在改变，'出自非洲说''完全替代说'已经不再成立，他们自己也找出证据来否定自己，所以我们也需要不断地强化自己的论述，因为我们坚信这些材料，我们的论证方式是科学的，是合理的"。

吴新智与德国的莱比锡进化人类研究所史马特·派保（Smart Piper）先生曾进行过很多交流，他本来也主张"完全替代"，后来就主张"不完全替代"，有杂交。

2010 年，高星跟吴新智在《中国科学》联合发表文章，认为现代人类的起源与演化，是一个区域性、多样化的过程，不同地区有不同的模式，在非洲可能更多的是连续演化，而且会有人群向外迁徙，对其他地区人类的演化形成影响。可能欧洲在接受从非洲迁徙过来的一支人群的时候，本土人群有少量人参与了这个过程，比较多的尼安德特人走向灭绝，没有生存下来，但是至少有一部分人是与迁徙过来的人发生了基因交流，共同繁

---

① Templeton A R. Out of Africa again and again. Nature, 2002（416）：45-51.

② 高星访谈，2014 年 9 月 16 日，北京。资料存于采集工程数据库。

衍成了欧洲现代的人群。①

经过了 20 多年的大论战，最后以"夏娃假说""退出历史舞台"这个结局落下帷幕，吴新智"谈笑凯歌还"。

周口店的星火

20 世纪 20 年代，在北京周口店洞穴里发现北京猿人用火的证据。火的使用是人类征服自然力的重要标志，是人类的一大进步，证明北京猿人的高水平的活动。为人类进化提供了有力的证据，是人类历史上的第一件大事，这一伟大创造，在人类发展和文明史上，具有极其重要的意义。关于北京猿人用火的问题早在 1931 年就已得到当时学术界的公认，也被后来历史发掘中进行观察采集的证据和研究所证实。然而 1985 年，美国有个考古学家宾福德（L. R. Binford）是当时很新派的领军人物，他认为周口店第一地点的烧骨是洞内的小动物粪便自燃把骨头给烧了，所以不是人烧的。他和其研究生何传坤写了文章,《远距离看周口店的埋藏学，是"北京人的洞穴之家"吗？》(*Taphonomy at a Distance: Zhoukoudian, "The Cave Home of Beijing Man"?*)，在美国的顶尖杂志《当代人类学》(*Current Anthropology*)发表了。文章发表后，他给贾兰坡先生写信，想要自己来亲身研究一下。1986 年他就来了，看了一下周口店，又去山西走了一趟，回去以后又写了一篇文章。因为原来那篇文章的共同作者何传坤与他闹翻了，就换了另外一个共同作者，斯通（N. M. Stone）。这篇文章里面承认周口店第一地点第四层可能有人工烧火的遗迹。他的文章影响很大，但是毕竟他第二篇文章承认有人工用火，所以就没有太引起注意了。

20 世纪 90 年代后期，有一个以色列人卫纳（S. Weiner），到周口店待了一段时间，采了一些样品，回去做了实验。1998 年 7 月在美国的顶尖杂

① 高星，张晓凌，杨东亚，等：现代中国人起源与人类演化的区域性多样性模式。《中国科学：地球科学》，2010 年第 40 卷第 9 期，第 1287–1300 页。

志《科学》上发表了一篇论文《中国周口店用火的证据》[①]，共同作者是以色列人巴－约瑟夫（O. Bar-Yosef），是美国哈佛大学的教授，曾经做过人类学系主任。在同一期杂志上还登了维特里希（Wuethrich）专门宣传这篇论文观点的另一篇文章《地质学分析熄灭了古老中华之火》。文章的中心意思是否定周口店直立人用火的结论，得出的结论是北京西南郊周口店洞穴里的北京猿人实际上没有用过火。文章一刊出就在美国媒体引起轰动，可谓是轩然大波。路透社就此发出的电文更是推波助澜，这简直是爆炸性的重大科技新闻。我国的参考消息也作了转载，引起一片混乱，论文产生了很大的影响。

论文主要说，作者们在周口店第一地点采的样品虽然有烧过的骨头，但是没有找到灰烬或者木炭，因此骨头不是在这里烧的，没有在原地燃烧的直接证据。还有一点就是没有查出硅的聚合物。植物燃烧以后会残留植硅体，他们在洞里采到的样品中没有植硅体，所以就说没有在洞里面烧过。他们说烧骨埋在具有水平层理的细泥沙堆积中。泥沙堆积成水平的层理，什么意思呢？他们认为，烧骨是裹挟在很细的泥沙中由能量很小的水带进来慢慢沉积下来的。因此他们就说这些烧骨虽然确实是烧骨，但不是在洞里烧的，是在洞外烧了以后，由低能量的水慢慢将它带到洞里，再慢慢沉积下来的。在洞外面是人烧的还是自然烧的？就不得而知了，反正在洞里面没烧。而且还说，洞里的大部分堆积物都已经挖掉了，所以不能够确定这个地点是不是曾经有人用过火。这篇论文把以前学者们对于周口店猿人用火的研究结果都否定掉了。

卫纳在文章中指出，"周口店第一地点第四层和第十层没有原地燃烧的直接证据。遗址内的大多数细粒沉积物是水沉积，即使辨认出灰烬也难以显示出灰烬的来源""现在不能确定周口店第一地点有用火的遗迹"。维特里希文章的副标题就十分明确地表明了观点："长期被认为最早用火的遗址——中国周口店沉积物的研究提示，那里的任何火焰都不是由人手点燃的"。

[①]　Weiner S，Xu Q，Goldberg P，et al. Evidence for the use of fire at Zhoukoudian, China. Science，1998，281（5371）：251-253.

国内专家为此专门召开了座谈会，并在《人类学学报》上登了这个座谈情况汇总的报道，但在国际上影响很有限。吴新智从起初研究山顶洞人到周口店的发掘、博物馆布展，在这里工作过好长时间。他对国内外的化石人做过细致的研究与分析，面对这种草率片面、以偏概全的奇谈怪论，亲自披挂上阵，予以批驳。吴新智觉得在那些发表的文字中好多该说的没说到点子上，后来他就写了一篇英文的文章 ① 反驳了，也投到美国的《科学》杂志。

　　吴新智在文章中列举了前人在该地点发现过的许多直接用火的证据，包括碳粒、鸽子堂的灰堆、紫荆树木碳、烧裂的石器和石块等。他还指出，郭士伦等测定该处直立人的年代数据证明，该样品曾经火烧过。还用地质形成来回答他们的一些谬论。吴新智从裂变径迹法年代测定，烧骨中大动物和小动物的比例等证据证明洞内有用火遗迹。

　　吴新智从对方的文章中找出矛盾。卫纳等在文章中承认"遗址中内有烧骨"，"2.5% 的小动物骨骼和 12% 大动物骨骼被烧过，这些比例与从那些有过无疑的用火遗迹的晚得多的洞穴中所得的比值略相同"，而且认为"可能在泥流中带进洞内"。吴新智对此进行分析说："若如此的话，低能量的泥流只能或主要冲进较小的骨骼，那么大小骨骼的比例不应该是这样。其次，在距洞口较远的主洞的西壁采样，泥流搬运较长距离会在骨面留下磨耗痕迹，但没有报道。"吴新智还列举了加拿大学者步达生（D. Black）当年让德日进（Pierre Teilhard de Chardin）带着标本到巴黎与欧洲和同类标本对比，步达生请协和医学院药理学的里德（Read）教授对黑土样品进行化学分析，都得出同样的结论——北京猿人的确用火了。

　　编辑部把吴新智的稿子给了卫纳，卫纳写了个答复，但是编辑部认为不足以否定吴新智的观点，便将其答辩与吴新智的文章在 1999 年一同登了出来。

---

　　① Wu X Z. Investigation the possible use of fire at Zhoukoudian, China. Science，1999，283（5400）：299.

从此再没有人发表论文质疑北京猿人用火的事实。

其实吴新智并没有为此做任何实验，只是以子之矛，攻子之盾，用卫纳等以及过去别人论文里发表了的资料，以比卫纳等人更合理的辩证思维，将那些资料重新综合一下形成论据，有力地驳倒他们的观点。①

但是吴新智心里明白，文章的软肋就是，卫纳等没有指出发现植物燃烧会产生的植硅体。这个问题吴新智没有办法解释，当时他在答辩里面没有把这个提出来。

对于这个问题，国内一些学者进行了有理有据的批驳。在 21 世纪初，中国安全生产科学研究院钟茂华同志找到吴新智。他是研究火灾的，所以对周口店的烧火问题感兴趣，问吴新智值不值得做一些研究。吴新智鼓励他去做，因为这个事情在他心里一直是一个结。正好这时周口店在搞抢救性发掘，又挖出很多火烧的灰烬。吴新智就把他介绍给负责周口店发掘的高星教授，高星很支持，给钟茂华采了大概有 10 个样。钟茂华和同事发现所采的样品中都含有植硅体。他们在对照试验中还烧了不同种类的植物，有的植物烧出来的植硅体比较多，有的烧出来植硅体比较少。钟茂华希望在《科学》上发表他的结果，但是被拒登。

2015 年，《科学通报》刊登了中国科学院地质与地球物理研究所张岩等人的论文，从磁化率的角度也加强了北京猿人会用火的论据。② 吴新智心中的这块石头算是落地了，可能卫纳等所采的样品恰巧是经过燃烧产生植硅体较少的植物燃烧后所形成的，也许由于他们试验的粗疏没有能查出植硅体或者其量很少被他们忽略。后来吴新智从其他渠道知道，他们当时看到了植硅体，由于量少而将其忽略掉，这才明白，为什么他后来在答辩里面不提出植硅体的事，才算解开了这个谜。

总之，卫纳等只以自己采自一隅的样品的分析结果就得出耸人听闻的结论，这种错误的思维和推理值得后人警惕。

---

① 吴新智笔头访谈：我与周口店遗址，2018 年 5 月，北京。资料存于采集工程数据库。
② 见吴新智关于周口店北京直立人能否用火的新研究：《创新者的报告》，2000 年 12 月。

南京汤山人

南京汤山地处江苏省宁镇山西段，由小汤山、雷公山等7座近东西走向的山峰构成。汤山镇在南京以东26公里，镇西方的石灰岩小山上有个溶洞，近洞口处有一个大厅，称大洞，深处有一个小洞，整个洞像个葫芦，故统称为葫芦洞。南京汤山人化石所在的葫芦洞位于汤山东段雷公山北坡，汤山镇西南的雷公山上的奥陶纪灰岩洞内。小洞出土了3件人类头骨化石，可拼接复原成一个颅骨（1号），大洞出土了一个头盖骨（2号）。

1993年3月13日，当地民工刘连生等在清理葫芦洞南侧小洞的堆积物时，发现一具相当完好的头骨化石（南京直立人1号）。根据伴生动物群和其他年代测定，可能是30万—50万年前，属于一个妇女，年龄在21—35岁，其高耸的鼻梁和鼻腔两侧的隆起在中国化石人类中少见，却常见于欧洲古人类。

同年4月17日，当地民工在葫芦洞大洞和小洞之间的巷道中发现另一头骨化石（南京直立人2号），年代大约距今20万年，头骨形态接近较晚期的直立人，已经有了早期智人的特征，这个特征综合使其成为中国直立人与智人镶嵌进化的又一个实例。

南京汤山直立人化石是继周口店北京猿人之后，在中国发现并经过细致研究的最重要的直立人化石。先是由北京大学的老师研究，后交给吴汝康先生研究。吴汝康先生接手后不久，因身体原因，委托吴新智帮助研究，吴新智也就全程参加。

1999年，吴新智接替吴汝康主持南京直立人化石研究，参加了1号和2号头骨的论文写作和专著编辑工作，对1号头骨的成因发表了专门论文。通过对2号头骨的研究，发现它有很多特征与直立人接近，处于我国古人类连续进化线上。该头骨额骨上的正中矢状脊低宽，不同于中国的化石人，而与欧洲、非洲直立人和早期智人相近，可能是基因交流的结果。

图 9-2　2000 年吴新智在南京研究汤山人化石（吴新智提供）

从南京直立人的发现到 2002 年，吕遵谔（著名考古学家、北京大学教授）和吴汝康、吴新智等先后组织完成了关于南京直立人化石综合性研究的专著，对南京直立人化石形态特征进行了细致的描述和对比，对 1 号头骨进行了复原。此外还对南京直立人年代、环境、动物群等进行了研究，涉及内容包括：①对 2 号头骨进行复位、复原和重新鉴定，对 1 号头骨做颅容量计算；②对 1 号头骨做更广泛的比较，对比标本包括周口店直立人头骨、印尼 Sangiran 17 直立人头骨、肯尼亚 KNMER 3733 头骨和东非 Bodo 头骨；③对 1 号头骨的鼻梁高耸进行了论证；④对 1 号头骨表面病理现象进行了研究。[①]

1 号头骨年代比较早，从形态上说，与北京猿人非常接近，就是脑容量小一点。最突出的是鼻梁特别高，这在中国化石人中少见。按过去分析用气候原因很难解释，在非洲有些化石人鼻梁也很高，气候并不冷，吴新

_____

① 吴汝康，李星学：《南京直立人》。南京：江苏科学技术出版社，2002 年。

智觉得是基因交流的结果^①。2号头骨不完整，只有头盖骨，与伴随的动物化石反映出来的年代要晚一些，可能是20万年左右。这个化石可能代表了中国的直立人向现代人的过渡阶段，它有一个突出的特征说明基因交流：额骨上的正中嵴的高度与其基底宽度的比值比较大，有点像西方人，这是基因交流的证据。

巫山云雨洗刷真伪

1985年，有人在四川省巫山县（现在属于重庆市）龙骨坡发掘了一批哺乳动物化石，其中有一块下颌骨残片和一颗门齿，被定为属于直立人，年代鉴定大约为178万—196万年前[②]。后来乔昆（Ciochon）等介入研究，否定了原来定为直立人的主张，1995年在英国《自然》杂志上刊登论文[③]，主张巫山龙骨坡发现的下颌骨断片代表中国最早的人类。1996年，拉尔克（Larich）和乔昆又将其说成"不能定种的人属成员"[④]。对此，很多学者持怀疑态度，但都没有做详细论述。吴新智认真研究了这些文章，在2000年发表论文，从11个方面加以论证，认定巫山龙骨坡似人下颌属于接近禄丰古猿的猿类，不是人的化石[⑤]。

吴新智用数据说话，他首先从下颌骨的高度与宽度（厚度）比较，否定了所谓"密切接近"东非早更新世人属标本的说法。接着，吴新智又针对"巫山下前臼齿颊舌径膨大"，指出现已发现匠人与能人的材料很多，

---

① 吴新智，尚虹：南京直立人的高鼻梁是由于对寒冷气候的适应吗?《人类学学报》，2007年第26卷第4期，第289-294页。

② 黄万波：《巫山猿人遗址》。北京：海洋出版社，1991年。

③ Huang W，Ciochon R L，Gu Y，et al. Early Homo and associated artefacts from Asia. Nature, 1995（378）：275-278.

④ Larick R，et al. The African emergence and early Asian dispersals of the genus Homo. Am Sci, 1996（84）：538-551.

⑤ 吴新智：巫山龙骨坡似人下颌属于猿类。《人类学学报》，2000年第19卷第1期，第1-10页。

巫山的下第二前臼齿比所有的东非早更新世人属标本的绝对值都小，而且还不是小一点点，但恰恰与元谋的禄丰古猿相符合。

针对对方用散点图显示巫山下第一臼齿比猩猩小，说不应归属于猩猩。吴新智列举了东非早更新世人和禄丰古猿的大量数据。巫山下第一臼齿与第二前臼齿无论从长度还是宽度上全都比东非早更新世人的小，却在禄丰古猿变异范围内。事实上不属于猩猩并不能证明其属于人。

吴新智还分析了巫山下第二前臼齿齿冠长与根座长的关系，指出巫山标本的根座在齿冠长中所占比例比能人与匠人的根座都大得多，却与禄丰古猿比较接近。吴新智测量计算巫山臼齿的高长比和高宽比，结果都比匠人与能人小得多。一般人类齿冠较高而猿类比较低。巫山标本低齿冠更证明巫山标本属于猿而不属于人[1]。

吴新智又列出吴汝康等过去研究禄丰古猿和其他人关于非洲古猿的文献，指出"不管巫山标本中牙的釉质是薄是厚都无助于将其归于人科"。此外，对方还用"巫山人"下前臼齿齿根分叉，第二前臼齿尖的配布来说明巫山人属于人，也都被吴新智一一批驳。吴新智还特别指出，第二前臼齿近中面上的接触小面向舌侧偏移，这是区分人与猿的十分重要的特征，巫山标本恰恰表现出了是猿不是人的特征。

总之，吴新智凭借他敏锐的人类学眼光，对全球化石的统观熟知，对人与猿分界结点的准确把握，细致而精确的尺寸测量与计算，对科学的执着，不迷信权威杂志，令人信服地论证了巫山标本属于猿而不属于人。这是吴新智取得的科技打假的又一成果。2000年，乔昆在《自然》上发文承认那件标本属于古猿。[2]

---

[1] 吴新智：巫山龙骨坡似人下颌属于猿类。《人类学学报》，2000年第19卷第1期，第1—10页。

[2] Ciochon R. Early Homo ereclus too is in China. News Briefs，2000，53（1）.（网上杂志）

地质年代不可以偏概全

在 20 世纪 70 年代以前，人们一直以伴生哺乳动物为主要依据，将周口店第一地点（北京猿人遗址）定为属于中更新世或距今大约 50 万年前。20 世纪 70 年代末和 80 年代初，古脊椎动物与古人类研究所业务处处长刘振声协助副所长吴汝康组织了 17 个研究单位对周口店与古人类有关的问题进行了综合研究，利用裂变径迹、热发光法、铀系法、古地磁法等新技术测定了其 14 个层位堆积物的绝对年代。1991 年，黄佩华等又用电子自旋共振法补充了两个层位的年代数据。总体来说，猿人洞含人类化石的最低和最高层位的年代分别是 57.8 万年前和 23 万年前。各层用不同技术测出的年代数据绝大多数是与其早晚顺序一致的，即较下层位的数据较大而较上层位的数据较小。

2009 年，英国《自然》杂志报道中外学者合作用铝／铍（Al/Be）法测定北京周口店第一地点的年代，这种方法是一种新技术。该文提供了所测不同地层全部 10 个样品的 10 个年代数据。

在 10 个数据中，由于其中 4 个数据过分离奇（如第 6 层为 278±51 万年前，8—9 层的一件石器为 166±21 万年前，年代早得离谱；第 12 层为 62±74 万年前，第 13 层为 31±74 万年前，标准差比平均值还大或大得多，第 13 层的平均年代比所有其他层都晚得多）而废弃不用。

该文根据 10 个数据中其余 6 个数据计算得出 77±8 万年前，认为这是为第 7—10 层提供的最好的年代数据，但是没有对这四个层位（第 7—10 层）年代为何没有差异做出任何解释。其实，在其所采用的 6 个数据中有一个采自第 7 层的数据（100±23 万年前）早得离谱，但该文没有解释为何不予废弃。而该文报道第 10 层为 75±21 万年前，如此则在上的第 7 层反比在下的第 10 层早得多，也不合常理。该文承认古地磁测定第 14 层上界为 78 万年前，但是却没有对第 7—13 层这七层如此巨厚堆积物的沉积为何只用了短短几千年，而其上方的六层堆积却用了 36 万年，甚至 56 万年这么长的时间，并且没有任何地质现象显示出堆积速度在此洞内能有如此大的反差，作者对此没有做出任何解释或说明。

如果第 10 层的数据（75±21 万年前）可信，则这些层位应为冰期堆积，而冰期动物不能生存。但第 7 层有鬣狗、水牛；第 8—9 层也有鬣狗、水牛，还有豪猪；第 10 层也有鬣狗。如果说这些习惯于温暖甚至炎热环境的动物能生活于冰期环境，似乎还需要有合理的解释。

最后，这种测年技术的基本要求是所测样品必须保证在进入第一地点被深埋之前没有被深埋而与宇宙射线隔绝的历史。该文之所以出现被作者废弃的 4 个离奇的数据和第 7 层的过早数据（100±23 万年前）的原因之一可能是之前还有过被深埋的历史。而该文对其所采用的所有数据都没有能提供其符合上述前提条件的证明，怎么能断定它们都与各个层位的实际年代相符？总之，在周口店用过的测年方法都有各自的局限性，此法也非例外。

吴新智阅读了这篇论文后，在研究所举行的学术研讨会上做报告时明确表示，其结论很不可信。他指出：

（1）该文作者从测出的 10 个样品的年代数据中剔除了 4 个，只用其余 6 个计算出所得的平均年代，其中的第 7 层为 100 万年前的数据显然与实际不符，却被保留使用。

（2）从地层中采样的 6 个年代数据（平均值）的早晚顺序恰恰与地层顺序相反，即第 6、7、8/9、10、12、13 层分别是 278 万、100 万、166 万、75 万、62 万、31 万年前。

（3）同时出自第 8/9 层的 4 件石器的年代相差很大，分别是 67 万、73 万、166 万和 75 万年前。

（4）第 6、7、8/9 层居然能分别得出 278 万、100 万和 166 万年前，第 13 层得出 31 万年前这样几个太离谱的年代。

（5）第 12 层和 13 层得出的年代的标准差大于或成倍地大于平均值。

（6）该文将第 7—10 层这么厚的堆积物笼统地给出一个年代数据——77±8 万年前。

（7）前人通过古地磁研究得出第 13 层与第 14 层之间相当于 B/M 界线，

也就是 78 万年前，该文中承认这个结论。如果该文的结论符合实际，则根据该文的方法，至少第 11—13 层这么厚地层的堆积甚至第 8—13 层更厚的地层只用了几千年，该文没有证明实际上发生过如此快的堆积速率，该洞的地质现象也表明不可能有。

（8）如果该文所确定的年代属实，该洞堆积物下部只能是在冰期中产生的，这是与其中的动物化石所代表的年代相矛盾的。

（9）铝／铍法的应用是有条件的，而该文不能证明其所测样品都符合这些条件。如果其在技术操作等环节上没有问题，可能条件问题是该研究得出上述太离谱的年代数据的主要原因。

这是吴新智不迷信权威杂志的又一例证。

吴新智在回顾这些经历时深有感触，他说："总结一下前面讲的那些具体内容，可以得出一些经验教训：做科学工作，首先，必须要有科学精神，要实事求是，不迷信前人的东西，敢于创新，敢于怀疑。比如说《自然》这类杂志固然很权威，但是我不迷信它，我觉得我的论点有道理，那我就搜集证据写文章。其次，要讲究科学方法，要全面地看问题，要综合地看问题，不能只看片面。比如刚才讲的卫纳等的论文，他就很片面，只抓住他做实验得出的几点东西，就拿来做主观的解释，不顾其他学者过去观察到而且发表了的资料，路就走歪了。而我不只是用他的一些实验资料，还用郭士伦用裂变径迹方法研究出的结果，加上我自己的分析，还有裴老他们以前的报告，等等，比较全面地、综合地来看问题，这样就与片面地看问题的方法不一样了。说得通俗一点，就像在一栋大楼里面搜炸药，搜到有一间房子里面没有炸药，就说全大楼都没有炸药，不见得。他就取那么一点点东西，以偏概全。对山顶洞人也是这样，不仅要看到每个头骨的个性特征，还要看到那些共同的特点，对个性特征的解释，要联系更广的面。"[①] 吴新智的这些体会，对后来的科技工作者无疑会有重要的启迪和教育。

---

① 吴新智笔头访谈：我与周口店遗址，2018 年 5 月，北京。资料存于采集工程数据库。

基因呈网状流淌

　　吴新智根据中国化石人类的特征提出"连续进化附带杂交"的假说之后，在第二年提出中国古人类网状进化的概念。这种形象的描绘使连续进化附带杂交的理论更加生动具体，易于理解。

　　地球上很早或距今 200 万年前或更早的人类进化呈树丛状，那时只在非洲才有人，而且 2 个或 3 个物种同时存在于非洲。不是每个物种都变成现在的人，可能只有其中的一种，或者几种物种都不是，这种现象说明人类进化过程的模式是树丛状的，有很多分枝，有些枝在不同的时间走向绝灭，没有后代，而其中只有一枝独秀。这种树丛状进化模式在非洲持续到大约 150 万年前，从这时起，地球上只剩下直立人。[①]

　　20 世纪前半叶，发现的人类化石很少，比较各处化石在原始性和进步性方面的差异很明显，人类学家认为人类进化呈阶梯状，从一个梯级上升到另一个更高的梯级，因而称为"阶梯状"进化。

　　1999 年，吴新智分析了中国直立人、早期智人和晚期智人各个化石的形态，指出在每个阶段都有显著的变异，可以看出明显的地域差异，并且反映出不同形态特征的异速变化和发展不平衡的现象。他进一步提出，中国古人类的进化不是一条简单的链状阶梯状谱系，而是在亚、欧、非这样大地区的层面经历着连续进化附带杂交的过程，在东亚内部的分散的小地区层面贯穿着地方局部人群间既有融合又有分离，还可能在不同时期发生局部小人群的灭绝和被取代的错综复杂的过程。形象地说，中国古人类的进化框架既非简单的阶梯可比，也不类似灌木丛或树丛，至少有 3 点与灌木丛不同：其一是根部不粗，只有不大的人群；其二是支系之间有时互相融合，然后又可再产生分支；其三是在发展的途中有时还与相邻大区的人群沟通，既可能有小股人群迁移出去，也可能有外来人群加入进来。将

---

　　① 吴新智：中国古人类是怎样进化的？《科学中国人》，2001 年第 7 期，第 14—16 页。

中国古人类的发展过程比喻为平地上的河网，也许比阶梯和灌木丛更加贴切。① 不过一般河网下游水量的增多是由于从其他地区流来的许多支流汇入的结果，而中国古人类后期人口的增加主要是自身繁衍的结果，从其他地区迁来的人群却是很次要的。

网状的比喻可能也适用于整个更新世，至少是其中、晚期的全人类的进化过程，只是各大地区人群的分、合、迁徙和灭绝的细节可有较大的差别。2001年，他在《中国古人类是怎样进化的？》一文中做了详细论述。首先他提出，中国南方的直立人、早期智人、晚期智人与北方的直立人、早期智人、晚期智人相比，其形态上的差异都比现代华南人与华北人的差异大。而从全球来看，世界上各大区之间现代人的形态学差异远比远古时期的差异小得多。人类演化的第一阶段到现在有很多种，并非每个种都变成了现代人。吴新智根据他多年对中外化石人类的研究和对比分析提出，到比较晚的时期，人类的进化由灌木丛状转变为网状，中国古人类与外界的基因交流是双向的，有进也有出。

这是他对人类进化理论的又一个新贡献。②

2009年10月在北京召开的"纪念北京猿人第一块头盖骨发现80周年国际古人类学学术研讨会"上再次阐述了"网状连续进化理论模式"。这是对中国古人类连续进化附带杂交理论的补充与完善。③

---

① 吴新智：20世纪的中国人类古生物学研究与展望。《人类学学报》，1999年第18卷第3期，第165-175页。

② 吴新智：中国古人类是怎样进化的?《科学中国人》，2001年第7期，第14-16页。

③ 吴新智笔头访谈：我与周口店遗址，2018年5月，北京。资料存于采集工程数据库。

第十章
与时俱进　如日中天

不断地学习

为适应信息时代的需要，吴新智努力学习电脑。刘武刚到古脊椎动物与古人类研究所时，吴新智还用纸笔写文章，用打字机打英文稿或写信。1983年吴新智在美国合作研究时，看见沃尔波夫上班后在校图书馆通过电脑接收头一天晚上在家中写下的文字，然后接着写作或修改，还领教了电脑的其他许多功能。他就想用结余下来的生活费购买一台电脑，但是钱不够。他又请沃尔波夫帮助选购电脑主机，打算回国后利用电视机的屏幕做显示器，但是钱仍旧不够，只好作罢。

80年代时，研究所图书馆为了提高管理水平购置了一台电脑，但由于管理软件及相关人员的配置不齐，这台电脑的利用率很低。吴新智抓住这个机会，开始学习使用电脑书写英文稿件。几年后，有的中文期刊要求提供中文稿的电子文件，吴新智觉得"五笔字型"等软件很难掌握，好在他会汉语拼音，就试着用汉语拼音在电脑上打字，也试着自己做PPT。他还在家中帮助 80 岁高龄的妻子慢慢学会用电脑打字，写出了回忆录。[①]

吴新智虽到了晚年仍不断地学习，跟踪学术动态的发展。研究所古哺乳动物研究室的张兆群研究的内容不是古人类学，而是其他哺乳动物，二人交往很深。张兆群注意到，60 多岁的吴新智不断地完善自己的理论，不断地寻找一些新的证据，不断进行一些新的思考，不断有新的东西写进他的文章。

吴新智关注现代分子生物学，关注人类起源的一些新证据，这些方面他做得非常突出。他经常讲到一些关于现代分子生物学家们或者是他们做的一些关于微观方面，尤其是 DNA 层次上的东西，一些关于人类起源的研究，他把握得非常及时到位。张兆群非常惊讶，摸化石出身的古人类学家，专门去研究、去追踪现代分子生物学，尤其是分子生物学方面的进展，不是很容易的事情。吴新智在学术上表现出积极进取、大胆创新的精神。[②]

吴新智常问回国看他的陈昭，读了哪些文章，对这些文章如何看，如何用形态学和遗传学共同的研究成果检测这些学术问题。他总是想在不断研究的过程中充实自己，从来没有因为自己年龄大了就放弃对一些新理论、新方法的追求和学习。跟陈昭谈遗传学知识时，吴新智把很多遗传学问题想得非常深入，短短时间内能够提出很尖锐的问题，让陈昭非常惊讶。

杨东亚几乎每年从加拿大回国一次，都要跟吴新智坐一两个小时，谈一谈自己的工作、学习和生活情况。二人更多的是探讨古人类 DNA 的研究现状，古代 DNA 所面临的一些问题、困难或者技术上的一些难点和前景。同时杨东亚还征求吴新智的意见，进行一系列的合作研究。[③]

85 岁高龄的吴新智思维非常活跃，对学科动态、最前沿的东西及信息知晓得非常快，在专业上能及时掌握国际国内本专业领域的最新进展。经常给赵凌霞等转发一些最新文献。有一次赵凌霞与吴新智谈话，提到看他

---

① 刘武访谈，2014 年 5 月 16 日，北京。资料存于采集工程数据库。

② 张兆群访谈，2014 年 5 月 12 日，北京。存地同①。

③ 杨东亚访谈，2013 年 8 月 30 日，北京。存地同①。

那么劳累心里都觉得不舒服，吴新智告诉赵凌霞说自己的时间不多了，所以一定要抓紧时间。

在写作过程中，张晓凌经常和吴新智用书信交流。知道张晓凌对现代人起源研究感兴趣后，吴新智经常通过邮件给他推荐一些最新的文献。80多岁的吴新智对文献资料查阅追踪的速度比年轻人还快，对此，张晓凌自己感到很惭愧。

热心指导年轻人

吴新智不但严格细心培养学生，而且十分关心、支持、培养年轻人。

2003年，张晓凌到研究所参加硕士入学面试，在自我介绍时曾说熟悉一些办公软件操作。吴新智是硕士面试委员会主席，想到某一个软件，就问会不会用，张晓凌想了一下说，不会用。吴新智说很好，实事求是，如果说会用，就会让她现场操作。2010年，张晓凌与吴新智合写《现代中国人起源与人类演化的区域性多样化模式》的综述性文章，论文涉及古人类学、现代遗传学、分子生物学方面的研究成果，还包括旧石器时代考古研究成果。讨论时吴新智对材料掌握得很熟练很丰富，对成果的理解和把握很到位，不但在宏观上有高度，在细节上也是很有深度，反复推敲，他的完美追求使张晓凌受益匪浅。张晓凌记得有一位研究生，在学报上发表文章，用词不够准确，用了"不分伯仲"之类比较文学化的词汇，吴新智就说："这不是很准确，我们既然是科学的报道，就应该用一些比较准确客观的语言描述。"张晓凌感受到吴老师就是学术大家。

重庆师范大学历史与社会学院教授武仙竹，1985年冬天认识吴新智，当时武仙竹在湖北省房县博物馆刚刚参加工作，到北京周口店北京猿人遗址参加古脊椎动物与古人类研究所举办的一个训练班。该班学员50多人，来自全国各省（区、市）古人类、旧石器考古有关的遗址工作地点工作人员，还有全国一些重点大学挑选出来的优秀研究生。吴新智是主讲老师，

图 10-1　2013 年 12 月 1 日吴新智（中）于重庆师范大学做学术报告
（左为武仙竹，右为李若溪。李雅范摄于重庆）

负责古人类学、人类进化、中国人类化石材料发掘方面的授课。吴新智把他的工作经历及在田野考古工作中的经验，一点一点地讲给学员，并将有关学者的代表性研究成果也介绍给学员。①

　　1989 年夏，吴新智专程从北京到湖北省文物考古研究所观察新发现的头骨标本。一个大雨天的午后，武仙竹一个人在整理间里面工作，虽然此前电话联系说吴新智要来，但雨下得这么大，认为他会改天再来。出人意料的是吴新智没有带雨具，浑身湿漉漉，穿着灌满水的皮鞋突然进入化石标本库整理间。武仙竹很惊讶，赶紧将自己临时穿的一双布鞋拿出来给他穿上，但因没有衣服换，建议吴老师第二天再来，先回住处换衣服免得雨淋后感冒。吴新智说："都已经来了，既然来了就该安心工作。我今天就用一点时间仔细看一看这些化石标本。"结果他看了整整一下午，武仙竹几次都提醒他可以第二天再来，他都坚持观察标本。

　　武仙竹回忆，从 1985 年以来，吴新智一直对其帮助提携，使其从县

---

① 武仙竹访谈，2013 年 12 月 2 日，重庆。资料存于采集工程数据库。

博物馆基层技术工作人员，发展成重庆师范大学进行专业研究的教授。今天看到吴先生对科学的执着，表现出来的诚信和对事业的责任感，让他很受教育。

湖北神农架红坪林场海拔 2102 米，属于海拔比较高的发掘地点，工作条件比较艰苦。1997 年，武仙竹第一次独立主持发掘神农架犀牛洞旧石器时代考古遗址，感到压力很大，专程到北京向吴新智请教。吴新智从设计发掘到最后的保护工作都一一讲解，并要求武仙竹首先做好田野记录，然后从标本的鉴定方面入手，进行考古简报的详细整理，让武仙竹通过实践来提高水平，增加对旧石器时代考古工作的经验积累。武仙竹因受到吴先生的鼓励和在资料上以及工作方法上的许多帮助，才把这项发掘工作做完。发掘证明，这个地点的研究意义非常重要，也很特殊。

2005 年，武仙竹组织发掘湖北郧县黄龙洞时，吴新智知道后就鼓励武仙竹，把这个地点的材料做好，并将初步研究成果的电子资料发送给吴新智，吴新智对几十万字的材料从头到尾都仔细看，还有很多批注，最后这批研究成果得到湖北省博物馆大力支持，在科学出版社出版，吴新智还为这本书专门作了序。武仙竹非常兴奋，更坚定了他在古人类学研究道路上努力奋斗的信心。[①]

吴新智从不轻易为别人的书作序，没有见过书的大样，他也不会写序。席焕久写的《生物医学人类学》请他作序，他看了目录、前言之后，只是应付一下，在看过大样之后，才按书的实际内容作序。他也不会用别人写的参考草稿，都是自己根据情况写出来的。[②] 这种科学严谨的精神，一些人不理解，甚至容易产生误会，但回头一想，这种负责任的精神确实值得称赞。

在重庆中国三峡古城研究所工作的魏光飚，1995 年认识吴新智，因其大学同班同学王谦是吴新智的博士研究生，所以此前听说过吴新智的大名。

1995 年，三峡库区举办古城旧石器考古培训班，吴新智来这里主讲授

---

① 武仙竹访谈，2013 年 12 月 2 日，重庆。资料存于采集工程数据库。

② 席焕久访谈，2014 年 4 月 5 日，北京。存地同①。

课。魏光飚是培训班的学员，便结识了吴新智。课后魏光飚等人经常请教一些自己感兴趣的问题，吴新智都不厌其烦地进行解释和回答。在专业学习之外，也谈一些将来的发展方向、研究方向、人生选择等话题，吴新智总会以自己的学识、智慧和人生经验，给出一些指导性的建议。

在魏光飚面临人生选择的时候，吴新智给他很大的帮助。1995 年，很多人都在想怎么挣钱，因而很多人都选择了"下海"，这种诱惑使魏光飚面临停薪留职做生意还是继续做学问的重要选择。对此，吴新智极力建议魏光飚报考中国科学院古脊椎动物与古人类研究所的研究生，并且承诺如果他愿意报考，他会提供力所能及的帮助，还可以进行具体的辅导。在吴新智的帮助下，魏光飚跟单位领导请示之后，就到所里去进修。因为魏光飚英语基础比较差，进修期间吴新智亲自辅导英语，让魏光飚非常感动。在吴新智的精心指导下，魏光飚英语成绩大幅度提高，达到研究生入学考试的要求。顺利读完研究生后，魏光飚又去日本留学读了博士。

从日本回来后又面临一个重新选择：重庆古人类学方面资源非常丰富，但没有专人从事这方面调查发掘研究工作，需要一个有经验的年轻人承担这个重任，组织上认为魏光飚比较适合这项工作，决定让魏光飚担任新成立的古人类研究所所长；但魏光飚一直从事象化石研究工作，并且在这个领域也做出一些成绩，在国际上也有一定影响。面临自己研究方向和重庆地方文化事业发展的冲突，要转变研究方向的话，具有很大的挑战性，需要下很大的决心，因为继续研究象化石的话，也许会出成果更快更多，研究起来也轻车熟路。后来魏光飚到北京再次请教吴新智，吴新智用刘东生先生成功的事例激励他，说刘先生 40 多岁才转行去搞黄土，在黄土领域的成就，是国际一流的大家，鼓励魏光飚从事古人类学方面的研究。最后魏光飚走上古人类研究的道路。

吴新智非常让人感动的地方还在于，只要给他写信，不管什么事情请教他，他总是不厌其烦地及时回复。魏光飚认为作为一位院士，大师级的学者，对年轻人成长如此关心，提供力所能及的帮助，十分令人感动。①

---

① 魏光飚访谈，2013 年 12 月 1 日，重庆。资料存于采集工程数据库。

侯亚梅与吴新智交往不多，但对其印象深刻。1990年侯亚梅硕士毕业后就留在所里工作。毕业发表硕士论文时，吴新智很关心，非常仔细地询问情况，还对论文的发表提出中肯的建议，建议文章按两篇发表，一篇是实验部分，另一篇是考古学部分。①

在侯亚梅眼里，吴新智性格很温和，为人也比较儒雅有风度，学术上非常严谨，探讨任何问题都讲究论据，论述一个观点的论据很充分，对整个研究过程的来龙去脉都比较讲究。以全球的视角密切关注国际学术界的动态和随时进展，以此来调整或者认识自己现有学术研究成果。利用所有可能的机会出野外，进行发掘工作，去寻找新的材料，推动学术的发展。

中南大学黄石教授做基因方面的研究，有一些新的观点跟国际主流不一致，但刚好契合吴新智的学术理论。于是吴新智就邀请黄石到研究所做关于分子生物学方面的报告。侯亚梅对黄石的报告也很感兴趣，受黄石报告的启发，侯亚梅从文化人类学角度出发，提出"石器之路"的假说，论证东方文化很早的时候就有自己的特色，在整个人类迁徙、交流过程当中发挥作用，还可能走出去了。吴新智对他们的交流也非常感兴趣，会后专门邀请侯亚梅到自己办公室，详细认真地询问相关情况，鼓励侯亚梅坚持自己的研究，不要为社会浮躁现象所阻断。

还有一次，侯亚梅将别人不要的旧沙发搬到自己的办公室继续使用，吴新智对此非常高兴，表扬侯亚梅节俭。吴新智本身也是这样做的，他家中的沙发、电视柜等都是他女儿更新家具时淘汰下来的东西，他把替换下来的家具搬回来作为自家的更新或补充使用，连毛巾也使用多年。②

吴新智对自己很抠门，但当别人遇到困难时，不论是亲属还是同事，也不论是生活上还是工作上，他都热心帮助，予以力所能及的经济上的支持，慷慨解囊。

郑龙亭在2000年12月23日的《中国文物报》发表了一篇文章：《对繁昌人字洞遗址的再认识》。文章初稿出来后，郑龙亭跟吴新智说："吴老

---

① 侯亚梅访谈，2014年5月13日，北京。资料存于采集工程数据库。
② 吴新智访谈，2014年2月6日，北京。存地同①。

师，能不能请您帮我看一看这篇文章，给我提提意见、修改修改？"郑龙亭本来是抱着试试看的想法，因为吴新智已经是著名的科学家，不一定有时间，但吴新智没推脱，一字一句地进行修改，虽然文章以郑龙亭的名字发表，但凝聚了吴新智的心血。

有一次，郑龙亭女儿上高中的时候，吴新智到郑龙亭家做客，郑的女儿在房间做作业，郑龙亭要求女儿出来跟吴爷爷打招呼。最初女儿不太情愿对话，后来在郑龙亭和吴新智的鼓励下，出来与吴新智说话。借这个机会吴新智将自己如何学习英语以及英语在自己科学研究上的作用给她做了介绍，郑龙亭的女儿从此再也不偏科了，特别是英语成绩有了明显提高，顺利通过高考，并且在各个学科中英语成绩最高。[①]

2005年，郑龙亭的女儿考取上海同济大学建筑设计研究院研究生，郑龙亭欣喜地告诉吴新智，说他的女儿成为吴新智的小校友了。吴新智非常高兴，说："你向我的小校友表示祝贺！"后来受社会影响，郑龙亭的女儿开始减肥不吃饭，体重迅速下降，在郑龙亭与吴新智通话中提起该事。一次在北京大学的北大讲堂召开中国古生物学会时，吴新智在会议期间问郑龙亭女儿的身体状况，吴新智听了近况，问了郑龙亭女儿的身高体重后，现场拿纸在外面的石凳上计算出一系列数据，并一一写到纸上，请郑龙亭转告他女儿每天应该吃多少、怎么吃才科学，并在纸上认真地写上"吴新智"三个字。郑龙亭的女儿看到纸条后非常感动，按照吴先生计算的数字进餐，身体慢慢恢复了。

吴新智还指导席焕久带博士研究生，关心年轻人的成长。当席焕久成为教授以后，他说："对你要求要严，因为你已经是教授了，无论是论文还是报告，不可随意讲，要经常学习，紧跟前沿。"席后来说："吴老师是我人生中最重要的导师。"[②]

---

① 郑龙亭访谈，2013年11月21日，合肥。资料存于采集工程数据库。
② 席焕久访谈，2014年5月13日，北京。存地同①。

崇左的惊喜

2004 年以来，古脊椎动物与古人类研究所金昌柱教授率领的野外考察队一直在广西崇左木榄山智人洞调查和发掘。智人洞古人类遗址位于广西崇左生态公园西北 2 公里左右的地方，在山的西南坡。木榄山海拔 23 米，谷底海拔 −145 米，合江由西向东流过，该山有多层溶洞。智人洞经过多次发掘，发现和采集哺乳动物化石有 55 种之多。

2007 年 11 月，考察队在崇左木榄山发现了一处堆积哺乳动物化石的洞穴，采集到了两枚人牙和一些哺乳动物化石。从智人洞取了样品，测堆积物的地质年代，结果上面单元的早，下面单元的晚，很奇怪，怎么解释？后来吴新智去广西，进洞一看，经过仔细观察，看到了直接证据，而在封门山还没有这样的直接证据。这里的情况是：上面单元有堆积物，下面单元也有堆积物，中间是空的钟乳石。这时候他想到了封门山的情况与此一样。嘱咐金教授千万要保留，不要再挖更多的化石了，否则一毁坏就说不清了。

2008 年 5 月，金昌柱在该洞的试掘中发现了一件古人类下颌骨前部残段。回到北京后，请同事看下颌骨，并没有引起特别注意。后来向吴新智汇报发现的一些情况。吴新智看完动物化石后又看古人类的牙齿和下颌骨，一眼就看到下颌骨的形态与众不同，前部的颏隆凸比现生人类弱，而古老型人类没有。换句话说，如果从下颌骨的侧面看，现生人类下颌骨门齿到下颏之间的外缘呈现凸向后的曲线，古老型人类此部是直线或向前凸出的曲线，广西崇左的下颌骨正处于二者之间。这是吴新智苦心寻找的标本，为了它，他望眼欲穿地等待了多年，今天却突然出现在他的面前。吴新智太兴奋了，他告诉金昌柱：“这是非常重要的化石，一定要好好保管，我想再仔细观察一下。”第二天金昌柱出差，吴新智对他说：“等你回来我想再好好看看。”离开办公室时吴新智半开玩笑地说：“你屋里就这个最值钱，如果抓你，就拿着这个往外跑就行，这是最重要的。”后来吴新智又到金昌柱的办公室再三嘱咐，千万要保存好，它比屋里所有的东西都重要。

金昌柱出差回来，吴新智又看一下下颌骨，对他说："你看，北京猿人下颌骨的颏凸没有向前翘，崇左的下颌骨是向前翘的，这是原始人进化到现代人的最重要的中间环节的化石，你这个化石是非常重要的。"[①] 后来经美国明尼苏达大学鉴定，年代为距今 10 万—11.3 万年前。根据可靠的年代数据，早期现代人 4 万年前才出现在东亚，4 万—10 万年前是否具有现代人解剖学特征的早期现代人，学术界一直有争论。崇左下颌骨的年代和形态特点提示，10 万年前在东亚就出现了早期现代人，非洲不是现代人起源的唯一地点。不仅如此，崇左下颌骨的前部具有从古老型人类向现代型人类转变的关键结构，表明下颌骨由古老型人类向现代型人类转变过程不只发生在非洲，也出现在东亚，为中国古人类进化的连续性提供了直接证据。

2008 年，吴新智已 80 岁，他再去智人洞考察，亲自看了现场，更加

图 10-2　2003 年吴新智（前排左 4）在广西崇左发掘现场（前排左 1 为金昌柱。吴新智提供）

---

① 　金昌柱访谈，2013 年 11 月 13 日，北京。资料存于采集工程数据库。

坚定了他的思考。后来发表文章时，金昌柱请吴新智作为文章的第一作者，吴新智说："我当第一作者已经没什么用了，你们年轻人有用，写不写我都行，一定要写就写在最后。"文章发表后被评选为 2010 年中国科学十大进展之一。

耄耋团长

非洲大陆是"人类的摇篮"，其最南部坐落着南非共和国。其丰富的古人类化石吸引世界各地的古人类学家到这里考察，当然也是中国古人类学家向往的地方。

2007 年 2 月，胡锦涛主席到访南非，中国和南非两国元首达成协议，对后续的文化交流活动做出了安排。按照双方商定的活动计划，由中方组织一个古人类学的代表团代表科技部出访南非，讨论中国和南非的古人类学合作研究的一些事情。2007 年 7 月，根据中南两国元首达成的协议，79 岁高龄的吴新智作为中国古人类学专家代表团领队率团访问南非，进行学术交流。与他同行的还有中国科学院古脊椎动物与古人类研究所的同行刘武、张兆群、高星和张翼。

从北京经上海飞往马来西亚再转机到约翰内斯堡，近 20 个小时的行程，又有时差，这对高龄的吴新智来说已经很不容易了。然而他自己亲自到古人类化石点考察，海岸边的布鲁布斯（Blombus，位于南非南边的角上，这里有非洲现代人最早的艺术品）很陡，要从顶部下到海岸边，众人从安全考虑，建议他不要下去了，别人拍照后他看一下就可以了。但他坚持亲自到现场查看，并说："一个从事古人类或者古生物学研究的人，不能亲自看看遗址，那是绝对不行的。"

他们这次出行作为国家科技部国际合作项目，开始与南非古人类学家全面合作研究。他们先后访问了位于约翰内斯堡的约翰内斯堡大学（University of Witwatersrand）和开普敦大学（University of Cape Town），吴新智在这两个大学分别做了学术报告，受到同行和学生们的普遍欢迎和广泛关注。

他们访问的约翰内斯堡大学具有悠久的古人类学研究历史。1924 年在该校任教的达特（Raymond A. Dart）教授认出了第一个南方古猿化石，在南非发现的大部分化石都收藏在这里。代表团还考察了斯特克方丹（Sterkfontein）、斯瓦特克朗斯（Swartkrans）等化石遗址。联合国教科文组织曾把位于约翰内斯堡西北部的克鲁格多普（Krugerdorp）的 12 处遗址命名为"世界文化遗产"。

斯特克方丹是一处洞穴遗址。1936 年以来先后发现 700 多件南方古猿、能人、直立人等早期人类化石；1994 年，克拉克（Rom Clarke）教授曾在这里发现一件很像人类足部的距骨，后来又发现 4 件化石，组合在一起兼具人和猿的特点，像人的左侧足骨，后命名为"小脚"（little foot），古地磁年代测定为距今 330 万年。年近 80 岁高龄的吴新智与大家一样亲自爬上斜坡，仔细观察这个躺在这里 330 多万年的"小脚"。大家都照顾吴新智，

图 10-3　2007 年 10 月吴新智于南非斯特克方丹洞内考察（左起张翼、高星、吴新智。吴新智提供）

图 10-4　1993 年 12 月吴新智（右）与托拜厄斯（左）在日本京都合影（吴新智提供）

帮他提东西，他都婉言谢绝，自己亲自拿。

越野车在南非大地上奔驰，沿途的角马、羚羊、斑马和狒狒以不同的姿态迎接来自另一个古人类发源地——北京的客人。伴随着汽车的颠簸，吴新智不由得想起，发现第一件南方古猿化石的达特和早期主持周口店研究的步达生都曾经在英国学习解剖学和古人类学，然后分别在南非和中国开创古人类学研究的领域。步达生及其继任者魏敦瑞都与达特保持联系，但由于第二次世界大战及种族隔离而中断多年。达特的继承人托拜厄斯教授通过国际学术会议与吴汝康和吴新智建立起学术联系和个人的友谊。吴新智这次还见到了大病痊愈的老朋友托拜厄斯教授。吴新智的出访进一步加深了两国古人类学家的了解和友谊，为发展中南古人类学交流，增进两国古人类学家的友谊作出了新的贡献。①

———————————

① 刘武：南非古人类学研究考察散记。《化石》，2009 年第 3 期，第 58-68 页。

周口店的情怀

吴新智与周口店的古人类结缘至 2018 年恰恰 60 年，一个甲子。他的副博士论文就是以山顶洞人化石模型作为材料进行研究的，后来他参加了周口店的发掘工作，又在这里布展、制作北京猿人复原像以及指导博士生研究田园洞人、批驳对周口店用火的奇谈怪论等。在这漫长岁月中，他曾经为之学习，为之思考和钻研，贡献绵薄之力。他说："现在回想起来，我从这些活动中在知识积累和思维能力以及科学素养的提高上都获益匪浅。"对周口店怀有深厚的感情。

1891 年发现爪哇猿人化石，使得有的科学家相信人类历史可以向前延长达到 50 万年。但是当时没有发现爪哇猿人化石与石器共存，导致其能否算人存在争议，甚至杜布哇本人后来也改变观点，认为这些化石属于一种巨型长臂猿。

30 多年后在周口店第一地点发现了大约 50 万年前的、形态介于现代人和猿之间的中国猿人头盖骨，而且与石器共存于一个山洞里，科学界才达成共识，确定人类历史可达到 50 万年。爪哇猿人头骨的形态与之很接近，其属于人类的定位也就被肯定了。但是曾经被认为属于他的大腿骨被后来的研究否定属于同一种人类，因此不能为 50 万年前古人类身体的形态提供任何信息。反之，在周口店第一地点却发现了不少四肢骨和更多的牙齿化石，科学家才能获得关于此时古人类身体状况的更多知识。

到了 1959 年，东非坦桑尼亚奥杜韦峡谷发现了大约 170 万年前的石器，这是人类存在的间接证据。也就是说，大家同意人类的历史应该有大约 170 万年，所以周口店古人类就不能继续坐在人类祖先的第一把交椅上了。

吴新智写道："到现在为止，我觉得周口店还保留着两个第一。一个就是在全世界所有的古人类遗址当中，既保存丰富的人类化石，又保存丰富的人类工具，还保存古环境的丰富证据，并且研究历史最长的遗址中，周口店是最早的。其他的遗址，如西班牙的阿塔普埃尔卡山胡瑟裂谷（Atapuerca SH）遗址的年代与北京猿人相若，人类化石丰富但是其他材料单薄得多；格鲁吉亚的德玛尼斯（Dmanisi）遗址比周口店遗址早得多，但是人类化石迄今发现的还比北京猿人的少；其他如乌山也比较单薄。第二个呢，周口店有人工用火的证据，是东亚人类用火的最早证据。"

他还谈到周口店对于普通老百姓的意义。从大的方面看，是帮助人民大众建立辩证唯物主义的世界观和历史观，这是哲学层次。每个人都有自己的世界观，就是他是怎么看这个世界的。宇宙是怎么变化发展的？从古到今是怎么样的？地球是怎么起源的？从古到今是怎么发展变化的？地球上的山川水体和大气是怎么变化的？生命是怎么起源的？多种多样的生命形式是如何产生和演变的？另一个很重大的谜，就是人，这么一种生物，非常奇怪，他跟万物都不一样，他能够创造和发展文明，能在一定程度上改造世界。人是怎么来的？是怎么发展的？也需要有一个解释。相信辩证唯物主义的人认为，世界从其本质来说是物质的，物质按照本身固有的对立统一规律运动、发展，存在决定意识，意识反作用于存在。相信唯心主义形而上学的人，有另外一套看法。

人们要建立自己的世界观就要辨别哪一种是比较符合实际的，必须要有证据，人们对关于这几个起源的科学知识了解得越多就会越相信辩证唯物主义。古人类学就提供了证据，帮助人们相信人是按照辩证唯物主义的解释发展变化来的，而周口店诸遗址的化石构成其中重要的一些环节。

新中国成立初期，百废待兴，中央就提出学习社会发展史，是为了帮助人民大众建立辩证唯物主义的历史观，要使人民大众知道最初的人类社会是原始社会，没有剥削，后来生产发展了才出现剥削，而最后终归要消灭剥削，走向共产主义社会。这样来提高人民对革命的认识。听老同志们说，那个时候周口店遗址是车水马龙，就为了到周口店来看这个原始社会的重要代表——北京猿人。当时北京郊区修建的第一条柏油路就是从广安门通往周口店的，研究所绘图室沈文龙说，路两旁的树就是根据他的建议栽种的。不过在70年代初扩建京周公路时改种了杨树。

从小的方面讲，就是每个人对于自己的祖先都有好奇心，想知道他们的来龙去脉。像周口店这样一个遗址群的资料，可以在一定程度上满足人们这方面的好奇心。

周口店在研究人类起源的进化中，随着国内外其他古人类遗址发现和研究得越来越多，相对的分量不可避免会越来越轻。不过到现在为止，第一地点还保留两个第一。这两个第一会不会逐渐淡化甚至不复存在呢？吴新智认为："科学的发展是不以人的意志为转移的。你不一定要保持那么多第一，你有你本身的价值嘛。"

周口店遗址群是爱国主义教育基地、科普基地，也是地质学实习基地。周口店对于了解中国人类早期的形象贡献是很大的。元谋的猿人只发现两颗牙，但是脑袋是什么样？不知道。蓝田只有头盖骨和下颌骨，脸长成什么样？不大知道。郧县倒是有两个比较完整的头骨化石，但是形象被歪曲得很严重。中国中更新世的人脸长什么样？20世纪中期，只能依赖周口店的化石来推测了。但是现在已经不是唯一的根据了，因为后来在陕西大荔、辽宁营口、江苏南京和近年在安徽东至发现的标本都有脸的化石，所以周口店不是唯一的啦。现在已经知道那个时期中国各地区的人类有着不小的差异。当初，光有周口店人类化石的时候，只能假设中国人的祖先是从周口店来的。但是后来有了别的化石，那就要进行比较研究了。比较了以后才可能推测和判断，哪个是主要的来源，哪个不是，北京猿人可能在哪些特征上对我们祖先的形成有比较大的贡献，在哪些方面可能贡献很小甚至没有贡献。研究科学都得要根据具体的证据和合理的推理才能得出比较正确的看法。

为了让遗址在遥远的将来能为我们获取更丰富的信息作出更大的贡献，吴新智不主张在短期内再进行发掘。因为科学技术是不断发展的，现在周口店所剩余的堆积物已经不多了，如果我们这一代人或者下一代人把它挖掉的话，靠目前和近期的科学技术条件有好多信息我们采集不到。比方说在20世纪70年代末80年代初的时候，在堆积物的表层取样，使用好多种新的技术，就可以把年代框架做得更精确。而在当初30年代和50年代发掘的时候没有这些测年技术，就不可能采集到这些信息，做出这些成果；如果那时将堆积物挖空了就不可能做出现在知道的年代框架了。在20

年、50 年或 100 年以后，科学技术能够发展到什么程度？我们很难想象。不过他坚信，那个时候凭借新的技术肯定能从堆积物中研究出靠现在的技术得不到的新信息。

这不仅是他对周口店抒发的真实情感，也是他爱国精神的体现。

第十一章
桑榆未晚　红霞满天

传　播　科　学

　　吴先生虽年事已高，但仍一以贯之、身体力行地开展科普教育。中国科学院古脊椎动物与古人类研究所所属古动物馆副馆长张平，2005 年 4 月调到古动物馆工作，经常做一些科普活动，与吴新智交往比较多。当时吴新智已经 70 多岁，特别和蔼，很平易近人，没有架子，做事情非常认真，古动物馆的活动请他参加，只要时间允许，他都能满足要求。张平和吴新智正好同住一栋楼，当时蒋景仪的身体不是很好，吴新智不仅要上班，还要照顾夫人。他经常骑车去买菜，回来后陪夫人出去散步。

　　张平还记得海淀区教委的老师跟她说，吴新智在清华大学的讲座非常精彩，到场有一千多名学生听讲，吴新智从他少年时代求学开始介绍，讲到整个成长轨迹，给大家做了一场特别生动的演讲，使学生们从吴新智身上看到了学习的闪光点。讲座结束后，主办方海淀区教委的老师说："受到了一次特别深刻的教育，以后这种活动要经常做，结合吴先生个人成长道路方面做讲座，不一定非要讲一些研究的内容，他本身的成长过程就是一本教科书。"①

2013 年冬天，吴新智和张兆群等到甘肃和政参加一个古生物博物馆开馆仪式并参加一个学术讨论会，85 岁高龄的吴新智自己主动找到临夏回族自治州州长要求给学生们安排一次科普报告，去中学做关于人类起源的讲座。在寒冷的冬天，吴新智按照临夏州的安排给中学生做报告，受到师生的高度赞扬。吴新智并不是在乎这些赞扬声，他看中的是有机会向学生们宣传科学的道理，履行自己科学家的职责。②

吴新智做了大量的科普工作，从城市到农村，从首都到各省市，都留下了他的足迹，表 11-1 列举了吴新智做的科普报告、讲座的一部分。

表 11-1　吴新智做的部分科普报告、讲座

地点 / 单位	时间	题目
北京大学	2000 年 12 月	人类起源
安徽大学	2000 年 12 月	21 世纪发展战略
中央电视台	2002 年	
名人杂志、钱江晚报	2002 年	吴新智倾听古人类呼吸
中央电视台、香港卫视、法国唐氏中文电视台	2004 年 11 月	科普节目
厦门大学	2005 年 10 月	南强讲座
中国社会科学院	2006 年 6 月 15 日	中国人的由来
北京昌平夏令营	2006 年 8 月	关于人类的起源
北师大二附中	2006 年 9 月 15 日	中国科协：科技专家进百校活动
深圳大学	2006 年 12 月	
北京南城	2006 年 12 月	第二届全国中小学科学技术教育论坛
中国科学院基因研究所	2009 年 4 月 1 日	
北京市科协	2009 年 5 月 16 日	纪念达尔文诞辰 200 周年
北京 101 中学	2012 年 11 月	第十二届"明天小小科学家"奖励活动（教育部、中国科协、周凯旋基金会举办）
西安电子科技大学	2012 年 12 月 1 日	科学道德与学风建设
安徽和县	2013 年 11 月 2 日	猿人遗址研究与保护
北京自然博物馆	2014 年	人类的起源
山西丁村民俗博物馆	2014 年 5 月	从我们的祖先到我们
大连医科大学	2014 年 7 月	现代人起源
北京师范大学生命科学院	2014 年 12 月 6 日	浅说祖先故事，漫谈人生感悟

①　张平访谈，2014 年 5 月 15 日，北京。资料存于采集工程数据库。
②　张兆群访谈，2014 年 5 月 12 日，北京。存地同①。

图 11-1　2012 年 11 月吴新智（左 2）参加第十二届"明天小小科学家"奖励活动（吴新智提供）

此外，在北京牛栏山中学、北京工业大学附中、丰台北京第十中学、国家博物馆、宁夏博物馆也做过科普演讲；在媒体"科普中国"（介绍人类起源）、北京电视台、央视的《国家记忆》《百年地理大发现》《中国人从哪里来？》等做过科普宣传。

吴新智也热心科普著作编写，出了不少著作。1972 年少年儿童出版社开始出《十万个为什么》第二版，编辑找到吴新智，请他组织人员撰写古人类学部分。1970—1976 年上海人民出版社出版第三版的时候，吴新智成为编委会成员。《中国大百科全书》第一版的古人类学部分也邀请吴新智编写。2009 年第二版，吴新智作为整个人类学部分的主编，本来将文化人类学部分也分给他，但因没有时间，后来委托他人编写。他担任很多杂志的编委、副主编、主编职务，审稿极为认真负责，严格掌握原则，不达标准绝不发稿。

图 11-2　2012 年 12 月吴新智参加北京交通大学"院士校园行"名师讲坛（吴新智提供）

　　90 年代末，离开中国解剖学会的赵中龙策划出一套丛书，找到谈家桢[1]，于是谈家桢就给当时的江泽民主席写信，江主席批给中国科协、中国科普作家协会策划出版此书。谈家桢较忙，顾不上，赵中龙就找到吴新智、徐群渊、章静波、钟世镇都来策划。最后吴新智任总主编，于 2002 年出版了"解读生命丛书"（全十册），没想到还获得了 2005 年国家科技进步奖二等奖。[2]

　　吴新智于 2000 年编写的《人类进化的足迹》科普书，有两个出版社想再版，教育部也想用此书装备中小学校图书馆。因第一版是 2002 年出版的，时间也久了，吴新智也想修订，增加一些新的东西。2008 年江苏人民出版社又印刷一次。版权期限到期后，吴新智没有提出任何版税的要求，在出版社的邀请下，自己对内容进一步修订，2008 年凤凰出版传媒集团和江苏人民出版社，2020 年北京教育出版社又先后再版。也有人劝吴新智将

　　① 谈家桢（1909-2008），浙江宁波人。中国遗传学奠基人，中国科学院院士，复旦大学教授。

　　② 吴新智访谈，2016 年 2 月 6 日，北京。资料存于采集工程数据库。

爱好捡拾起来，但吴新智感到还有很多资料需要整理。吴新智除照顾好家庭及自身身体之外，生活十分规律而充实，仍旧扑身在科研和科普上。

2000 年前后，古动物馆准备出一套科普书，吴新智为了修改他们的关于人类进化部分的稿子也费了不少时间。他不仅是修改，还在修改处说明为什么应该如此改，帮助那些年轻作者掌握新知识，所以比单纯修改费时多了。

2000 年，吴新智接受法国《科学与未来》杂志记者的采访时，阐述了对现代人起源的争论，引用了"盲人摸象"的典故，被该记者写进其报道作为文章的标题。

吴新智还把科普工作做到了国外。2007 年 7 月，他率团访问南非，中国驻南非大使馆组织接待，他借拜访中国驻南非大使馆之机给使馆工作人员做了"人类起源与演化"的报告，讲述古人类起源的学说、学派及发展。这对工作在"人类摇篮"的中国使者了解南非文化，把学术交流作为外交工作的重要组成部分具有重要意义。同时也可以看出，吴新智科普意识极强，处处时时不忘向人们普及科学知识，作为一位院士，这种精神是何等的难能可贵。1999 年，他获得中国科协"全国科普先进工作者"称号。

采集小组曾问过吴先生：您是院士，为什么这么热心科普工作？他从书架上拿来一篇论文《我为什么做科普工作》，文章做了很详细的回答。文章中说：

> 普及生命科学知识，弘扬科学精神，不仅有利于提高广大人民群众的科学文化素质，也是进行马克思主义哲学和科学世界观教育的重要内容。使人们的求知欲和好奇心不断得到满足，使人们的思维水平不断得到提高，离开科学是不可能建设物质文明和精神文明的。作为科技和教育工作者，我们有义务贡献我们的所学所知，向人民大众普及有关的知识。作为中国科学院的科研人员和研究生院的教师，我深感自己的衣食住行无一不是源自人民对国家的贡献。根据"取之于民，用之于民"的原则，对于工农业生产能有直接助益的科研成果，自然应该尽快地使之转化为现实生产力，发挥其促进生产力发展的作

用。而我们所从事的基础科学各种学科的科研成果无法直接转化为现实生产力，一般产生不了直接的经济效益。在此情况下，我们应该怎样使自己的科研成果用之于民呢？利用一些时间写出一些科普文章和书籍便是我们回报人民的一种途径。①

心系队伍建设

吴新智主办及参加主办了很多人类学培训班，培养地方上的博物馆考古系统的业务人员及院校人类学专业师生，希望这个学科的发展在基层也能有一些人参与。在体质人类学方面，包括古人类学、今人类学、医学人类学、法医人类学等，吴新智也做了很多工作，还招过这方面的研究生，毕业以后分布在各个领域。培养专业人员有助于加强专业队伍的建设。

1984 年，在周口店举办了第四纪地层考古训练班，有 50 多人参加，共 44 天，吴新智主讲，还有黄慰文、祁国琴等也讲，用打印的讲义。北京大学、山西大学的师生和各省考古工作者参加了培训。

安徽博物院文物科技保护中心主任和副院长郑龙亭回忆，1985 年 11 月，在周口店举办了一个人体测量培训班，吴新智手把手教他怎么做人体测量，包括头骨和其他骨骼的测量。郑龙亭过去学过考古学，但没有学过医学，人体测量对他来说完全是一门新学科。吴新智始终为人谦和，每次见面都很客气，嘘寒问暖。虽然已经是副所长，在担任行政工作的同时，还进行授课。对非科班出身没有学医背景的学员，在讲授比较解剖学的时候给予特别关注，还利用课余时间做辅导。

虽然中国体质人类学研究论文早在 1872 年就在德国发表，20 世纪 20 年代周口店重大发现又提升了中国古人类学研究工作的地位。但是后来，现代中国体质人类学研究停滞不前。"文化大革命"后，我国各个学科快

---

① 吴新智：我为什么做科普工作。《求是》，2003 年 1 月。

速发展，解剖学随之进入发展快车道，需要加大对中国体质人类学的研究力度。

中国是人口大国，有 56 个民族，虽然民族的划分主要由社会因素决定，但是不同民族之间存在着体质形态上的不同。体质人类学科研进入中国虽然时间不短，但是国内不同民族的体质形态方面的科研资料在 20 世纪 80 年代之前非常稀缺。20 世纪 60 年代以来，随着我国科学和工业化的发展，轻工业、公检法和军工生产部门常常要求人类学方面的帮助。为了培训这方面的人才，从 1978 年起吴汝康、吴新智开始招收研究生，先后编写了测量方法的工具书。1988 年，吴新智参与领导了中国成年人身体尺寸国家标准的制定，任领导小组副组长。

"文化大革命"以后开始评定职称，许多解剖学教师没有科研课题，发表论文又不容易，吴新智认为这是发展我国不同人群体质调查的大好机会。他向中国解剖学会请缨，到上海去利用在"文化大革命"中停办的复旦大学人类学教研室的师资和设备办人体测量培训班，以帮助解剖学教师

图 11-3　1984 年吴新智在成年人尺寸测量首次专家会上（前排左起：肖惠、吴新智、戴荷生。吴新智提供）

学会体质调查方法，进行体质调查以发表论文。

　　吴新智向时任中国解剖学学会理事长吴汝康说出了自己的想法，吴汝康教授非常支持。为促进中国解剖学发展，1979 年 4 月，吴汝康先生趁去苏州出席古生物学会学术年会之机，到上海复旦大学找到自己的好朋友苏步青校长，玉成此事。当时复旦大学已经撤销生物系人类学教研组，改为人类学研究室。

　　按照吴汝康和苏步青的共同商定，是年 8 月，吴新智、张振标等到上海复旦大学，与人类学研究室邵象清、王桂伦等老师共同利用该室的教学条件，在暑期为国内高等学校解剖学教师举办一期培训班。

　　1980 年，吴新智带着中国解剖学会拨付的 1000 元资金到上海复旦大学，见了苏步青校长，利用大学人类学教研室的师资、设备和暑假闲置的留学生宿舍开办培训班。

　　人体测量短训班原定接收学员 60 人，后来实际参加培训的学员多达120 人。很多学员后来成为中国体质人类学科研工作的推动者和人类学研究的专家，成绩显著，其中一部分学员结业后开展了国内各个民族的体质

图 11-4　1985 年 5 月吴新智参加人体测量训练班时合影（前排左 3 起：胡佩茹、吴新智、吴汝康、邵兴周、袁振新、郑永坚、张振标、刘振扬。吴新智提供）

调查，填补了空白，成为人类学研究的骨干。当时已经是副教授职称的丁士海也参加了培训班，与吴新智成为好朋友，后来成为人类学教授，带动山东人类学研究。

1973年云南元谋牛肩包发掘后，没有发现人类化石，但得到了很多动物化石。吴新智就决定让参加那次发掘的同事研究这批化石，自己却放弃了研究的机会。同时对他们说，对一个古人类化石地点的动物化石进行研究，能对第四纪哺乳动物群获得比较深入的理解，而不是泛泛的了解，以后阅读其他不太懂的第四纪文献时才能具有比较高的理解力与判断能力。

人员培训了，又编写了工具书，文章到哪里发表呢？这时，古脊椎动物与古人类研究所来了一位叫杨少梅的同志，她原来是学外文的，她的爱人原来在外交系统做外交官，回国后到科学院外事局，杨少梅被安排到研究所的一个资料室，翻译一些外国的资料。实际上所里的研究人员，自己都能看外文资料，不需要翻译人员为其翻译。杨少梅感到没什么事情可干，觉得没有什么意思，她发现所里有《古脊椎动物学报》，就想到人类学也很重要，就鼓动吴新智办《人类学学报》，当时主要鼓动吴汝康先生，吴汝康先生赞成了，吴新智也就积极了。杨少梅比较熟悉科学院院里的人，于是就在院里上下奔走，沟通协调，最后在大家努力下《人类学学报》办成了。

吴新智认识到，学科发展必须后继有人，要有一个梯队，要有可持续性，所以很大精力都放在研究生培养方面。吴汝康与吴新智不断拓展学科发展，所以招的学生里边，有的做传统古人类学研究，有的做应用人类学或者叫今人类学研究，如人体测量、生长发育的研究，各个民族生理变化研究以及工程力学研究，甚至包括汽车驾驶室设计等，这些研究对国家一些行业都产生了重大的影响。

为了培训队伍，吴新智经常把好的研究机会让给别人。2001周口店附近的田园洞人化石发现后，他认为这是一个好机会，就将这个研究机会给他的博士研究生尚虹，并且为她从院长基金争取来一笔经费。尚虹正是因为这个项目发表论文，才结识了后来的美国导师，并去美国进修。

吴新智一直想把吴汝康提出的今人类学的想法在中国发展起来。所以陈昭每次回国，吴新智都与她探讨这个问题，关注她在国外做什么研究，这些事情跟今人类研究有哪些关系。

吴新智知道陈昭对人体成分的研究很有造诣，当他在昆明参加第十六届世界民族学与人类学大会时，从中看到一个契机，立刻联想到中国应该填补这块空白。吴新智跟陈昭说，希望她在中国把体成分研究开展起来。陈昭在美国亚利桑那大学工作，不可能天天在国内，需要有人一起做，需要有合作伙伴。陈昭说："与谁合作呢？"吴新智说："席焕久是最佳人选。"于是马上与席焕久联系，鼓励他们共同在国内举办培训班，培养这方面的科研骨干。2010年和2011年他们在锦州医学院和贵阳医学院举办了几期培训班，几年后效果非常好，很多人类学工作者参加了人体组成培训班后申请到这方面的国家级科研基金。他们两人还组织中国目前研究今人类学的中年骨干共同编写了第二版《人体测量方法》，并将人体成分的活体测量内容扩编进去，吴新智做顾问并亲自作序。

吴新智曾对陈昭说："这是你的一个机遇。我80年代初时带回一个人类学测量工具，就是人体测量方法。当时培养了一大批人，这些人以后做了民族差异的调查，形成了很多有用的历史数据，现在我们有很多参考资料，都是从当时的工作中提取出来的。我一直在考虑，除了形态测量以外我们应该有更深层次的测量。你这个人体组成成分的测量，恰恰可以弥补人体测量的缺陷，应该是一个特别好的补充。所以我希望你能带回人体成分的研究方法，迎接人类学的第二个春天。"[1] 任何一个学科的不断发展都需要引进新的技术、新的想法、新的理论，吴新智高瞻远瞩的想法推动了全国的人体成分研究。

吴新智十分关心全国的人类学研究工作，推动整个学科的发展。席焕久以专业委员会名义写的学科发展报告和学科的历史，他都一个字一个字地修改。在2013年举办北京"21世纪中国人类学发展高峰论坛"时，他积极支持，且做"多学科交叉研究和科研增长点"的主旨报告。筹备会时，他推荐邀请专家名单，听取会议的安排与计划并提出一些指导意见。

---

[1]　陈昭访谈，2014年6月5日，北京。资料存于采集工程数据库。

图 11-5 2013 年 10 月 12 日吴新智（中）在 21 世纪中国人类学发展高峰论坛上做学术报告
（左为席焕久，右为陈昭。席焕久提供）

"多地区进化假说"本来已具有坚实的证据基础，得到了很多学科的支持，但吴新智还经常说，仍需要有更多的化石证据来丰富和发展，愿意与遗传学的学者们交流切磋，听听不同的意见。在 21 世纪人类学发展高峰论坛会议之前，他就积极建议，请一些有不同观点的学者一起讨论，采长补短，增进了解，推进学科发展。10 月 12 日，他早早来到会场并一直坚持到中午 12 点，当时他已是 85 岁高龄了，能坚持半天很是了不起呀！

指 导 基 层

20 世纪 80 年代，吴汝康对和县猿人化石进行研究，后来吴新智也参加和县猿人化石的研究，在连续进化附带杂交、多地区进化假说中，就有和县猿人与早期智人形态镶嵌的内容。后来提出：在中国的所有直立人化石当中，和县人对中国现代人起源贡献比北京猿人还大。安徽化石在中国整个的地理分布上，处于南北过渡交界的地方，无论从古人类来说，还是第四纪哺乳动物来说，或者从古地理、古气候这个方面研究，这里都是很重要的地点。1990 年举行"发现和县猿人遗址十周年纪念会"，得到吴新智的支持。

2013 年 11 月 1—4 日，他来到这里参加和县猿人的学术讨论会，发表论文，还亲临遗址调研，指导县博物馆工作，对当地的博物馆应该怎么建设、应该怎么做出特色，一一提出意见和建议。郑龙亭后来做和县博物馆名誉馆长时，时时想到吴新智的教诲，处处按照吴新智的要求做陈列，取得了很好的效果。

1998 年，繁昌人字洞遗址发现，吴新智亲自到繁昌人字洞考察。当时存在争议：繁昌人字洞的铁矿石能不能打制石器，有学者认为不能，有的认为能。后来证明，人字洞里的铁矿石完全能打制出石器。繁昌人字洞这个地点时代比较老，属于 200 万年以前的。2008 年召开"繁昌人字洞发现十周年纪念会"，有人说吴新智年纪大了，万一身体上出现了什么状况怎么办，所以建议不邀请吴新智参加纪念会。郑龙亭直接给吴新智打电话，正值其夫人蒋景仪身体不适，吴新智在家照顾，但吴新智没有推辞，很干脆地回答，繁昌的纪念会一定参加。吴新智按时出席纪念会。为了感谢吴新智的帮助，也为了表示对他的敬意，郑龙亭等人在纪念会间隙，庆贺了吴新智 80 岁生日。

安徽博物院（原安徽省博物馆）在全国博物馆中有着辉煌的历史，是毛泽东主席视察过的为数不多的博物馆之一，也是老一辈革命家参观视察次数最多的博物馆，在新中国博物馆发展历史上具有里程碑的作用。

20 世纪 70—80 年代，博物馆工作很迷茫，发展方向不清，发展趋势不明朗。受市场经济的影响，博物馆也出现一切向"钱"看的倾向，80 年代以后，各地博物馆发展与经济直接相关。恰在此时，安徽筹备和县猿人的安徽古生物陈列，郑龙亭负责主创这个展览，展览如何办，甚至办不办以及将来能否持续下去都成为疑问。郑龙亭找到吴新智请教，吴新智听完汇报，大力支持继续办展览。多次在电话中磋商后，郑龙亭又亲自带着展览设计方案到北京古脊椎动物与古人类研究所请教。吴新智和张森水等接待后，提出许多中肯的建议和意见，郑龙亭按照修改后的方案布展。展览开放前，为增加展览内涵，郑龙亭冒昧地给吴新智写信，请他题词写个馆名，吴新智二话没说欣然题了"安徽古生物陈列"的馆名。展览给博物馆陈列增色不少，使之面貌焕然一新，后来都是在此基础上逐渐发展起来的。

2000年，博物馆经费非常困难，不能适应社会发展的需要，为解决资金短缺和发展的矛盾，并能传承历史，博物馆决定举办展览。安徽古代文明展览是从1994年开办到2000年，这一展览6年没有变。安徽省博物馆副院长黄秀英专门请吴新智到现场指导两个多小时，吴新智在1994年陈列的基础上对新的安徽古代文明陈列提出建议，并提议举办安徽古生物陈列专馆。博物馆的工作人员对古生物一无所知，吴新智就给他们讲解安徽的古生物、在古生物这个发展区域里作为南北过渡带的重要性，告诉他们如何计算古生物的年代、怎么将前后生物衔接起来、将古生物化石串起来，应该从生物学史角度把玉龙化石的发现、淮北怀远黄河象化石连起来，理成一条线，使其知识性和科学性更强。听了吴新智的建议后，黄秀英特意到安徽省文化厅汇报展览的价值和规划，文化厅为此专门召开办公会，在肯定原有大象馆的知识宣传和科学普及的基础上，详细研究吴新智建议的设计方案，最后一致同意按照吴新智的设计方案进行布展。

在吴新智的具体指导下，博物馆工作人员做了展览设计，研究了和专家合作问题，又增添了一些新的内容。展览开放时不仅有国内的专家学者出席，也有政府文化官员、青少年到会，还有日本等国的学者参加，收到良好的经济效益和社会效益。从此以后，安徽省博物馆受到各界的关照和政府的支持越来越多，展览也越做越大。原来有一个大象馆，是70年代怀远发现的大象化石，把它的骨架竖立起来，专门做了一个大象陈列。无论是专家还是中小学生都认为这些作为科普教育很有意义。

2010年9月28日，安徽省博物馆新馆开馆，除请安徽周边省市文化厅、文物局的领导参加外，唯一请的专家就是吴新智。吴新智当时身体有点不适，郑龙亭给吴新智打电话汇报后，吴新智仍旧坚持参加开馆仪式。

图 11-6　2013 年 11 月 21 日吴新智在安徽博物院与郑龙亭合影（左起：席焕久、吴新智、郑龙亭。李雅范摄于安徽合肥）

提前一周让女儿从国外回到北京，教她怎么照护自己的母亲，教熟了以后，吴新智从北京来到合肥参加开馆仪式。参加完开馆典礼以后，博物馆还邀请吴新智在新馆的文博讲堂做第一堂讲座，300 多人的讲堂座无虚席，观众听得非常入神，大家知晓了人类远古时代情境。安徽博物院也成了青少年学习的阵地，人们休闲的场所，知识殿堂和科学宝库。[1]

　　在吴新智的关心和关怀下，安徽从古人类学、旧石器考古学乃至博物馆事业的发展都走在全国前列。这是吴新智的家乡情结所在，也是对学科发展的长远目光所在，更是科学普及大众的想法所在。

　　2013 年 12 月 2 日，采集小组到重庆市博物馆采访老馆长方其仁，当时博物馆正在建设，新馆长侯江就陪吴先生楼上楼下看个遍，请他指导，吴新智提了很多意见并在纪念簿上签字留念。

　　2013 年 11 月，他刚接受上海文汇报、东方早报和中国科学报记者的采访，不顾自己的疲劳就把上海博物馆古人类方面的动画设计工作人员请

---

[1]　黄秀英访谈，2013 年 11 月 21 日，合肥。资料存于采集工程数据库。

到房间，一个画面一个画面地指导，工作人员现场修改。亲自指导上海科教频道人员，编导制作古人类影片节目。

2014 年 5 月 24 日，吴新智到西安半坡村博物馆指导工作，还看了珍贵化石，帮助鉴定，提出布展的改进意见。

吴新智经常指导基层，但严格要求自己，从不给基层添麻烦。他的母亲年纪大了，住在合肥吴新嘉的家中。吴新智只要有时间，都会到合肥去看望母亲。回老家之前先给郑龙亭通个电话，告诉他要回合肥看望老母亲，叮嘱他不要告诉任何部门，也不要告诉文化厅或博物馆的领导，请郑龙亭到车站接一下，再帮忙给买一张返程车票。在临走时将费用如数给郑龙亭，郑龙亭不收，吴新智非常生气，郑龙亭只好照收。①

学 会 工 作

1988 年 10 月，吴新智任中国解剖学会常务理事兼人类学专业委员会主任委员，1990 年被选为中国解剖学会副理事长，1998 年 11 月任学会名誉理事长。他还担任安徽省古生物学会荣誉会长、全国古生物学学会荣誉理事。

吴新智十分关心中国解剖学会的工作。学会召开的会议，除特殊情况外，吴新智都会准时出席，会上积极发言。②

他离开中国解剖学会之后，一直担任学会的人类学专业委员会的名誉主任。条件允许时，他参加会议为大家做学术报告，也认真聆听别人的报告，并对报告人提出一些改进的建议和希望。每次报告，他都认真准备，从不应付，一丝不苟。

1989 年席焕久从美国回来后，每年解剖学会开常务理事会，吴新智都让他帮助审阅学术年会摘要的稿件，审后吴新智还要看一看，十分认真，

---

① 郑龙亭访谈，2013 年 11 月 21 日，合肥。资料存于采集工程数据库。

② 房桂珍访谈，2014 年 2 月 6 日，北京。存地同①。

图 11-7　1986 年 5 月吴新智与山东解剖学会同行合影（前排左起：杜伯廉、钟世镇、李继硕、何光篪、？、薛杜普、郑思竞、王永豪、？、黄瀛；二排左 7 吴新智。吴新智提供）

十分负责，十分严格，后来推荐席焕久做人类学专业委员会副主任、主任。席每次给吴新智汇报专业委员会的工作，他都认真倾听，听完后建议应该怎么做。

　　吴新智对老科学家采集工程十分热心，在做中国科协采集工程项目时，他积极支持，身体力行地参与和帮助。当采集小组向他汇报，请他帮助确定采访路线、访谈对象、如何采访、怎么联系等问题时，他详细指明，并且非常爽快地表示"我跟你们一起去"。当时大家都没有想到，非常惊讶。因为他已经是高龄老人啦，对采集工程如此重视，出人意料。问他"您身体行吗？"，他答："没问题。"在采访的过程中，他常常为采集小组进行电话联系，给采集小组带来极大的方便。到了住地，从不讲条件，没有一点大专家的架子。大家吃什么他吃什么，住什么水平宾馆都行，没有任何特殊要求。每天采访，自己给采访小组介绍情况，对一个 80 多岁的老人来说，这已经很累啦，但就是这样，他在列车上还不休息，为媒体修改报道。条件允许，每到一处都给学生及群众做科普报告。在丁村，他利用采访之机做了一场"从我们的祖先到我们"的科普报告。在合肥到曾经就读过或住过的地方采访时，他也想给当地的学校做科普报告，因时间所限而未能实现。

2013年11月23日，吴新智不顾旅途劳累，在从上海到合肥的动车上全程为《文汇报》修改新闻稿件4个多小时。25日到安徽博物馆指导博物馆建设，对博物馆展览提出专业性建议和意见，提高博物馆展览的科学性和合理性。从安徽途经武汉到郧西县的白龙洞，不顾年事已高，在多人的扶持下亲自下到白龙洞，并对白龙洞的发掘进行回顾，对现状和其对古人类起源的历史价值和当代意义进行解说，再次对白龙洞化石进行探讨。2013年12月，从成都返回北京。

2014年5月21日，吴新智陪同采集小组人员到山西临汾的丁村民俗博物馆，也就是丁村人发掘地进行考查。86岁高龄的吴新智仍坚持到丁村人头骨发掘地54:100地点进行视察，并在该地接受临汾电视台记者的专访，从我国古人类化石的纵向意义上对丁村人的发现进行讲解，并呼吁社会加强发掘现场保护，提高民众文物保护意识。对王益人领导的山西省文物考

图11-8 2014年5月23日吴新智于山西丁村民俗博物馆做报告（李雅范摄于丁村）

古队发掘现场进行指导，提高发掘水平和文物保护水平。5月23日转战陕西西安，并对半坡博物馆、蓝田公王岭化石发掘地遗址进行视察，在半坡博物馆进行文物考察长达4个多小时，对提高半坡博物馆的科研水平大有裨益，也为他提出的多地区进化假说和连续进化附带杂交理论提供了更多的资料佐证。

吴新智指导考古发掘工作。到挖掘现场时，他拄着拐杖尽量自己走。这些遗址地面都凹凸不平，或是山洞或是陡坡或是深坑；没有道路，即便有也狭窄崎岖，荆棘丛生，他都一步一步地前行，为采访人员和采集小组现场介绍，接受当地电视台采访，在场的人无不为之感动。由于他积极全力的支持，亲临现场做向导，又做讲解员，使采集工作胜利完成，且硕果累累。

盛满硕果的古人类学城堡

到2014年年底，吴新智在中外杂志上发表了174篇论文，出版了16部专著，培养了大批人才，具有里程碑意义的文章一直都被人引用。他获得了不少殊荣，本书仅列举他获奖的一部分。

1979年12月，《长臂猿解剖》获云南省科技成就奖。

1990年12月，被评为中国科学院优秀研究生导师。

1991年6月，《中国远古人类》研究获中国科学院自然科学奖一等奖。

1991年10月，享受国务院颁发的政府特殊津贴。

1999年12月，《中国远古人类》被授予首届郭沫若中国历史学奖二等奖，被科技部、中央宣传部、中国科协评为"全国科普工作先进工作者"。

2002年12月，获裴文中基金会首届裴文中科学奖。

2003 年 9 月,"解读生命丛书"获国家图书奖、"五个一工程"奖、全国优秀科普作品奖一等奖、北京市优秀科普作品奖最佳奖。

2005 年 11 月 20 日,"解读生命丛书"之《人类进化足迹》获国家科技进步奖二等奖。

2007 年 12 月,《南京直立人》获第三届郭沫若中国历史学奖三等奖。

2008 年 5 月 10 日,中国科学院研究生院授予"杰出贡献教师奖"称号。

2013 年 9 月 10 日,中国科学院大学地球科学院授予"杰出贡献教师奖"称号。

2013 年 11 月 17 日,上海人类学学会授予 2013 年度人类学终身成就奖——金琮奖。

2013 年 11 月,吴新智陪同采集小组人员到上海并在复旦大学接受人类学终身成就奖"金琮奖",并做主旨演讲,谦虚地说:"终身成就谈不上,

图 11-9　2013 年 11 月 17 日上海人类学学会金力院士（左）为吴新智（右）颁发人类学终身成就奖（李雅范摄于上海复旦大学）

图 11-10 2014 年 5 月 17 日吴新智（左）在纪念第一颗"北京人"头盖骨化石发现 85 周年学术会议上做学术报告（右为高星。李雅范摄于北京）

只是取得些成绩，还没到终身成就奖的时候。这份奖，我先拿着，预领，今后将继续努力研究。"

2014 年 5 月 17 日，他在纪念第一颗"北京人"头盖骨化石发现 85 周年学术会议上做了学术报告。

晚年的吴新智仍不停地工作，已经 85 岁高龄了，思路很清晰，还继续担任《人类学学报》主编工作，有很多事情还要直接把关，后来才将主编的任务交给两位副主编去做，他自己只在最后帮助他们把关。

吴新智有强烈的责任感，正确对待自己。在帮助郑龙亭修改文章时对郑说："小郑，你看我现在还有精力，还能看你的文章，帮你提点意见，有些学术会议我还去参加，包括野外工作我还参加一些，等我到了一定年龄，自己感觉头脑糊涂的时候，我就不出去参加任何会议了。"郑龙亭不解地问："为什么？"吴新智说："作为一个科学工作者，如果因为有了比较高的学术地位和声望，比较容易受到别人的尊重，如果自己都觉得自己头脑不是很清楚，到外面去说可能就不一定说得很准确，说的东西往往容易误导别人。别人对你不尊重，不好，尊重吧，你的意见又可能误导别人。

彼此都感觉不舒服。所以到那个时期，我就在家里不出门，我绝对不做误导或影响学术发展的事。"[①]

如今 90 多岁的吴新智院士，有规律地生活，根据自己的体力和气候变化选择合适的方式锻炼身体，在庭院里散散步，伸伸腰，坚持多年来养成的生活习惯，科学合理的饮食，保持良好的心态。他十分关心国家大事，每天看报纸，每周都会有一天定时来到办公室接待来访，处理信函与文件，与后生讨论问题，到图书馆看文献，处理必须在所内处理的事情。在家中处理邮件，读新文献，撰写科研和科普文章，每隔一两个小时必须离开电脑做其他事情，修剪一下盆景，为花卉浇浇水，以保护眼睛和腰肌。保姆按时来打扫卫生，帮助做午饭，早晚自己热一下，吃得很简单，但是营养搭配得当。有时候外出开会，做学术报告和科普宣传，视察古人类发掘现场。他仍然安排得井然有序，不浪费时间，尽可能地多做工作。

时间像是一只无形的手，把岁月的日历一页一页翻过。他那饱经风霜的脸上露出一条条皱纹，记载着他几十年的千辛万苦，但他精神矍铄，满面红光，像年轻人一样那么精力充沛，不停歇地工作和学习，坚持"活到老，学到老"，以学为乐、笔耕不辍，身体力行地实现他的诺言。生命不息，战斗不止，不断地宣传科普，不断地写作，不断地帮助别人，不断地服务社会。耄耋之年的吴新智，仍老骥伏枥，志在千里。

---

① 郑龙亭访谈，2013 年 11 月 21 日，合肥。资料存于采集工程数据库。

结 语

　　吴新智踏遍青山寻找化石。他直接领导或参与领导的野外发掘调查队，先后发现了河南淅川和湖北郧西直立人牙齿、山西丁村人早期智人顶骨等古人类化石，主持过对公王岭和大荔等遗址的发掘工作。吴新智研究了大荔、淅川、周口店、法国阿拉戈头骨化石及澳大利亚库布尔溪的下颌骨、科阿沼泽和蒙戈湖的头骨化石等，并综合分析我国的各种古人类材料，还通过文献对日本港川、菲律宾塔邦、马来西亚尼阿洞、印尼瓦贾克、欧洲与非洲等地出土的化石进行比较、分析研究，探讨我国古人类的进化规律。

　　他出访过很多国家，或做学术交流或合作研究，创造了不少的中国第一。他与国外同行提出了现代人起源的"多地区进化假说"，成为当今世界有重要影响的两大学说之一：提出了中国古人类连续进化附带杂交，网状进化假说。为人类学宝库增加了新的内容，对丰富古人类学的理论、对人类起源与进化的研究作出了重要贡献。为中国人争了光，使中国的古人类研究站到了世界的前沿。

　　吴新智幼年时经历了国破家亡的逃难生活；青年时见证了新中国的诞生，参与了国家的建设；中年时潜心人类学研究，为中国学者赢得国际声誉；晚年时继续学习，不断发光发热，红霞满天。在吴新智院士心中最看重的是"国家"二字。

他自幼聪明好学，有主见，乐于助人。在他的成长过程中受到社会、学校、家庭及亲戚朋友影响，造就其坚忍不拔、持之以恒、为人谦虚、不计名利的性格和严谨求实、一丝不苟的科学作风。吴新智深感应当"勤奋，求实，团结，创新"。他的一生是"尊陈言务去，为人师表，探人类起源，集腋成裘"。他的学术成长经历概括为"随遇而进"，冀以此为基础臻"集腋成裘"之目的。随遇而进、勤能补拙、陈言务去、辩证思维、勇于实践作为他的人生轨迹的特点或风格较为适中，这也是他的人生箴言。

随 遇 而 进

随遇而安，亦作"随寓而安"，出自清朝刘献廷《广阳杂记》："随寓而安，斯真隐矣。"意指在任何环境中人都能适应并感到满足，不是违逆环境硬着头皮去做，而是要随遇。吴新智将"随遇而安"改为"随遇而进"以描述其不断抓住机遇，顺势而为，勇往直前，根据客观需要而动。

20世纪50—60年代，我国科技人员少，大多科学家的个人志愿都依国家需要而定，只管耕耘不计收获，吴新智亦是如此。在大连医学院的前一两年，因为解剖学教学内容繁多，没时间考虑科研工作，对人类学也没有深入了解，他一心想当医生，但根据国家需要进行转向。此后，国家提出"向科学进军"的号召，1956年吴汝康奉命调至北京中国科学院工作，开始招收研究生，乘政策机遇与吴汝康先生之邀，在其努力拼搏后有幸成为吴汝康先生的研究生并做其助手。在野人调查时发现长臂猿，即开拓性地领衔开展灵长类解剖学研究。"四清"运动他留在所内没有下乡，研究人员去参加"四清"使得开展科研工作受限，吴新智就利用这段空闲时间撰写发掘报告，全面掌握发掘过程。改革开放后的1979年，国外同行来华时介绍澳大利亚和印度尼西亚化石的共同特征，及时研究与自己发现相符之处，共同申报研究项目，最终于1984年共同提出具有深远意义的现代人起源"多地区进化假说"。1989年，他感到中国古人类研究已经到了需要总结的时候，策划和推动出版《中国远古人类》，以此为基础，1991年集体获得中国科学院自然科学奖一等奖。1998年，国内媒体上发表大量"夏娃理论"方面的报道和研讨，吴新智成了对立面，他做了充分的论证。科普丛书总主编身份也是因谈家桢院士感觉自身年事已高，坚辞并推荐而获得国家科技进步奖。凡此种种，吴新智都能顺势而为，抓住机遇，不抢、不争。反而是常常将好的机会让给别人。1975 年，当云南发现腊玛古猿这个世界瞩目的化石时，吴新智向所里领导力荐当时"靠边站"的吴汝康先生出来主持这项前景广阔的项目。

吴新智在处理问题时，总是为别人着想。采集小组选择采集地点时，中央电视台选择了图书馆作为访谈的摄制点，需要两个半天，可吴先生说，这样做会影响大家看书，不合适。最后把两次改为一次，另一次选择了其他地方。①

勤　能　补　拙

吴先生屡屡谦称勤能补拙。其实，吴先生不仅聪明能干，还特别勤奋，自谦为薄有天赋，注重点滴积累，从不偷懒。中学时代学习生活丰富多彩，得以培养广泛的兴趣。到上海后因竞争激烈，学习愈加刻苦，从不怠慢。在大连尤其是到北京工作后很少有过节假日，星期日做完家务就开始看书写材料。即便到了晚年，功成名就后仍不辍勤奋学习和研究。在别人眼中吴先生总有做不完的工作。为了迎战"非洲起源说"，70 岁开始学习分子生物学。20 世纪 60—70 年代，吴新智骑自行车上下班，边骑车边听收音机法语广播，凭此学习法语，在巴黎为同事做向导，并借助法语同法国专家进行学术交流。70 年代跟女儿同时新学习计算机，在人工智能化的当下，吴新智已经能十分熟练地使用计算机。在其一生中，不论学习什么都一丝不苟，精益求精。在"五七干校"劳动时，吴新智感到自己有 3 个英语字母发音有点混淆，就利用休息时间向张弥曼院士请教，尊称张院士为"三音之师"。吴新智和张弥曼院士常在班车上讨论英文措辞和专业术语如何翻译，反复地斟酌推敲。滴水穿石，日积月累，积小成大，积水成渊，高超的英语水平就是如此获得的。在中国解剖学庐山年会时，为外

---

① 吴新智访谈，2014 年 5 月 13 日，北京。资料存于采集工程数据库。

宾做即席翻译，至今仍令人记忆犹新。外国人曾问吴新智在哪国留学，跟谁学的英语，国内则有人说吴新智是教会学校出来的，所以英语强。其实这些都不对，吴新智既没留过学，也未曾在教会学校学习过。他靠随时纠正、随时学习而已，正是不断积累达到集腋成裘。吴新智初中时读过一篇题为 *A little at a time* 的英文文章，讲的是一个人每天抽点时间练习弹琴，天长日久，积少成多，琴艺成就令久违的朋友吃惊。自此，不浪费点滴光阴，充分合理利用一切时间读书、思考、做工作。"A little at a time" 这句箴言教其"千里之行，始于足下"和集腋成裘的道理。只不过吴先生自谦地说："现在还称不上'裘'，充其量是小背心。"

陈 言 务 去

在高中学习国文时，语文老师杨人楩经常强调，作文应条理清晰，逻辑性强，文字简洁，没有废话。要言之有物，标新立异，不要陈词滥调。"唯陈言之务去"就成为写文章和开会发言的箴言。"这句话影响我的一生。"吴先生回忆说。"唯陈言之务去"出自唐代韩愈《答李翊书》："唯陈言之务去，戛戛乎其难哉。"指陈旧无意义的言词一定要去掉，应排除陈旧的东西，努力创造、革新。用心为文的人都很重视古人的这个经验总结。吴新智先生一直将其奉为圭臬。不仅写作、发言时不说套话，有创意，还在其科研中不循规蹈矩，而是尊重事实、尊重科学、一丝不苟，不迷信书本，敢于挑战权威。在几十年古人类学研究中，吴新智一直牢记该箴言，从而不断创新，取得新成果。关于地质年代问题，过去只看别人报告，人云亦云。由于吴新智能做到善于学习、独立分析，即便在《自然》和《科学》发表的学术论文也不为所惧。2009 年，《自然》发表周口店新的年代报告论文，主张测定年代为 77 万年以前，吴新智以充分证据置疑了那篇论文的结论。1998 年，以色列学者在美国哈佛大学教授指导下来周口店采样（原始人用火），在《科学》发表原始人用火的论文，吴新智用翔实的论证否定了这些学者的看法。《自然》发表的巫山猿人报告也被吴新智论证应该是猿，后来原文作者给杂志社写信承认所研究的的确是猿。1987 年，云南地质所从云南元谋一位小姑娘手中购得"龙骨"（化石），因其中一颗牙齿很像人牙，就写了报告认为是人的，并得到某老科学家和当地领导的支持，吴新智研究后用大量事实证明其并非是人的而是猿的。

辩 证 思 维

在其科技生涯中，吴新智养成了正确的思维方式——辩证唯物主义思维。这得益于在上海医学院学习时的病理讨论课，这使吴新智深刻体会到，研究问题必须综合考虑所能收集到的尽可能多的信息。50 年代初，吴新智参加了大连医学院教师必学课程——辩证唯物主义，增强了其遵循该思维方法观察事物和立身处世的意识。在采访中，吴先生还提到，导师吴汝康先生对其影响也非常大。吴汝康先生多次阐述和解释恩格斯关于过渡时期生物"亦此亦彼"的特性，主张从猿到人有一个"亦猿亦人"的漫长过程，人类的各个特征不同时出现，而是在过渡时期相继出现。所以观察到化石上，镶嵌地存在着原始和进步的形态特征。在直立人与智人之间存在这种现象，没有明确的分界。吴新智运用这种思维方式解决了不少看似无解的化石难题。

吴新智之所以能提出"多地区进化假说""中国古人类连续进化，附带杂交"和"网状进化模式"，除其他原因之外，是因为他有一个正确的思维方法。正如他曾提到"现代人起源要综合思考，不要以偏概全"[①]。他根据大量的化石提出："在进化的过程中有许多基因丢失，还有转移，很难判断现代人的基因能在多大程度上反映人类历史。"通过基因计算出的现代人最早出现的时间差别很大，很难确定哪个数据是正确的。从人类化石中能提取的古代 DNA 只占人体遗传物质的极少部分，据此推论人的历史必须很谨慎，包括有很大的不确定性；然而化石却能基本确切地反映当时当地古人的情况，但是往往难以获得完整的标本。在人类起源与进化的漫长过程中，人群有扩大、分裂、迁移和融合，也有灭绝。总之，不同地区人的各个性状发展不统一、不平衡，比人们预想的要复杂得多。任何一方面只能揭示一部分信息，只有多途径获得的原始信息都能兼容时，才可能

---

① 吴新智：研究现代人起源要综合思考，不要以偏概全.《大自然》，2008 年第 4 期，第 1 页。

更接近真实。

他在《中国古人类进化连续性新辩》中指出："时间是考虑进化问题不可须臾忘记的因素，在对不同时期人群的形态特征进行评估时应该怀着动态、发展的观点。"[1] 不应该用静止的观点要求近代人原封不动地保持着更新世人类的特征。要透过现象，看清本质，使人们的推论不断接近真理。

勇 于 实 践

吴新智多次指出，要重视第一手资料。人类学的研究工作与其他学科研究不同，不能只是埋首案头，还需要外出田野调查，发掘化石。重要的古人类发掘点他都亲自去考察。2003 年金昌柱在广西崇左发现了重要材料，尤其后来在智人洞发现了 10 万年前左右的下颌骨，包括牙齿等，吴新智亲自到现场考察。金昌柱在繁昌人字洞发掘，吴新智也都亲自去。2007 年，吴新智跟着科技部组织的代表团到南非考察古人类遗址，也都亲自去看。

他对前人和自己的研究成果一直是十分严谨和严肃的。对不符合科学的论著也是不容忍的，旗帜鲜明、立场坚定地表明自己的态度，绝不含糊，必要时发表文章或正式讲话予以驳斥。他从不迷信权威，总是独立思考，坚持真理，身体力行地为青年科技工作者做出榜样。

他牢记老所长周明镇院士的话："我的论文是经过香烟熏出来的。"意思是说论文应经过反复思考、反复琢磨、反复修改。吴先生对此很欣赏，严谨求实精神的形成也受周先生的影响。周先生还对吴先生提过一句名言，"有人怕内行，有人怕外行"，意指学者治学学风必须严谨。这对当前少数学者不顾质量、粗制滥造，单纯追求数量的浮躁风气也是一个警醒。虽然外行人会高估其成绩，但内行人会对此不屑一顾。吴先生时时以此警惕自己。

他常教育年轻人，要有文气，但不要有俗气，要有骨气，不要有傲气。[2] 他还对后生说：

---

[1]　吴新智：中国古人类进化连续性新辩。《人类学学报》，2006 年第 25 卷第 1 期，第 17-25 页。

[2]　吴新智访谈，2014 年 2 月 6 日，北京。资料存于采集工程数据库。

我还要说两条。当然最起码的是要爱国。第一，要守道德，道德不只是忠于国家，也要忠于科学。现在出现的科学不端的行为，都是不道德。第二，得要学科学，爱科学。研究科学不要急于求成，要一步一步走。运气好了会得到好的材料，加上勤奋的钻研、积极和正确的思考就能够迸出来好的新的想法或点子，这样就可以有比较多的成就；如果运气不好，没有得到好的材料也没关系，反正只要对得起科学的良心，这就行了。人这一辈子关键要对得起自己的良心。

我的人生感悟就是从周围的环境吸取正能量。周围环境很复杂，有各种各样的能量，吸取了正能量就能够把工作做得好一点；吸取负能量，当时可能占了便宜，但是最后归根到底还是要倒霉的。

还有一个，健康非常重要。你如果不健康，你爱国，你按照科学做事，结果什么都做不成。所以从这个意义上讲，健康还是第一。不应随心所欲，是需要用心经营的。[①]

吴新智院士把现在取得的成绩都看成是偶然的。他说："若被日本飞机炸死，若当时的学校有国民党的三青团组织，若父亲不到乐山，若1946年被别的医学院……这些都是偶然的机会。如果没有分配到大连，没遇上吴汝康教授，没有跟蒋景仪结婚（夫人的帮助非常大），女儿若不争气，夫妻闹矛盾等，也就不会有今天。人生的轨迹有很多料不到的地方。"他说自己没有显赫的家世，也没有超常的天赋，走上现在的道路确实有很多偶然。实际上，从另外一个角度上看，吴先生在性格上、品质上、方法上、作风上的出类拔萃，才能使这些成绩成为必然。[②]

诚如吴先生所感："我父母慈爱、文化程度不高、安于温饱的家境，铸就我性格温和、遇事不高求的心态。但我薄有天赋，不甘心随遇而安、虚度此生，牢记勤能补拙的格言，兢兢业业投入工作，走上一条碌碌终身、随遇而进、自得其乐的道路。而妻贤女孝、家庭和睦是我能平稳生活的有

---

① 中央电视台"科普中国·科技名家里程碑"节目：《吴新智院士：六十年磨一剑　探秘远古人类》。

② 吴新智访谈，2014年5月16日，北京。资料存于采集工程数据库。

力后盾。"

　　故事到这里就要告一段落了，但是吴新智勤勉上进的科研人生和科学报国的家国情怀，勇于探索，敢于坚持真理，严谨求实的精神正在影响着一代又一代的年轻科研工作者，也为建设世界科技强国提供源源不断的精神动力。[①] 他之所以能走到今天，实际上是既有偶然性也有必然性，是两者相结合的结果。

---

　　① 　中央电视台"科普中国·科技名家里程碑"节目：《吴新智院士：六十年磨一剑　探秘远古人类》。

附录一 我们眼中的父亲

父亲有三个女儿。我们家三姊妹小的时候和父亲的交流不算多，因为他一年总有几个月在出野外，又在周口店和"五七干校"都待了一阵，所以那时候我们只知道他是做研究古人类工作的，具体的就不清楚了。真正和父亲有些深入的交流还是这些年，可以坐在一起或在电话上聊聊家常。

父亲是个非常节俭的人，衣服很旧了也不让扔。吃东西更是凑合，他做的菜就是把盐、蔬菜等他认为需要的营养一锅烩，根本就和色香味不沾边。我们认为他没有味蕾，他说他有味蕾，只是不愿意为吃喝花太多时间。和他生活上的凑合形成鲜明对照的是他对科学研究的较真。

20 世纪 80 年代初，美国的沃尔波夫、澳大利亚的桑恩和父亲三人共同提出现代人"多地区进化假说"。在他们的假说与主流学说不同而遭受压制，支持者万马齐喑的时候，父亲是那个能够发出自己声音的少数。他不在乎他的观点是否时髦，是否得到多数人的支持，对他来讲科学的真相是最重要的。和"多地区进化假说"相反的是"夏娃理论"，也就是线粒体基因组的研究认为所有现代人都可以追溯到 20 万年前一个非洲妇女，而父亲手里的化石证据和这个理论是有矛盾的。在父亲上医学院的时候，现代的基因学说还没有出现在教科书里，为了搞清楚这个问题，他在 70 岁高龄又自学了分子生物学。他新获得的知识使他相信"多地区进化假说"

并没有错。之后他通过研究化石证据又进一步完善"多地区进化假说"，提出"连续进化附带杂交"学说，也就是多地间的基因交流。近年来，通过成功提取几万年前尼安德特人的部分基因已经证明，在现代人中含有尼安德特人的基因，而这些初步证据支持了父亲的学说。

他对我们说，工作对他来讲，年轻的时候还有养家的需要，中年的时候主要是事业，而中年以后就完全是兴趣了。我们每次回家探望，或电话问他在做什么，十之八九他在工作。他的生活规律，每天早饭后就一头扎进书房，对他来讲没有节假日没有周末。有一次，老二带着八九岁的儿子去古脊椎所的博物馆参观。当父亲为他外孙详细地讲解展品的时候，旁边有几个从山西来参观的大学生说，看来这位老先生是个行家，于是向他请教不懂的问题。无论老幼，只要和父亲讨论他的专业，他都会非常耐心、很有兴致、极其投入地为其讲解。同行的一个人看着父亲为几位大学生热心讲解感叹道：你父亲对他做的事情真是有兴趣啊。我们想父亲是幸运的，能把工作作为兴趣，爱好作为事业。

父亲也总说他是个幸运的人。但是运气常常是眷顾有准备的人。举两个例子，小时候，父母工作忙，老大、老二一直被父母放在幼儿园全托，每星期只在星期天被接回家。在我们片段的儿时记忆里，最多的镜头就是父母在那里读英文，背单词。我们也跟着稀里糊涂地学会了几个单词。十年"文革"多少人荒废了业务，父亲却一直坚持着他的学习。1978年刚刚改革开放，父亲给一个在北京医学院做讲座的英国教授当翻译。当时台下的听众里有人问父亲的同学，父亲是不是喝洋墨水的（在国外留学过）。他还自学了俄文、德文。有了法语广播讲座后他又一节不落地随着学法语。20世纪80年代法国邀请他去交流半年的时候，他已经可以和法国同行用法语交流了。这也潜移默化地培养了我们三姐妹爱学习、自立、进取的生活方式。父亲的幸运还包括了与母亲的结合。母亲要完成好自己的科研工作，很多年每周日都要去实验室做试验。孩子出生后她又全面地承担起了对孩子生活上、教育上的责任，使父亲可以没有后顾之忧，全身心地投入到他所钟爱的科研工作中。母亲是父亲事业上最坚实的后盾。

最近，正在读工程的外孙为满足人文课程的要求，选修了一门考古学。所选用的最新版的考古学教科书中，关于现代人类起源的部分列举多地区进化是现代人起源的两个主要理论之一。我们在那短短的几行字背后看到了父亲大半生的坚持与努力。

吴航　吴桢　吴东群

2014 年 4 月 20 日

附录二 吴新智年表

1928年

6月2日，出生于安徽合肥西大街（现安庆路）南侧河平桥西100米一个职员家庭。父亲吴鼎祥（字瑞庭）早年在鑫晶纱布号做学徒，后自营一家烟纸店兼兑换铜元，歇业不久进太平银行，旋即入上海商业储蓄银行做出纳，1953年上海商业储蓄银行并入中国人民银行。母亲蔡贤（原名蔡贤贞）幼年读过私塾，操持家务。兄妹六人，弟弟吴新国、吴新嘉，妹妹吴新清、吴新华、吴新芳。

1929年

弟弟出生，取名吴新基，后夭折。

1930年

妹妹吴新清出生，后在南京的学校学习助产士课程，学成后在江苏大丰县妇幼保健站做助产士。

1931年

弟弟吴新国出生，毕业于东北工学院，曾为浙江大学电机系教师，湖北建昌机四厂总工程师。

1932年

母亲用"字干"教识字。二妹吴新华出生，被送到王姓人家做童养媳。

1933年

跟着亲戚合伙聘请的家庭教师李斯民学习。

三妹出生，次年夭折。

1934年

秋，进入安徽合肥巫景云主办的私立河平桥小学读三年级，后改从二年级读起，课程有国文、算术、音乐和体育。

四妹出生，不久夭折。

1935年

河平桥小学三年级。

五妹吴新芳出生，送北郊农村郑家做童养媳。

1936年

河平桥小学四年级。

六妹出生。

1937年

秋，河平桥小学五年级。

下半年，日本侵略军轰炸合肥，举家搬至城南 90 里的三河镇汪家湾村。

1938年

春末至夏初，请奶妈将六妹带回乡下抚养，一年后被告知夭折。

母亲带着兄妹三人跟随四伯一家逃难到安徽六安城外。后合肥告急，与四伯一家坐汽车经潢川到信阳，再改乘火车到武昌，住湖边街二层楼房。

夏，从武昌乘英商太古公司吴淞号轮船到宜昌转乘民生公司民权号轮船，到重庆换乘民生公司民治号轮船至四川乐山。

9 月，在乐山插班入梁荣誉主办的私立乐嘉小学五年级，校舍在嘉州公园。

1939年

春，由府街搬至天棚居。

8 月，住处被日本侵略军飞机轰炸，全家幸免于难。

秋，搬至陕西街。

1940年

小学毕业，同时被省立中学（原为嘉属联立中学）和乐山县立中学录取，选择离家较近的乐山县立中学就读。学校为防日本侵略军空袭搬至北郊毛锅厂，租民房做校舍，住 30 多人大通铺的小寝室。

秋，银行为防轰炸在农村盖几间草房，便由陕西街搬至马蹄冲。

1941年

二弟吴新嘉出生，后为安徽合肥五金六厂工程师。

暑假后，转学到私立乐嘉中学（后改名为国立武汉大学附属中学），读初中二年级。被老师任命为小队长。

秋，由马蹄冲搬回陕西街。

1942年

秋，初中三年级。

1943年

在九龙巷读高中一年级。课程包括国文、英语、数理化。英语和国文每年都上，一年级学生物、代数，二年级学化学、几何和三角，三年级学物理、立体几何、解析几何。

1944年

高中二年级，自学高三的解析几何、三角、物理等课程，准备报考大学学医。

1945年

高中三年级，以吴新基名字考入武汉大学，进入法律系学习。开始高中、大学两边学习。

1946年

国立武汉大学附属中学毕业。

夏，父亲调往上海，全家坐船到重庆，居住枇杷山。不久，父亲奉调去上海总行，全家经贵州、湖南、武汉乘轮船到上海。

父亲由上海总行分配到南京下关办事处工作，居住热河路惠中旅馆。

1947年

夏，考入国立上海医学院学习医本科。学校经常在晚上举行临床病理讨论会，逻辑思维在讨论中得到训练。

1948年

南京解放前不久，父亲被调到南京珠江路办事处，家也搬至附近。

1949年

参加市社会运动，被选为本班的班代表。

被选为班长，直至 1951 年年初。

4 月 25 日，国民党进行校内大逮捕，去亲戚家避难。学校停课，成立学生福利会（也称应变会）。安排学生在宿舍门口值班，对国民党校内逮捕敲锣警报。

5 月 25 日，上海解放。

5 月 25—27 日，参加人民保安队，在犹太医院（现为上海眼耳鼻喉科医院）附近执勤，负责街面上的交通安全。

春，任学生福利会干事、级长。

1950 年

1 月 5 日—4 月 30 日，任上海沪郊血吸虫防治委员会 59 师医疗队预防员与化验员，受记功奖励。

3 月，在解放军 59 师师部，由吴纬介绍加入新民主主义青年团，先后担任小组长、副分支书、组委、副支书、班代表。

秋，任血吸虫防治委员会委员。

父亲被调到济南经二路纬二路上海银行。

1951 年

春，被选为学生会组织部长。

10 月，参加中共上海常熟区委主办的夜党校学习。

大学五年级，学习公共卫生课。

12 月 16 日，上海医学院内科（即上海红十字会第一医院）实习医师。实习至翌年 8 月。

1952 年

9 月初，从上海经济南至大连，在大连医学院参加中央卫生部高级师资进修班，跟随从美国学成归来的人类学教授吴汝康先生进修解剖学。

9 月，在辽宁大连加入中国解剖学会。

1953 年

8 月，高级师资进修班结业，任大连医学院助教，教人体解剖学（骨学）。

9 月 11 日，与高级师资进修班结业并留大连医学院工作的蒋景仪结婚。

冬，在大连医学院参加"速成班"，突击学习俄文。

1954年

7月，长女吴航（曾用名吴涵）出生。

12月，首篇科普文《脊椎动物的简单解剖法》在《生物学通报》发表。

1955年

11月，父亲突发脑卒中，医治无效去世。

吴汝康教授邀请做其助手，大连医学院因人手短缺未批准。

1956年

1月，国家号召"向科学进军"，中国科学院放宽研究生报考要求。

1957年

3月，考取中国科学院古脊椎动物研究所研究生，攻读化石人类学（人类起源和进化）专业，师从吴汝康教授研究古人类学。先研究西安半坡标本，该标本交颜訚先生并协助其研究后，独自研究山顶洞人，将其作为研究生毕业论文内容。

4月，次女吴桢出生。

8月，在北京周口店古脊椎动物与人类学培训班讲授人类学。

9月，在北京加入中国古生物学会。

1958年

"拔白旗"运动中，因一年前在大鸣大放帮助党整风时说过"教授治校可以试试"受波及被批评教育三个月，后协助贾兰坡发掘周口店。

7月，首部译著《从头骨复原面貌的原理》由科学出版社出版。

1959年

6月，协助吴汝康教授做北京猿人复原像。

12 月 21—24 日，在中国科学院举办中国猿人第一个头盖骨发现 30 周年纪念会上批评魏敦瑞关于山顶洞人属于不同民族的说法。

1960年

春，去广西为裴文中先生南下调查打前站。

1961年

5 月，陪同民主德国卡尔克（H. Kalke）教授去广西桂林和柳城巨猿洞考察。

6 月 2 日，通过研究生论文答辩，中国科学院批准留所工作。

9 月，研究生论文《周口店山顶洞人化石的研究》在《古脊椎动物与古人类》发表。

10 月，研究生毕业，任古脊椎动物与古人类研究所助理研究员。

1962年

3 月，到云南西双版纳勐腊调查野人。

12 月，《广西东北地区调查简报》在《古脊椎动物与古人类》发表，记录到荔浦、平乐等地调查化石经过。

1963年

12 月，《关于劳动、社会发生发展的问题——介绍苏联学术界关于这一问题的争论》在《古脊椎动物与古人类》发表，介绍苏联学术界关于劳动、社会发生发展问题的争论。

1964年

夏，去蓝田公王岭发掘，在平梁发现中国第一块早期手斧。

秋，开始整理地层资料和鉴定哺乳动物化石，撰写和发表发掘报告。

1965年

11月，与吴汝康共同完成《人体骨骼测量方法》一书，在科学出版社出版。

1966年

2月，《陕西蓝田公王岭猿人地点 1965 年发掘报告》在《古脊椎动物与古人类》发表，报告公王岭猿人地点的地层和哺乳动物化石的初步鉴定结果。

与宗冠福去山东新泰野外工作，获得一颗更新世晚期的人牙化石。

1967年

山西大同煤矿万人坑整理干尸。结束后回北京古脊椎动物与古人类研究所，有时参加批斗会。

1968年

在古脊椎动物和古人类研究所有时钻研业务，有时参加批斗会。

1969年

1月，三女儿吴东群出生。

3—4月，做毛主席像章。

4月，去湖北沙洋"五七干校"当"五七战士"，参加摘棉花等劳动。后血吸虫感染流行，参加血吸虫防治队。

1970年

夏，因尿血在"五七干校"油田医院治疗无效回北京，到中医医院治愈。

冬，参加周口店扩建工作，负责筹划、布展。

1971年

继续在周口店筹划布展。

在北京中国科学院古脊椎动物与古人类研究所自主学习。

1973年

7月，恢复出版《古脊椎动物与古人类》杂志，基本上恢复野外和室内工作。

9月，同吴汝康、孙文书、王儒林从河南省南阳药材仓库和西峡县药材仓库及药店"龙骨"中找到12枚人类牙齿化石。此后，与许春华在淅川县进行野外调查，并在几个地点做了发掘。

发掘元谋牛肩包遗址。

1974年

在三门峡兴安调查。

1975年

在《化石》上发表《关于早期人类历史阶段划分的问题——人的社会性不容忽视》，提出早期人类历史阶段划分问题。

1976年

8—11月，受邀参加山西省文管会（文物局前身）、临汾地区文化部门组建的考古发掘队，与张德光、王建、武文杰、白玉珍、解希恭、陶富海等对丁村54:100地点进行抢险发掘。发现一块儿童右顶骨化石。对与1954年发现的丁村遗址地点相对应的汾河西岸沿河地段进行调查，发现柴寺村南丁家沟（76006）、吉家沟（76007）、下尉门峪沟（76008）三个含旧石器地点，对76008地点进行试掘。

12月，筹办恩格斯"自然辩证法"关于劳动创造人的著作发表100周年纪念学术研讨会，发表中国古人类的综合研究，初步提出连续进化不排除基因交流的论断。

1977年

4月1日—5月25日，担任郧西白龙洞遗址发掘队领队，发现4枚古人类牙齿化石、大量古脊椎动物化石以及20余件疑似石制品。郧西成为继我国北京周口店、陕西蓝田、云南元谋、湖北郧县煤铺之后，第五个发现猿人化石的地点。

7月28日—8月29日，赴坦桑尼亚和肯尼亚考察并担任翻译，访问其国家博物馆、奥杜韦峡谷莱托里遗址等。

1978年

1月，与吴汝康、邱中郎、林圣龙合著的《人类发展史》在科学出版社出版。

3月，任古脊椎动物与古人类研究所副研究员、室主任。

9月，协助吴汝康教授指导1978级硕士研究生谢业琪、徐文龙。

10月，与中国科学院昆明动物研究所合著《长臂猿解剖》在科学出版社出版。

11—12月，偕同半坡博物馆周春茂、王宜涛、高强以及西北大学赵聚发等在大荔县段家公社解放村附近甜水沟人化石地点发掘，获得脊椎动物化石10余种及石制品181件。

1979年

美国学者沃尔波夫（M. H. Wolpoff）来所访问，向其介绍中国古人类连续进化的观点和证据。

12月，《长臂猿解剖》获云南省科技成果奖。

12月，论文《古人类学上的绚丽之花——记大荔人头骨化石的发现及其意义》在《化石》发表，指出大荔人头骨化石是我国完整的头骨化石中最古老的，又是古老的人头骨化石中最完整的，对研究我国古人类进化价值重大。

1980年

5—6月，访问美国纽约自然历史博物馆、耶鲁大学、哈佛大学、密歇根大学、加州大学等。

7月14日，由吴汝康、李全刚介绍加入中国共产党，翌年转正。

1981年

2月，论文《陕西大荔县发现的早期智人古老类型的一个完好头骨》在《中国科学》发表。

1982年

协助吴汝康先生创立国内核心期刊《人类学学报》并任副主编。

4—6月，美国密歇根大学人类学教授沃尔波夫访华，赞同关于东亚地区古人类演化连续性的观点。

7月6日，接待日本埴原和郎来访。

7月，论文《中国汉族髋骨的性别差异和判断》在《人类学学报》发表。

10月16—21日，访问法国巴黎古人类研究所、人类博物馆等并合作研究陶塔维人。在尼斯举行的古人类学大会上与吴汝康合做题为"陶塔维人与中国直立人和早期智人比较"的学术报告。

1983年

2月7日，参加并主持香港历史博物馆古人类展览开幕式。

3—9月，赴纽约与美国密歇根大学沃尔波夫教授合作研究现代人起源的多地区进化学说。

4月6—9日，出席在美国印第安纳州的印第安纳波利斯举行的美国体质人类学1983年学术年会并报告中国人类学研究近况。

9月，任副所长，先后分管业务和人事。

1984年

与沃尔波夫、桑恩共同提出的"现代人起源多地区进化假说"正式发表，成为当今关于现代人起源争论两大学说之一。

3—5 月，赴澳大利亚国立大学合作研究库布尔溪人，《中国人与澳大利亚人的颏孔高度》《澳大利亚库布尔溪更新世人骨的颏孔高度》《中国旧石器时代人类及其邻区人群的关系》先后在《人类学学报》发表。

11 月，与吴汝康、张振标合著的《人体测量方法》在科学出版社出版。

12 月—1985 年 1 月，参加中国科学院古脊椎动物与古人类研究所与日本东京大学人类学系联合组成的海南岛少数民族人类学考察团考察海南岛黎族苗族自治州的各有关地区情况。

1985年

《中国古人类的年代学》《中国早期智人》《中国旧石器时代晚期与新石器时代之人骨》载入吴汝康等编《中华人民共和国古人类学和旧石器时代考古学》。

独立指导硕士生吴乐斌。

5 月，在周口店培训班讲课。

1986年

6 月，被中国科学院聘为研究员，经教育部审批成为博士生导师。

兼任广西医科大学名誉教授。

访问美国自然博物馆。

9 月 1—6 日，参加英国南安普敦举行的世界考古学大会。

10 月 22 日，当选中国解剖学会第六届理事会常务理事。

10 月 29 日，访问日本。11 月 2—4 日，在日本福冈参加日本人类学及民族学联合学术年会并做题为"关于中国人类进化的报告"的报告，会后访问东京大学与九州大学。

1987年

1 月，在香港大学参加第二届东亚古环境学术讨论会并主持古人类的专题会议，做了题为"近年来中国古人类研究综述""晚更新世期间东亚和澳大利亚之间的古人类迁徙活动"的学术报告。

参与制定中华人民共和国国家标准 GB 10000—88《中国成年人人体尺寸》，并任领导小组副组长。

4 月，主张元谋"东方人"和"蝴蝶人"是古猿，不是人。

比较中国和欧洲的人类化石后，提出中国与欧洲尼人世系基因交流的证据，将中国人类进化归结为"连续进化间以杂交的模式"。

10 月，任中国解剖学会常务理事、人类学专业委员会副主任。

1 月，赴美国波士顿展览。

5 月 24—28 日，出席在美国缅因州奥罗诺（Orono）的缅因大学召开的人类在美洲扩布过程的第一次世界高层会议并做学术报告。

9 月，与吴汝康、张森水主编的《中国远古人类》在科学出版社出版。

10 月，赴日本考察东京大学总资料馆（博物馆）和人类学系。

提出直立人与智人之间存在形态镶嵌，表明二者间无分明的界限，直立人没有灭绝。

9 月 25—29 日，参加"日本作为亚太地区人群之一员"的国际科学讨论会。

10 月，任中国解剖学会副理事长。

11 月 14—17 日，应邀出席在日本京都召开的"亚洲现代人的进化与分布"国际科学讨论会，会后接受《朝日新闻夕刊》专访。

12 月，被评为中国科学院优秀研究生导师。

6 月，赴德国汉堡人类学研究所访问，合作研究《中国和非洲古老智人颅骨特征比较》在德文杂志上发表。

6 月，《中国远古人类》研究获中国科学院自然科学奖一等奖。

8 月 2—9 日，在北京参加第十三届国际第四纪研究会。

9 月，以第 3 完成人身份著作的《灵长类形态研究》获国家科技成果完成证书。

10 月，享受国务院颁发的政府特殊津贴。

1992年

5 月 6—8 日，访问韩国出席中韩第四纪学术研讨会并在延世大学解剖系做"中国古人类体质特征"的报告。

6—7 月，赴西班牙阿塔普尔卡参加学术会议。

论文《东亚和南亚结构学现代人的起源和扩布》以英文出版并附日文摘要。

1993年

12 月 14—17 日，出席在日本京都举行的关于现代人起源的国际学术会。

1994年

1 月，赴泰国合作研究，出席在泰国举行的印度洋—太平洋史前学分会第 15 届大会并做了"中国古人类镶嵌进化"的报告。

8 月，独自指导博士生刘武。

与吴汝康共同编写的《中国人类化石志》在比利时布鲁塞尔正式出版。

10 月 20 日下午，出席温家宝同志参观古脊椎动物研究所召开的座谈会。

1995年

1 月 3—7 日，在香港参加第四届东亚古环境国际会议，并做题为"Origin of Modern Humans"的学术报告。

7 月，应邀赴南非约翰内斯堡大学拍摄人类起源的电视片。

8 月，与美国学者波里尔（F. E. Poirier）合作在牛津大学出版社出版 *Human Evolution in China*，总结中国人类进化。

10 月 23 日—12 月 7 日，担任三峡工程淹没区旧石器时代考古培训班主讲教师。

11 月，在南非会见著名人类学家玛丽·利基（Mary Leakey）。

1996年

3 月 21—23 日，在日本京都府相乐郡木津町出席 1996 年第一次国际科学研讨会，题为"现代人的起源和过去——朝向和解"，做了"多地区进化理论的新证据"的报告。

9 月 25—28 日，出席在日本京都举行的关于日本人起源的第 11 届国际学术讨论会并做评述性发言。

1997年

在英文版《百科全书》体质人类学历史部分介绍中国体质人类学。

1998年

经过 20 多年酝酿，正式提出了中国古人类"连续进化附带杂交"的假说，增加"网状"两个字，形容进化结构。

11 月，任中国解剖学会名誉理事长。

1999年

1 月 15 日，综合分析有关文献，利用以色列与美国学者 1998 年在《科学》上发表的数据，论证周口店洞内用火遗迹是在洞内生成，*Investigating the possible use of fire at Zhoukoudian*，*China* 及对卫纳等人的评论在《科学》上发表。

受吴汝康委托主持南京直立人化石研究。

学习分子生物学知识，思考现代人起源两大假说协调之道。

10 月，当选中国科学院院士。

10 月，与吴汝康合作在上海科技教育出版社出版《中国古人类遗址》。

12 月，与吴汝康、张森水主编的《中国远古人类》获首届郭沫若中国历史学奖二等奖。

12 月，被科学技术部、中共中央宣传部、中国科学技术协会评为"全国科普工作先进工作者"。

2000年

1 月，陪同中国科学院院长路甬祥赴埃及开罗考察。

2 月，论文《巫山龙骨坡似人下颌属于猿类》在《人类学学报》发表，详细论证巫山猿人应属于古猿。

5 月，赴瑞典参加皇家科学院组织的人类起源科学讨论会。

6 月，在院士大会做报告，讲稿发表在《世界科技研究与进展》2000 年 12 月刊。

12 月，在上海为国家自然科学基金会与第四纪委员会合办的 21 世纪发展战略研讨会做报告，为安徽大学做学术报告。

担任中国《大百科全书》新版人类学卷主编。

加入中国古脊椎动物学会并应邀做报告。

12 月，在中国科学院研究生院和北京大学讲授古人类学。

2001年

7 月，论文《中国古人类是怎么进化的？》发表在《科学中国人》，系统地提出中国古人类连续进化理论，提出中国古人类进化像河网。

10 月，赴香港参加地质所主办的国际古环境大会，应邀做主旨报告。

2002年

1 月，作为"解读生命丛书"总主编并且执笔编写其中一本《人类进化足迹》一书，在北京教育出版社、北京少年儿童出版社出版。

8 月，任第四纪研究会学术年会召集人并做学术报告。

12 月，与吴汝康、李星学、穆西南合作南京直立人化石的研究报告——《南京直立人》，在江苏科学技术出版社出版。

2003年

1月，任《人类学学报》主编。

3月，论文《中国古人类进化假说新证据》在《科学》发表，指出南京汤山直立人头骨为中国古人类进化假说提供新证据。

8月4—9日，担任国际灵长类学会第19届大会两主席之一，并做题为"Fossil humankind and other anthropoid primates of china"的学术报告。

8月20—24日，出席在四川省都江堰市召开的第八届全国第四纪大会并做了"关于东亚古人类进化模式的阐述"的报告。

9月19—23日，在银川出席纪念水洞沟遗址发现80周年国际学术研讨会。

9月，主编的"解读生命丛书"获国家图书奖、"五个一工程"奖、全国优秀科普作品奖一等奖、北京市优秀科普作品奖最佳奖。

9月，为中国科学院研究生院讲授古人类学。

11月28日，被中山大学聘为岭南考古中心顾问。

2004年

1月，在日本九州召开的学术研讨会上做报告。

9月，在吉林讲古人类学。

10月19日，在北京召开的纪念裴文中百年诞辰暨北京猿人第一块头盖骨发现75周年国际古人类学学术研究会上做"75年的回顾"报告。

11月，在安徽省古生物学会和中国科技大学做学术报告。

在中央电视台、香港卫视及法国唐氏中文电视台做科普节目。

2005年

4月，任中国古生物学会荣誉理事。

5月，出席元谋猿人化石发现40周年纪念会并做学术报告。

8月，在马来西亚科学大会"考古学在民族形成中的意义"学术研讨会上做报告。

10 月，在上海复旦大学做报告，并被聘为复旦大学现代人类学研究中心兼职教授。

10 月，在厦门中国人类学会为迎接 2008 年中国昆明举行的世界人类学与民族学大会举行的学术年会上做报告，在厦门大学参加"南强讲座"。

11 月，论文《与中国现代人起源问题有联系的分子生物学研究成果的讨论》发表在《人类学学报》，根据 Y 染色体一些基因的分析认为中国的古老人类被来自非洲的现代人完全替代的推论不能成立。

11 月 20 日，《人类进化足迹》获国家科学技术进步奖二等奖。

12 月，在广西百色举行"百色盆地旧石器暨旧大陆早期人类迁徙与演化"国际学术研讨会做学术报告。

2006年

1 月，任攀登学者专项及"973"项目"地史时期海陆生物多样性的演变"专家组专家。

2 月，论文《中国古人类进化连续性新辩》在《人类学学报》发表，提出铲形门齿结构、头骨正中矢状突隆、下颌圆枕、夹紧状鼻梁和第三臼齿先天性缺失等现象增强多地区进化说的说服力。

6 月 15 日，在中国社会科学院研究生院举办的"中国人的由来"的学术讲座上做报告。

8 月，在北京昌平为航天夏令营做"关于人类起源"的科普报告。

8 月 13 日，参加内蒙古自治区鄂尔多斯市乌审旗萨拉乌苏遗址国际研讨会，在开幕式和闭幕式上讲话。

10 月，在江苏南京参加第四纪研究委员会成立 40 周年纪念会。

11 月，在福建三明参加中国古脊椎动物学学会会议。

12 月，为教育部中学师资培训班、深圳大学、北京大学深圳研究生院、深圳职业学校做科普报告。

4月26日，接受腾讯网访谈。

7月，为吴汝康、吴新智和林圣龙翻译的理查德·利基《人类起源》写再版前言。

9月，指导博士后张全超。

10月12—25日，赴南非考察。

12月，《南京直立人》获第三届郭沫若中国历史学奖三等奖。

1月，参加鉴定"许昌人"，认为"许昌人"为现代人类起源研究提供了新线索。

5月10日，中国科学院研究生院授予"杰出贡献教师"称号。

5月，著作《人类进化足迹》在凤凰出版传媒集团、江苏人民出版社再出版。

首次提出研究现代人起源要遵循的思维方式：综合思考，不能以偏概全。

4月1日，在中国科学院基因组研究所发表讲演。

5月，参加香山会议。

5月16日，为北京市科协主办的"首都科学讲堂"和"纪念达尔文诞辰200周年"做报告。

7月28日，在昆明第16届人类学与民族学世界大会做大会学术报告。

8月，论文《大荔颅骨的测量研究》在《人类学学报》发表，将大荔颅骨测量数据与中国、欧洲和非洲中更新世人类数据比较，得出大荔人群属于中国古人类连续进化链中一员，并且表现出中国古人类与欧洲和非洲古人类之间基因交流的形态证据。

9月，指导最后一名硕士研究生崔娅铭。

9月，指导博士后杜靖。

10 月，主编《科学通报》第 54 卷第 19 期"古人类学与史前考古研究专栏"。

10 月 20 日，在古脊椎动物与古人类研究所 80 周年大会上发言——"大荔颅骨的测量研究"。

10 月 27 日，在新闻发布会上宣布距今约 11.1 万年的早期智人（现代人）下颌骨在崇左市江州区木榄山智人洞内被发现，为探索东亚现代人的起源提供了新证据。成为 2010 年中国科学十大进展之一。

11 月 22 日，为古动物馆等纪念达尔文诞辰 200 周年做科普讲演。

12 月 11 日，在北京大学生物信息中心做"关于人类起源"的讲演。

2010年

6 月 15—17 日，出席在湖北郧县召开的"郧县人"头骨化石发现 20 周年国际学术研讨会。

6 月 19 日，到湖北省郧西县考察白龙洞、黄龙洞两处古人类遗址的保护和挖掘工作。

2011年

7 月 20 日，在《我们的祖先是谁？》中总结人类进化的过程。

11 月 1—4 日，参加安徽和县猿人遗址研究与保护研讨会。

2012年

3 月，夫人去世。

11 月，在北京交通大学"院士校园行"名师讲坛暨中国科学院地学部科研诚信进校园做宣讲报告。

11 月，在北京 101 中学参加教育部、中国科学技术协会、周凯旋基金会举办的"第十二届小小科学家"奖励活动。

11 月 6 日，在西安电子科技大学给 1700 多名师生做"科学道德和学风建设"宣讲报告，并被选为"西安电子科技大学科学道德和学风建设宣讲团特聘导师"。

2013年

9月10日，中国科学院大学地球科学学院授予"杰出贡献教师"称号。

10月12日，出席北京"21世纪中国人类学发展高峰论坛"并做"多学科交叉研究和科研增长点"的报告。

11月2日，出席在安徽和县猿人遗址研究与保护学术研讨会，并做报告。

11月17日，出席上海人类学学会成立三十周年国际学术研讨会暨第三届复旦大学人类学日，被上海人类学学会授予2013年度人类学终身成就奖——金琮奖，表彰对中国乃至世界古人类学研究的杰出贡献。

11月18日，访问同济大学。

11月22日，访问安徽博物馆。

11月26日，访问重庆师范大学，并做"人类的起源"学术报告。

12月，应牛津大学出版社邀请为《百科全书》编写中国的人类起源。

2014年

5月17—18日，在北京周口店参加第一块"北京猿人"头盖骨化石发现85周年纪念活动。

5月20—22日，参观山西丁村民俗博物馆，给丁村博物馆工作人员做"我们从哪里来"的科普报告，并到丁村人遗址考察。

5月23—25日，考察陕西蓝田公王岭、大荔人遗址。

7月10—13日，访问大连医科大学，给全校师生做"现代人起源"的报告。

10月20—23日，在北京古脊椎动物与古人类研究所参加纪念"北京猿人"第一块头盖骨发现85周年暨国际古人类学术研讨会，做"大荔人在人类进化中的位置"的报告。

11月5—7日，到河南灵井考察许昌人头骨。

2015年

1月28日，《吴新智　中国人从哪里来（上）》在CCTV《大家》栏目中播出。

　　2月4日，《吴新智　中国人从哪里来（下）》在CCTV《大家》栏目中播出。

　　3月23日，为采集小组补充介绍材料。

　　6月2日，采集小组向吴新智赠送采集过程中编写的《吴新智院士选集》和《重返故地——记采访路上的吴新智院士》《踏遍青山人未老——吴新智院士的科技生涯》两本画册以及光盘，以此祝贺生日。

　　11月，出席安徽东至县东至人类考古化石新闻发布会。

2016年

　　6月2日，出席院士大会，院士工作局为其祝米寿，地学部78名院士当场在贺卡上签名祝生日快乐。

　　9月，出席在安徽合肥举行的中国化石保护基金会召开的学术报告会并做了报告。

2017年

　　8月13日，在中央电视台《百家讲坛》栏目中主讲《人类的起源》。

　　11月24日，新华网"科普中国·科技前沿大师谈"播放吴新智的《认识人类古生物学》。

　　29日，新华网播放吴新智主讲的《人类从何而来》。

　　12月26日，吴新智、徐欣著《探秘远古人类》被科技部评为全国优秀科普作品。

2018年

　　5月22日，接受法国《科技与未来》杂志记者采访，谈人类起源问题。

　　8月24日—9月12日，因肺炎住院。

　　10月11日，在北京周口店出席纪念周口店遗址发现100周年暨史前文化遗产保护与可持续发展国际研讨会并做"周口店遗址在古人类学中的位置"的报告。

11 月 3 日，在中国科学院为古动物馆组织的第一届科学节做科普报告。

12 月 25 日，接受《科普日报》采访。

在中央电视台科教频道《百年地理大发现》节目播放 8 集吴新智做的《我们的祖先》。

2019年

3 月 22 日，在北京中国人民大学附中实验小学做"人类起源"的科普报告。

2020年

10 月,《大荔中更新世人类颅骨》由科学出版社出版。

附录三
吴新智主要论著目录

[1] 吴新智, 毕初珍. 灵长类恒齿的出牙顺序 [J]. 古脊椎动物与古人类, 1959, 1（2）: 92-93.

[2] 吴汝康, 吴新智, 王存义. 中国猿人女性头像的复原 [J]. 古脊椎动物与古人类, 1959, 1（3）: 147-150. [Woo R K, Wu X Z, Wang C Y. New reconstruction of physiognomy of Sinanthropus woman [J]. Pal Asiatica, 1959, 3（3）: 165-166.]

[3] 吴新智. 山顶洞人的种族问题 [J]. 古脊椎动物与古人类, 1960, 2（2）: 141-148.

[4] 颜䦅, 吴新智, 刘昌芝, 等. 西安半坡人骨的研究 [J]. 考古, 1960（9）: 36-47.

[5] 吴新智. 非洲新发现的"东非人"化石 [J]. 古脊椎动物与古人类, 1961（2）: 168-171.

[6] 吴新智. 周口店山顶洞人化石的研究 [J]. 古脊椎动物与古人类, 1961（3）: 181-231.

[7] Wu X Z. On the racial types of the Upper Cave Man of Choukoudian [J]. Scientia Sinica, 1961, 10（8）: 998-1005.

[8] 吴新智, 赵资奎, 袁振兴, 等. 广西东北地区调查简报 [J]. 古脊椎

动物与古人类，1962，6（4）：408–413.

［9］吴新智，张银运. 关于劳动、社会发生发展的问题［J］. 古脊椎动物
与古人类，1962，7（4）：370–375.

［10］吴新智，袁振新，韩德芬，等. 陕西蓝田公王岭猿人地点1965年发
掘报告［J］. 古脊椎动物与古人类，1966，10（1）：23–29.

［11］吴新智，宗冠福. 山东新太乌珠台更新世晚期人类牙齿和哺乳动物
化石［J］. 古脊椎动物与古人类，1973，11（1）：103–106.

［12］吴新智. 广东增城金兰寺遗址新石器时代人类头骨［J］. 古脊椎动物
与古人类，1978（3）：201–204.

［13］吴新智，张银运. 中国古人类综合研究［M］// 古脊椎动物与古人
类研究所. 古人类论文集. 北京：科学出版社，1978.

［14］吴新智，邱中郎. 中国古人类及其年代［M］// 古脊椎动物与古人
类研究所. 古脊椎动物、古人类及古文化古环境. 北京：科学出版
社，1978.

［15］吴新智，尤玉柱. 大荔人遗址的初步观察［J］. 古脊椎动物与古人
类，1979，17（4）：294–303.

［16］吴新智，周春茂. 大荔人及其文化［J］. 考古与文物. 1979创刊号：
2–6.

［17］吴汝康，吴新智. 中国古人类学研究近貌［M］// 自然杂志年鉴.
上海：上海科学技术出版社，1979：1.43–1.47.

［18］吴新智. 陕西大荔县发现的早期智人古老类型的一个完好头骨［J］. 中
国科学，1981（2）：200–206.［Wu X Z. A well preserved cranium of archaic
type of early Homo sapiens from Dali, China［J］. Scientia Sinica，1981，24
（4）：530–543.］

［19］吴新智. 古人类学［M］// 自然科学年鉴. 上海：上海科学技术出
版社，1982：2.86–2.89.

［20］吴新智，邵兴周，王衡. 中国汉族髋骨的性别差异和判断［J］. 人类
学学报，1982（2）：118–131.

［21］吴汝康，吴新智. 河南淅川的人类牙齿化石［J］. 古脊椎动物与古人

类，1982，20（1）：1-9.

[22] Wu R K, Wu X Z. Comparison of Tautavel Man with Homo erectus and early Homo sapiens in China [C] //1er Congres International de Paleontologie Humaine, Nice: Louis-Jean, 1982（2）: 605-616.

[23] 吴新智. 关于旧石器时代的考古工作 [J]. 四川文物，1984,（3）: 14-17.

[24] 吴新智. 澳洲人、黑种人和白种人头骨观察 [J]. 解剖学通报，1984（增刊）: 7.

[25] 吴新智，张振标，丁细凡. 锁骨的年龄变化 [J]. 人类学学报，1984，3（1）: 30-31.

[26] 吴新智，张振标，张建军. 柳江化石智人的身高 [J]. 人类学学报，1984，3（3）: 210-211.

[27] Wu R K, Wu X Z. Hominid fossils from China and their relation to those of neighboring regions [M] //Whyte P, et al. The Evolution of the East Asian Environment. Hong Kong: Centre of Asian Studies, University of Hong Kong, 1984: 787-795.

[28] Wolpoff M H, Wu X Z, Thorne A G. Modern Homo sapiens origins: a general theory of hominid evolution involving the fossil evidence from East Asia [M] //Smith F H, Spencer F. The Origin of Modern Humans: A World Survey of the Fossil Evidence. New York: Liss, 1984: 411-483.

[29] Wu X Z, Wang L H. Chronology in Chinese Palaeoanthropology [M] // Wu R K, Olsen J W. Palaeoanthropology and Palaeolithic Archaeology in the People's Republic of China. Orlando: Academic Press, Inc., 1985: 29-51.

[30] Wu X Z, Wu M L. Early Homo sapiens in China [M]. Ibid, 1985: 91-106.

[31] Wu X Z, Zhang Z B. Homo sapiens remains from Late Palaeolithic and Neolithic in China [M]. Ibid, 1985: 107-133.

[32] 陈德珍，吴新智. 河南长葛石固早期新石器时代人骨的研究 [J]. 人类学学报，1985，4（3）: 205-214.

［33］陈德珍，吴新智. 河南长葛石固早期新石器时代人骨的研究（续）［J］. 人类学学报，1985，4（4）：314-323.

［34］吴新智. 中国古人类研究的历史与现状［J］. 日本别府大学亚细亚研究所报，1986（5）：1-8（日文）.

［35］Wu X Z. Upper Palaeolithic man in China and his relation with populations of neighboring areas［M］//Department of Archaeology, University of Southampton. The Pleistocene Perspective.Vol.1. Southampton：Allen and Unwin，1986：1-19.

［36］吴新智，魏锡云. 中国人与澳大利亚人的颏孔高［J］. 人类学学报，1986，5（2）：128-129.

［37］吴新智，Brown P. 澳大利亚库布尔溪更新世人骨的颏孔高度［J］. 人类学学报，1986，5（4）：314-316.

［38］吴新智. 中国晚旧石器时代人类与其南邻（尼阿人及塔邦人）的关系［J］. 人类学学报，1987，6（3）：180-183.

［39］吴新智. 中国化石人类对澳大利亚人类进化的影响［M］// 中国澳大利亚第四纪学术讨论会论文集. 北京：科学出版社，1987：246-250.

［40］吴新智. 中国与日本旧石器时代晚期人类的关系［J］. 人类学学报，1988，7（3）：235-238.

［41］吴新智. 中国和欧洲早期智人的比较研究［J］. 人类学学报，1988，7（4）：287-293.

［42］吴新智. 马坝人在人类进化中的地位［M］// 广东省博物馆和曲江县博物馆. 纪念马坝人化石发现三十周年文集. 北京：文物出版社，1988：3-7.

［43］吴新智. 中国体质人类学的现状和展望［J］. 中国解剖学会会讯，1988（4）.

［44］Wu X Z.China report—Palaeoanthropology［M］//Whyte P，et al. The Palaeoenvironment of East Asia from Mid-Tertiary，Proceedings of the Second Conference. Vol.2. Hong Kong：University of Hong Kong，1988：971-980.

［45］Wu X Z. Human migration in East Asia and Australia during the Late Pleistocene［M］//Whyte P，et al. The Palaeoenviroment of East Asia from Mid-Tertiary，Proceedings of the Second Conference. Vol.2. Hong Kong：University of Hong Kong，1988：1069-1075.

［46］吴新智，赵忠义. 马坝人头像复原［M］//广东省博物馆和曲江县博物馆. 纪念马坝人化石发现三十周年文集. 北京：文物出版社，1988：43-44.

［47］吴新智. 中国的早期智人［M］// 吴汝康，吴新智，张森水. 中国远古人类. 北京：科学出版社，1989：24-41.

［48］吴新智. 云南元谋近年发现的古猿化石［M］// 吴汝康，吴新智，张森水. 中国远古人类. 北京：科学出版社，1989：266-267.

［49］吴新智. 论中国古人类的连续发展［M］// 田昌五，石兴邦. 中国原始文化论集. 北京：文物出版社，1989：27-34.

［50］吴新智. 中国远古人类的进化［J］. 人类学学报，1990，9（4）：312-321.

［51］Wu X Z. Human evolution and dispersal in East Asia［M］//Institute of Vertebrate Paleontology and Paleoanthropology. Contributions to the XIII INQUA.Beijing：Beijing Publishing House of Science，1991：15-20.

［52］Wu X Z. Fossil humankind of China［M］//Liu T S. Quarternary Geology and Environment in China. Beijing：Science Press，1991：129-135.

［53］Wu X Z.Continuité évolutive des hommes fossiles Chinois［M］// Hublin J J, Tillier M A. Aux Origins d' Homo sapiens. Paris：Presses Universitaires de France，1991：157-159.

［54］吴新智. 简论中国人类进化的连续性与扩布［J］. 广东文博，1991（1-2）：4-7.

［55］Wu X Z. Origins and affinities of the stone age inhabitants of Japan［C］// Japanese As a Member of the Asian and Pacific Populations，International Symposium 4. Kyoto：International Research Center for Japanese Studies，1992：1-8.

[56] 吴新智. 古人类学 [M] // 自然科学年鉴. 上海：上海翻译出版社，1992.

[57] 吴新智. 黄种人祖先的探讨 [C] // 北京解剖学会四十周年论文集. 北京：北京解剖学会，1992：26−27.

[58] Wu X Z. Origin of Homo sapiens in China [C] //Korea Anthropology Institute，et al. Korea−China Quarternary Prehistory Symposium. Seoul，1992：106−111.

[59] Wu X Z. The origin and dispersal of anatomically modern humans in East Asia and Southeast Asia [M] //Akazawa T，Aoki K，Kimura T. The Evolution and Dispersal of Modern Humans in Asia. Tokyo：Kokusen−sha，1992：373−378.

[60] Wu X Z，Bräuer G.Morphological comparison of archaic Homo sapiens crania from China and Africa [J]. Zeitschrift für Morphogoie und Anthropologie，1993，79（3）：241−259.

[61] 吴新智. 中国和非洲古老智人颅骨特征的比较 [J]. 人类学学报，1994，13（2）：93−103.

[62] Wu X Z. New advances on the origin of anatomically modern humans in East Asia [C] //Abstracts，XIV Federative International Congress of Anatomy（Lisbon）. Department of Anatomy and of Histology and Embryology，New University of Lisbon，Faculty of Medical Sciences，1994：211.

[63] Wu X Z. Pleistocene peoples of China and the peopling of the Americans [C] // Bonnichsen R，Steele D C. Methods and Theory for Investigating the Peopling of the Americans.Oregon：Center for the Study of the First Americans，Oregon State University，Corvallis，1994：73−78.

[64] Wu X Z.The continuity of human evolution in East Asia [M] //Brenner S，Hanihara K. The Origin and Past of Modern Humans as Viewed from DNA. Singapore：World Scientific Publishing Co.，1995：267−282.

[65] Wu X Z. Morphological comparison between human skulls of middle

Pleistocene from China and Europe［M］//Bermudez, et al. Evolucion Humana En Europa y Los Yacimientos De La Sierra De Atapuerca. Vol.1. Junta de Castilay Leon Consejeria de Cultura y Turismo, 1995: 243-248.

［66］Wu X Z, Poirier F E. Human Evolution in China［M］//A Metric Description on Fossils and a Review the Sites. New York: Oxford University Press, 1995: 1-317.

［67］吴新智. 关于东亚现代人起源的问题［C］//中国考古学会, 山西省考古学会, 山西省考古研究所. 汾河湾: 丁村文化与晋文化考古学术研讨会文集, 1996: 22-25.

［68］Wu X Z. The mosaic evolution of humankind in China［C］//Glover I C, Bellwood P. Bulletin of the Indo-Pacific Prehistory Association 15, Indo-Pacific Prehistory, The Chiang Mai Papers Vol.2. 1996: 225-228.

［69］Wu R K, Wu X Z. China, Hominid Remains An Up-date［M］//Orban R, Roels D. Bruxelle: Lab. Anthropology and Human Genetics, Universilé Libre Bruxelles, Belgium, 1994: 1-105.

［70］吴新智. 柳江化石人髋骨的性别判断［J］. 人类学学报, 1997, 16（2）: 107-111.

［71］Wu X Z. On the descent of modern humans in East Asia［M］//Clarke G A, Willermet C M. Conceptual Issues in Modern Human Origin Research. New York: Aldine de Gruyter, 1997: 283-293.

［72］Wu R K, Wu X Z. China［M］//Spencer F. History of Physical Anthropology An Encyclopedia.Vol.1. New York: Garland Publishing, Inc., 1997: 73-282.

［73］吴新智. 中国人远古来源的探讨［M］//周光召. 科技进步与学科发展（下册）. 北京: 中国科学技术出版社, 1998: 814-817.

［74］吴新智. 人类起源研究新进展［M］//张焘. 科学前沿与未来. 北京: 科学出版社, 1998: 161-181.

［75］吴新智. 从中国晚期智人颅牙特征看中国现代人起源［J］. 人类学学报, 1998, 17（4）: 276-282.

［76］吴新智. 应严肃对待前人和自己的科研成果（关于周口店第一地点用火证据的评论）［J］. 人类学学报，1998：322-324.

［77］Grün R，Huang P H，Wu X Z，et al. ESR analysis of teeth from paleoanthropological site of Zhoukoudian，China［J］. Journal of Human Evolution，1998，32（1）：83-91.

［78］Wu X Z. Investigating the possible use of fire at Zhoukoudian，China［J］. Science，1999：283-299.

［79］吴新智. 中国古人类化石研究对古人类学的贡献［J］. 第四纪研究，1999（2）：97-105.

［80］吴新智. 廿世纪的中国人类古生物学研究与展望［J］. 人类学学报，1999，18（3）：165-175.

［81］吴新智. 巫山龙骨坡似人下颌属于猿类［J］. 人类学学报，2000，19（1）：1-10.

［82］Wu X Z. Longgupo mandible belongs to ape［J］. Acta Anthropologica Sinica，2002，21（s）：19-24.

［83］吴新智. 古人类学研究进展［J］. 世界科技研究与发展，2000，22（5）：1-6.

［84］席焕久，吴新智. 中国人类学的发展——庆祝中国解剖学会成立80周年［C］// 中国解剖学会. 中国解剖学八十年. 2000：40-46.

［85］刘东生，施雅风，王汝建，等. 以气候变化为标志的中国第四纪地层对比表［J］. 第四纪研究，2000，20（2）：108-128.

［86］吴新智. 对21世纪发展中国人类起源研究的若干建议［J］. 第四纪研究，2001，21（3）：233-238.

［87］吴新智. 人类起源回顾与中国古人类学展望［J］. 地球科学进展，2001，16（5）：629-633.

［88］周文莲，吴新智. 现代人头面部某些特征的横断栅相位法测量研究［J］. 人类学学报，2001，20（2）：81-92.

［89］周文莲，吴新智. 现代人头面部几项非测量性状的观察［J］. 人类学学报，2001，20（4）：288-294.

［90］吴新智，尚虹. 中国直立人变异的初步研究［J］. 第四纪研究，2002，22（1）：20-25.

［91］吴汝康，张银运，吴新智. 南京直立人1号头骨［M］//吴汝康，等. 南京直立人. 南京：江苏科学技术出版社，2002：361-273.

［92］尚虹，吴新智，张振标，等. 南京直立人1号头骨古病理学的初步探讨［M］//吴汝康，等. 南京直立人. 南京：江苏科学技术出版社，2002：274-275.

［93］尚虹，吴新智. 南京直立人2号头骨［M］//吴汝康，等. 南京直立人. 南京：江苏科学技术出版社，2002：275-278.

［94］吴新智. 德日进在中国古人类学的创建时期［J］. 第四纪研究，2003，23（4）：362-365.

［95］Wu X Z. On the origin of modern humans in China［J］. Quaternary International，2004（117）：131-140.

［96］Wu X Z. Fossil humankind and other anthropoid Primates of China［J］. International Journal of Primatology，2004，25（5）：1093-2004.

［97］吴新智. 新标本和新信息的积累促进对中国人类进化模式的思考［J］. 人类学学报：纪念裴文中教授百年诞辰论文集，2004，23（增刊）：92-98.

［98］吴新智. 关于中国现代人起源的研究［J］. 岭南考古研究，2004（4）：3-8.

［99］Wu X Z. The role played by archaeology in the construction of China［R］. Centre for Archaeological Research Malaysia，Malaysia Science University，2005.

［100］Wu X Z. Palaeoanthropological and molecular studies on the origin of modern humans［J］. Transactions of the Royal Society of South Africa，2005，60（2）：115-119.

［101］吴新智. 与中国现代人起源问题有联系的分子生物学研究成果的讨论［J］. 人类学学报，2005，24（4）：259-269.

［102］吴新智. 再议中国现代人起源的研究［J］. 岭南考古研究，2005

（5）：1-7.

［103］吴新智. 中国古人类进化连续性新辩［J］. 人类学学报，2006，25（1）：17-25.

［104］吴新智. 现代人起源的多地区进化学说在中国的实证［J］. 第四纪研究，2007，26（5）：702-709.

［105］尚虹，刘武，吴新智，等. 萨拉乌苏更新世晚期的人类肩胛骨化石［J］. 科学通报，2007，51（8）：937-941.

［106］吴新智，尚虹. 南京直立人的高鼻梁是由于对寒冷气候的适应吗？［J］. 人类学学报，2007，26（4）：289-294.

［107］吴新智. 再论南京直立人高鼻梁的成因［J］. 人类学学报，2008，27（3）：191-199.

［108］吴新智. 大荔颅骨的测量研究［J］. 人类学学报，2009，28（3）：217-236.

［109］杜靖，吴新智. 中国古人类化石的主要发现和理论探索（1922—2009）［J］. 古生物学报，2009（3）：302-313.

［110］吴新智，杜靖. 吴汝康人类学实践中的人观思想及其来源［J］. 青海民族研究（社会科学版），2010（2）：12-18.

［111］高星，张晓凌，杨东亚，等. 现代中国人起源与人类演化的区域性多样化模式［J］. 中国科学：地球科学，2010，40（9）：1287-1300.

［112］吴新智. 人类起源与进化假说［J］. 自然杂志，2010，32（2）：63-66.

［113］Wu X Z, Cui Y M. On the origin of modern humans in China［J/OL］. Before Farming, 2010（4）：1-6. DOI:https://doi.org/10.3828/bfarm.2010.4.6.

［114］Liu W, Jin C Z, Zhang Y Q, et al. Human remains from Zhirendong, South China, and modern human emergence in East Asia［J］. Proceedings of the National Academy of Sciences, 2010, 107（45）：19201-19206.

［115］赵凌霞，张立召，张福松，等. 根据步氏巨猿与伴生动物牙釉质稳定碳同位素分析探讨其食性及栖息环境［J］. 科学通报，2011，56

（35）：2981-2987.

［116］吴新智. 周口店中间世代的古人类［J］. 化石，2011（4）：24-25.

［117］Zhao L X，Zhang L Z，Zhang F S，et al. Enamel carbon isotope evidence of diet and habitat of gigantopithecus blacki and associated mammalian megafauna in the early pleistocene of South China［J］. Chinese Science Bulletin，2011，56（33）：3590-3595.

［118］刘武，金昌柱，吴新智. 广西崇左木榄山智人洞10万年前早期现代人化石的发现与研究［J］. 中国基础科学，2011（1）：11-14.

［119］Wu X Z. Human evolution in China Viewed from multidisciplinary records［M］//Peter N，Hao S Y，Zhang X M. Leynotes in Anthropology.（国际人类学与民族学联合会第十六届大会主旨发言、名家讲座［M］. 北京：知识产权出版社，2012：13-21.）

［120］胡荣，赵凌霞，吴新智. 华南化石猩猩牙齿的芮氏线生长周期［J］. 科学通报，2012（6）：448-452.

［121］Hu R，Zhao L X，Wu X Z. Periodicity of retzius lines in fossil pongo from South China［J］. Chinese Science Bulletin，2012，57（7）：790-794.

［122］Wu X Z，Athreya S. A description of the geological context，discrete traits，and linear morphometrics of the Middle Pleistocene Hominin from Dali，Shaanxi Province，China［J］. American Journal of Physicalanthropology，2013（150）：141-157.

［123］Rosenberg K R，Wu X Z. A river runs through it：Modern human origins in East Asia［M］//Smith F H，Ahern J C M. The Origins of Modern Humans：Biology Reconsidered，Chapter 3. Wiley，2013：89-121.

［124］Wu X Z，Xu X. Human Origins in China［DB/OL］. Oxford Bibliographies. http://www.oxfordbibliographies.com. 2013-8-29.

［125］吴新智. 第三编　第四章　人类化石［M］// 王益人. 丁村旧石器时代遗址群——丁村遗址群 1976—1980 年发掘报告. 北京：科学出版社，2014：49-53.

［126］吴新智. 丁村人类化石的意义［J］. 中国文物报，2014-10-17.

［127］吴新智. 大荔颅骨在人类进化中的位置［J］. 人类学学报，2014，33（4）：405-426.

［128］Zhong M H, Shi C L, Gao X, et al. On the possible use of fire by Homo erectus at Zhoukoudian, China［J］. Chinese Science Bulletin, 2014, 59（3）：335-343.

［129］吴新智. 人类进化过程阶段划分新见解［J］. 化石，2015（1）：41-42.

［130］吴新智，同号文. 关于澎湖1号下颌骨化石意义和年代的讨论［J］. 人类学学报，2015，34（3）：1-7.

［131］吴新智. 寻找现代人的祖先［J］. 百科知识，2015（12B）：4-10.

［132］Cui Y M, Wu X Z. A geometric, morphometric study of a Middle Pleistocene cranium from Hexian, China［J］. Journal of Human Evolution, 2015（88）：54-69.

［133］吴新智，崔娅铭. 人种及其演变［J］. 科学通报，2016. DOI:10.1360/N972016-00971.

［134］吴新智，崔娅铭. 过去十万年里的四种人及其间的关系［J］. 科学通报，2016，61（1）：1-7.

［135］吴新智. 吴汝康先生传略［J］. 化石，2016（4）：5-11.

［136］吴新智，徐欣. 从中国和西亚旧石器及道县人牙化石看中国现代人起源［J］. 人类学学报，2016，35（1）：1-13.

［137］吴新智. 人类起源和进化研究新进展［C］// 首届"东胡林人"论坛文集，2017：1-8.

［138］Sheela A, Wu X Z. A multivariate assessment of the Dali hominin cranium from China：Morphological affinities and implications for Pleistocene evolution in East Asia［J］. American Journal of Physical Anthropology, 2017, 164（4）：679-701.

［139］Hershkovitz I, Weber G W, Quam R, et al. The earliest modern humans outside Africa［J］. Science, 2018, 359（6374）：456-459. DOI: 10.1126/science.aap8369.

［140］吴新智. 过去 80 年对中国古人类进化认识的变迁［C］// 第十六届
中国古脊椎动物学学术年会论文集，2018：1-10.

［141］吴新智. 现代人起源之争将逐渐走向协调［J］. 科技导报，2018，
36（15）：1.

［142］吴新智. 我与周口店遗址［M］// 董翠平. 周口店记忆. 北京：中
华书局，2018：3-21.

［143］吴新智. 卷首语现代人起源之争将逐渐走向协调［J］. 科技导报，
2018（15）.

［144］吴新智. 卷首语　中国现代人从何处来？［J］. 科学世界，2019（5）.

［145］吴汝康，吴新智. 人体骨骼测量方法［M］. 北京：科学出版社，1965.

［146］中国科学院古脊椎动物与古人类研究所，中国科学院昆明动物研究
所. 长臂猿解剖［M］. 北京：科学出版社，1978.

［147］吴汝康，吴新智，邱中郎，等. 人类发展史［M］. 北京：科学出
版社，1978.

［148］吴汝康，吴新智，张森水，等. 坦桑尼亚肯尼亚古人类概要［M］.
北京：科学出版社，1980.

［149］吴汝康，吴新智，张振标. 人体测量方法［M］. 北京：科学出版
社，1984.

［150］吴汝康，吴新智，张森水. 中国远古人类［M］. 北京：科学出版
社，1989.

［151］吴汝康，吴新智，张振标，等. 海南岛少数民族人类学考察［M］.
北京：海洋出版社，1993.

［152］吴新智，黄慰文，祁国琴. 中国古人类遗址［M］. 上海：上海科技
教育出版社，1999.

［153］吴新智，刘武，尚虹. 人类进化足迹［M］. 北京：北京教育出版社，
北京少年儿童出版社，2002. 南京：江苏人民出版社，2008（重印）.

［154］吴新智，徐欣. 探秘远古人类［M］. 北京：外语教学与研究出版社，
2015.

［155］吴新智. 大荔中更新世人类颅骨［M］. 北京：科学出版社，2020.

参考文献

[1] 安家媛. 北京人的发现：中国重要古人类遗址 [M]. 天津：天津古籍出版社，2008.

[2] 勃鲁司. 上海不宣之战 [M]. 上海：上海科学技术文献出版社，2015.

[3] 陈恩志. 中国化石古人类和旧石器文化考古发现与研究（1901—2000） 东北地区卷 [M]. 北京：科学出版社，2004.

[4] 陈铁梅，原思训，高世君，等. 安徽省和县和巢县古人类地点的铀系法年代测定和研究 [J]. 人类学学报，1987（6）：249-254.

[5] 陈小滢，高艳华. 乐山纪念册 [M]. 上海：商务印书馆，2012.

[6] 董为. 第十二届中国古脊椎动物学学术年会论文集 [M]. 北京：海洋出版社，2010.

[7] 高星，石金鸣，冯兴无. 天道酬勤桃李香：贾兰坡院士百年诞辰纪念文集 [M]. 北京：科学出版社，2008.

[8] 高星. 中国科学院古脊椎动物与古人类研究所20世纪旧石器时代考古学研究 [M]. 北京：文物出版社，2008.

[9] 高星. 三峡远古人类的足迹：三峡库区旧石器时代考古的发现和研究 [M]. 成都：四川出版集团，巴蜀书社，2010.

[10] 高星. 泥河湾与垂杨介：第16届垂杨介与她的邻居们国际学术研讨会 [M]. 北京：海洋出版社，2013.

［11］高星，陈平富，张翼. 探幽考古的岁月：中科院古脊椎所 80 周年所庆纪念文集［M］. 北京：海洋出版社，2009.

［12］高星，李隆助. 北京猿人 80 周年纪念：第 14 届垂杨介与她的邻居们国际学术研讨会［M］. 北京：海洋出版社，2013.

［13］高星，沈辰. 石器微痕分析的考古学实验研究［M］. 北京：科学出版社，2008.

［14］高星. 水洞沟：2003—2007 年度考古发掘与研究报告［M］. 北京：科学出版社，2013.

［15］广东省博物馆，曲江县博物馆. 纪念马坝人发现三十周年文集［M］. 北京：文物出版社，1988.

［16］何晓亚. 寻迹合肥［M］. 合肥：安徽人民出版社，2008.

［17］黄传新. 安徽历史系年辑要［M］. 合肥：安徽人民出版社，2013.

［18］黄培华，郑丽珍，全裕才，等. 用电子自旋共振法测定和县猿人年代的初步研究［J］. 科学通报，1994（39）：1919-1920.

［19］黄万波. 我与古人类有个约会［M］. 北京：科学出版社，2011.

［20］黄万波，魏光飚，王頠，等. 神农架野人传奇［M］. 北京：科学出版社，2013.

［21］黄万波，侯亚梅，徐自强. 龙骨坡：200 万年前的山寨［M］. 上海：中华书局科学出版社，2006.

［22］黄万波. 和县猿人［M］. 北京：科学出版社，2012.

［23］黄慰文. 周口店北京直立人遗址［M］. 北京：文物出版社，2007.

［24］贾兰坡，何兹全. 贾兰坡谈北京猿人［M］. 长沙：湖南少年儿童出版社，2011.

［25］贾兰坡. 贾兰坡说中国古人类大发现［M］. 上海：商务印书馆，1995.

［26］贾兰坡. 山顶洞人［M］. 北京：联合龙门书局，1951.

［27］（德）雷纳·科特，（德）约尔恩·汉尼西. 远古人类［M］. 王勋华译. 武汉：湖北教育出版社，2009.

［28］李路阳. 吴汝康传［M］. 上海：上海科技教育出版社，2004.

［29］李天元，冯小波. 长江古人类［M］// 长江文化研究文库. 武汉：湖北教育出版社，2004.

［30］利基. 人类的起源［M］. 吴汝康，吴新智，等译. 上海：上海科学技术出

版社，2007.

[31] 刘武，高星，裴树文，等. 鄂西 - 三峡地区的古人类资源及相关研究进展 [J].
第四纪研究，2006（26）：514-521.

[32] 刘武，吴秀杰，邢松，等. 中国古人类化石 [M]. 北京：知识产权出版社，
2014.

[33] 刘金毅，金昌柱. 安徽繁昌人字洞：早期人类活动遗址 [M]. 北京：科学
出版社，2009.

[34] 刘庭华. 中国抗日战争与第二次世界大战统计 [M]. 北京：解放军出版社，
2012.

[35] 骆郁廷. 流风甚美——武汉大学文化研究 [M]. 武汉：武汉大学出版社，
2013.

[36] 潘洵. 抗日战争时期重庆大轰炸研究 [M]. 上海：商务印书馆，2013.

[37] 彭书琳，王文魁. 广西隆林龙洞发现的人类化石及其共生的哺乳动物群 [M].
成都：四川科技出版社，1990.

[38] 秦怀钟. 中国古脊椎动物学的奠基人：记杰出的地质古生物学家杨钟健 [M].
西安：西安出版社，2008.

[39] 沈葵. 安徽历史 [M]. 合肥：安徽文艺出版社，2011.

[40] 宋希濂，黄维，等. 正面战场：淞沪会战 [M]. 北京：中国文史出版社，
2013.

[41] 宋振能. 中国科学院院史拾零 [M]. 北京：科学出版社，2011.

[42] 陶富海. 发现丁村人实录 [M]. 西安：第四军医大学出版社，2010.

[43] 同号文，尚虹，张双权，等. 周口店田园洞古人类遗址的发现 [J]. 科学通
报，2004（49）：893-897.

[44] 汪前进，黄艳红. 中国科学院人物传（第 1 卷）[M]. 北京：科学出版社，
2010.

[45] 王建明，曾景忠. 中国近代通史（第 9 卷）：抗日战争（1937—1945）[M].
南京：江苏人民出版社，2013.

[46] 王亚伟，高星，王惠民. 水洞沟：穿越远古与现代 [M]. 北京：科学出版
社，2011.

[47] 王扬宗，曹效业. 中国科学院院属单位简史（第 1 卷）[M]. 北京：科学出
版社，2010.

[48] 王扬宗，曹效业. 中国科学院院属单位简史（第 2 卷）[M]. 北京：科学出版社，2010.

[49] 翁心钧. 翁文灏古人类学与历史文化文集 [M]. 北京：科学出版社，2008.

[50] 吴定良. 吴定良院士文集 [M]. 北京：知识产权出版社，2014.

[51] 吴茂霖. 中国的晚期智人 [M]. 北京：科学出版社，1989.

[52] 吴汝康，任美锷，朱显谟. 北京猿人遗址综合研究 [M]. 北京：科学出版社，1985.

[53] 吴汝康. 人类的诞生与进化 [M]. 北京：清华大学出版社，2011.

[54] 吴汝康，董兴仁. 安徽和县猿人化石的初步研究 [J]. 人类学学报，1982（1）：2-13.

[55] 吴汝康. 魏敦瑞对北京猿人化石的研究及其人类演化理论 [J]. 人类学学报，1999（18）：161-164.

[56] 吴汝康，贾兰坡. 周口店新发现的中国猿人化石 [J]. 古生物学报，1954（2）：267-288.

[57] 吴汝康. 广西柳江发现的人类化石 [J]. 古脊椎动物与古人类，1959（1）：97-104.

[58] 吴新智. 周口店山顶洞人化石的研究 [J]. 古脊椎动物与古人类，1961（3）：181-203.

[59] 吴新智，赵资奎，袁振新，等. 广西东北地区调查简报 [J]. 古脊椎动物与古人类，1962（6）：408-413.

[60] 吴新智. 周口店山顶洞人化石的研究 [J]. 古脊椎动物与古人类，1961（3）：181-203.

[61] 吴新智，刘武. 中国体质人类学百年文选 [M]. 北京：知识产权出版社，2009.

[62] 吴新智. 人类进化足迹 [M]. 南京：凤凰出版传媒集团，江苏人民出版社，2008.

[63] 吴新智. 中国晚旧石器时代人类与其南邻（尼阿人及塔邦人）的关系 [J]. 人类学学报，1987（6）：180-183.

[64] 吴新智. 柳江化石人髋骨的性别判断 [J]. 人类学学报，1997（16）：107-111.

[65] 武汉大学社会科学部. 武汉大学 110 周年校庆校长论坛论文集：1893—2003 [M].

武汉：武汉大学出版社，2005.

［66］武仙竹. 郧西人：黄龙洞遗址发掘报告［M］. 北京：科学出版社，2006.

［67］吴新智，席焕久，陈昭. 人体测量方法（第2版）［M］. 北京：科学出版社，
　　　2010.

［68］席焕久，刘武. 21世纪中国人类学的发展［M］. 北京：知识产权出版社，
　　　2015.

［69］谢红星. 武汉大学校史新编：1893—2013［M］. 武汉：武汉大学出版社，
　　　2013.

［70］徐承伦. 安徽近现代历史与人物论集［M］. 合肥：安徽大学出版社，2009.

［71］许俊松. 安徽历史文化名城巡仪［M］. 合肥：安徽大学出版社，2010.

［72］杨钟健. 剖面的剖面［M］. 北京：科学出版社，2009.

［73］杨钟健. 西北的剖面［M］. 上海：生活·读书·新知三联书店，2014.

［74］张银运，刘武. 南京直立人与印尼、周口店直立人的面颅形态比较［J］. 人
　　　类学学报，2005（24）：171-177.

［75］张在军. 当乐山遇上珞珈山［M］. 南京：江苏文艺出版社，2015.

［76］郑龙亭，黄万波. 和县人遗址［M］. 北京：中华书局，2001.

［77］钟侃，高星. 旧石器时代论集：纪念水洞沟遗址发现八十周年［M］. 北京：
　　　文物出版社，2006.

［78］中国科学院古脊椎动物与古人类研究所. 古人类论文集［M］. 北京：科学
　　　出版社，1978.

［79］中国郭沫若研究会，郭沫若纪念馆. 郭沫若研究三十年［M］. 成都：四川
　　　出版集团，巴蜀书社，2010.

［80］中国解剖学会. 中国解剖学会八十年［M］. 北京：中国科学技术出版社，
　　　2000.

［81］中国解剖学会. 中国解剖学会九十年［M］. 西安：第四军医大学出版社，
　　　2010.

［82］中央党史研究室第一研究部. 抗日战争时期全国重大惨案［M］. 北京：中
　　　共党史出版社，2014.

［83］中央党史研究室第一研究部，中国第二历史档案馆. 国民政府档案中有关抗
　　　日战争时期人口伤亡和财产损失资料选编［M］. 北京：中共党史出版社，
　　　2014.

后 记

　　我与吴新智先生相识于 1982 年，30 多年来，他给我留下的深刻印象在脑海中挥之不去。深深感到吴先生是慈祥的长者又是严肃的老师，我深怀崇敬。所以，2013 年欣闻吴先生被列入中国科学技术协会等单位 2013 年的老科学家学术成长资料采集工程名单，我即进行准备申报。虽水平不高又不在同一单位，但感情至深，心灵相近，力图诚意将吴先生的人生轨迹描绘出来，在自身学习的同时，也期望让更多后人从其成长道路中受到启迪和教育。

　　采集小组成立后就迅速开展工作。小组成员来自中国科学院古脊椎动物与古人类研究所、中国解剖学会和辽宁医学院（现锦州医科大学）。工作期间，中国科学院古脊椎动物与古人类研究所的徐欣同志正值怀孕，仍积极工作；中国解剖学会副秘书长兼办公室主任房桂珍老师不顾工作繁忙，年逾花甲，仍一贯以军人作风雷厉风行，多方协调，妥当安排；辽宁医学院李雅范老师负重几十斤音像器材，采访摄像，转战南北，常为整理音像资料而于子夜后就寝；牛志民老师知悉本项目后主动请缨，作为中央民族大学博士研究生需不时往返锦州—北京，爱女尚在襁褓，兼顾采集、家庭、工作、学习，承担了部分工作。团队在采集过程结下了深厚友谊，培养了诚挚情感，形成和谐、统一的集体。

2013 年至 2014 年，吴先生以八十又五的高龄，自上海、合肥、武汉、郧西、重庆、乐山、成都，至北京、丁村、大荔、蓝田、大连，奔波万余公里，全程参加我们的外出采访，不辞辛劳，主动联系，给采访节省不少时间，带来极大便利。特别值得提出的是，不论高山与平地，他都克服困难，亲临现场一一介绍说明。在郧西白龙洞，吴先生不顾坡陡路滑，风大雨淋，在同行人员搀扶下走到洞中回忆发掘经过。在外地采访途中，吴先生仍不断工作、学习，给高校大学生做报告，帮助上海科教电视台修改电视片，帮助规划筹建安徽省博物馆、指导正在布展的展览馆，接受上海、山西等地新闻媒体采访，也有博士研究生特意送来毕业论文征求指导意见，吴先生都一一细心解答。就在 2017 年 12 月，《探秘远古人类》还被评为 2017 年全国优秀科普作品。吴先生的学术成就后人难以望其项背，但吴先生谦虚提出："随遇而进，集腋成裘。还不能说成裘，充其量是个小背心。"

在采访过程中，中国科学院院部及古脊椎动物与古人类研究所档案室郭艳平、图书馆周珊老师、科技处提供方便，吴先生的亲属给予了热情的帮助，其侄儿吴英鹏先生是安徽电视台导演，在技术方面给予我们极大帮助和指导。其哥哥、弟弟、侄女等都提供特别无尽方便。复旦大学暨上海医学院档案馆、校史馆，上海华山医院，第二军医大学校史馆，同济大学档案馆，上海音像资料博物馆，上海科教电影制片厂，安徽博物院，安徽省档案馆，武汉大学档案馆，湖北郧西县文管局，重庆自然博物馆，重庆师范大学，四川乐山一中、四中、六中，乐山教育局，乐山档案馆，周口店博物馆，山西省考古研究所，丁村考古发掘队，丁村民俗博物馆，临汾市文物局，山西省襄汾县东牛村唐人居晋作家具研究所，陕西省考古所，半坡村博物院，第四军医大学，蓝田猿人管理所，大荔县段家镇政府，大连医科大学，中国解剖学会，辽宁医学院等单位，及吴新智院士的受访同学都给了相当多的帮助与支持。尤其是上海复旦大学金立院士，张海国、谭婧泽教授，中国解剖学会李云庆理事长给了特别帮助，上海睿宏文化传播有限公司叶剑提供材料，陶福海先生捐赠了宝贵个人资料和实物，吴新嘉等亲属也提供了珍贵文物，辽宁医学院人类学研究所的老师李文慧和研究生黄丽、曲泉影、张建华、王鹏、杨洋、李成志、于婷等帮助整理材料，还有周诗雪、王丹、周铭懿等几位辽宁医学院研究生及中国解剖学会霍爱民老师也提供方便。

写作过程中，吴新智院士不仅提供诸多珍贵历史资料和实物，对行文提出很多深邃意见和颇有价值的建议，还对文字材料进行认真修改，甚至不放过一个标点符号。书稿送出版社后，吴先生还利用女儿春节探亲之机，又与女儿一起重新审修稿件，他先后审改稿件四次，由于高龄及身体状态他已不看邮件了，但还是在家人的帮助下每天审改 2 小时。吴先生亲属百忙中多次参加我们的讨论会，帮助收集不少实物。在吴先生精神感召下，我们按期完成采集任务。最后在审查验收时，王春法书记、张藜研究员、樊洪业研究员、吕瑞花教授、罗兴波博士都提出不少意见和建议，张佳静老师给了我们很多帮助。

在此，一并向他们表示感谢。还有很多单位和个人都给予了帮助与支持，在此致以诚挚谢意。

席焕久

2014 年 10 月于锦州

老科学家学术成长资料采集工程丛书
已出版（110种）

《卷舒开合任天真：何泽慧传》 《此生情怀寄树草：张宏达传》

《从红壤到黄土：朱显谟传》 《梦里麦田是金黄：庄巧生传》

《山水人生：陈梦熊传》 《大音希声：应崇福传》

《做一辈子研究生：林为干传》 《寻找地层深处的光：田在艺传》

《剑指苍穹：陈士橹传》 《举重若重：徐光宪传》

《情系山河：张光斗传》 《魂牵心系原子梦：钱三强传》

《金霉素·牛棚·生物固氮：沈善炯传》 《往事皆烟：朱尊权传》

《胸怀大气：陶诗言传》 《智者乐水：林秉南传》

《本然化成：谢毓元传》 《远望情怀：许学彦传》

《一个共产党员的数学人生：谷超豪传》 《没有盲区的天空：王越传》

《含章可贞：秦含章传》 《行有则　知无涯：罗沛霖传》

《精业济群：彭司勋传》 《为了孩子的明天：张金哲传》

《肝胆相照：吴孟超传》 《梦想成真：张树政传》

《新青胜蓝惟所盼：陆婉珍传》 《情系粱菽：卢良恕传》

《核动力道路上的垦荒牛：彭士禄传》 《笺草释木六十年：王文采传》

《探赜索隐　止于至善：蔡启瑞传》 《妙手生花：张涤生传》

《碧空丹心：李敏华传》 《硅芯筑梦：王守武传》

《仁术宏愿：盛志勇传》 《云卷云舒：黄士松传》

《踏遍青山矿业新：裴荣富传》 《让核技术接地气：陈子元传》

《求索军事医学之路：程天民传》 《论文写在大地上：徐锦堂传》

《一心向学：陈清如传》 《铃记：张兴铃传》

《许身为国最难忘：陈能宽传》 《寻找沃土：赵其国传》

《钢锁苍龙　霸贯九州：方秦汉传》

《一丝一世界：郁铭芳传》

《宏才大略　科学人生：严东生传》

《我的气象生涯：陈学溶百岁自述》

《赤子丹心　中华之光：王大珩传》

《根深方叶茂：唐有祺传》

《大爱化作田间行：余松烈传》

《格致桃李半公卿：沈克琦传》

《躬行出真知：王守觉传》

《草原之子：李博传》

《此生只为麦穗忙：刘大钧传》

《航空报国　杏坛追梦：范绪箕传》

《聚变情怀终不改：李正武传》

《真善合美：蒋锡夔传》

《治水殆与禹同功：文伏波传》

《用生命谱写蓝色梦想：张炳炎传》

《远古生命的守望者：李星学传》

《善度事理的世纪师者：袁文伯传》

《"齿"生无悔：王翰章传》

《慢病毒疫苗的开拓者：沈荣显传》

《殚思求火种　深情寄木铎：黄祖洽传》

《合成之美：戴立信传》

《誓言无声铸重器：黄旭华传》

《水运人生：刘济舟传》

《在断了Ａ弦的琴上奏出多复变
　　最强音：陆启铿传》

《虚怀若谷：黄维垣传》

《乐在图书山水间：常印佛传》

《碧水丹心：刘建康传》

《我的教育人生：申泮文百岁自述》

《阡陌舞者：曾德超传》

《妙手握奇珠：张丽珠传》

《追求卓越：郭慕孙传》

《走向奥维耶多：谢学锦传》

《绚丽多彩的光谱人生：黄本立传》

《探究河口　巡研海岸：陈吉余传》

《胰岛素探秘者：张友尚传》

《一个人与一个系科：于同隐传》

《究脑穷源探细胞：陈宜张传》

《星剑光芒射斗牛：赵伊君传》

《蓝天事业的垦荒人：屠基达传》

《化作春泥：吴浩青传》

《低温王国拓荒人：洪朝生传》

《苍穹大业赤子心：梁思礼传》

《仁者医心：陈灏珠传》

《神乎其经：池志强传》

《种质资源总是情：董玉琛传》

《当油气遇见光明：翟光明传》

《微纳世界中国芯：李志坚传》

《至纯至强之光：高伯龙传》

《弄潮儿向涛头立：张乾二传》　　　《材料人生：涂铭旌传》

《一爆惊世建荣功：王方定传》　　　《寻梦衣被天下：梅自强传》

《轮轨丹心：沈志云传》　　　　　　《海潮逐浪　镜水周回：童秉纲

《继承与创新：五二三任务与青蒿素研发》　　　口述人生》

《淡泊致远　求真务实：郑维敏传》　　《采数学之美为吾美：周毓麟传》

《情系化学　返璞归真：徐晓白传》　　《神经药理学王国的"夸父"：

《经纬乾坤：叶叔华传》　　　　　　　　　金国章传》

《山石磊落自成岩：王德滋传》　　　　《情系生物膜：杨福愉传》

《但求深精新：陆熙炎传》　　　　　　《敬事而信：熊远著传》

《聚焦星空：潘君骅传》